CONTRACULTURA

UNA LLAMADA COMPASIVA A LA

CONTRA
CULTURA

EN UN MUNDO DE

POBREZA • MATRIMONIOS DEL MISMO SEXO • RACISMO

ESCLAVITUD SEXUAL • INMIGRACIÓN • PERSECUCIÓN

ABORTO • HUÉRFANOS • PORNOGRAFÍA

DAVID PLATT

TYNDALE HOUSE PUBLISHERS, INC., CAROL STREAM, ILLINOIS, EE. UU.

Visite Tyndale en Internet: www.tyndaleespanol.com y www.BibliaNTV.com.

TYNDALE y el logotipo de la pluma son marcas registradas de Tyndale House Publishers, Inc.

Contracultura: Una llamada compasiva a la contracultura en un mundo de pobreza, matrimonios del mismo sexo, racismo, esclavitud sexual, inmigración, persecución, aborto, huérfanos y pornografía

Originalmente publicado en inglés en el 2015 como *Counter Culture* por Tyndale House Publishers, Inc., con ISBN 978-1-4143-7329-4.

Diseño: Dean H. Renninger

Traducción al español: Raquel Monsalve

Edición del español: Mafalda E. Novella

Publicado en asociación con Yates & Yates (www.yates2.com).

Library of Congress Cataloging-in-Publication Data

Platt, David, date.
  [Counter culture. Spanish]
  Contracultura : Una llamada compasiva a la contracultura en un mundo de pobreza, matrimonios del mismo sexo, racismo, esclavitud sexual, inmigración, persecución, aborto, huérfanos, pornografía / David Platt.
    pages cm
  Includes bibliographical references.
  ISBN 978-1-4964-0660-6 (sc)
1. Christian life—United States. 2. Christianity and culture—United States. 3. Culture conflict—Religious aspects—Christianity. I. Title.
  BV4501.3.P62818 2015
  261.0973—dc23   2015013036

Impreso en Estados Unidos de América

Printed in the United States of America

10 11 12 13 14 15
 6   5   4   3   2   1

Dedicado a todos los que anhelan y trabajan a favor de la justicia y de la misericordia en el mundo, mientras que con amor proclaman al Salvador y Juez del mundo.

CONTENIDO

EL EVANGELIO

La Buena Noticia de que el Creador del universo, justo y lleno de gracia, ha considerado la situación sin esperanza de mujeres y de hombres pecadores, y que ha enviado a su Hijo, Jesucristo, Dios encarnado, para que cargue en la cruz su ira por el pecado y que muestre su poder sobre el pecado en la resurrección, para que todos los que se arrepientan de sus pecados y pongan su fe en Jesús como Salvador y Señor sean reconciliados con Dios para siempre.

INTRODUCCIÓN

EN CONTRA DE LA CULTURA

Imagínese que está en la parte más alta de la tierra y que ve lo profundo de la pobreza humana.

Viaje conmigo hasta la parte central de las montañas del Himalaya, donde no hace mucho conocí a hombres y mujeres que están luchando para sobrevivir. La mitad de los niños de estas aldeas en particular muere antes de cumplir ocho años de edad y muchos otros no llegan a su primer cumpleaños. Quiero presentarle a Radha, una madre que tendría catorce hijos si doce de ellos no hubieran muerto antes de llegar a ser adultos. Quiero que conozca a Kunsing, un niño con discapacidades físicas que pasó la primera parte de sus doce años de vida encadenado en un granero porque su familia creía que tenía una maldición. Quiero presentarle a Chimie, un niño que recién empieza a caminar, cuyo hermano y hermana murieron cuando él tenía apenas dos meses, lo cual llevó a su madre a suicidarse y a su padre, en su desesperación, a encargarlo con cualquier mujer de la aldea que pudiera amamantarlo.

Tan terrible como le pueda parecer la vida de estas personas de las que le he hablado, son más aún las vidas de otras personas que no mencioné. Algunas de las aldeas en estas montañas casi no tienen niñas entre las edades de cinco y quince años. Sus padres fueron persuadidos, por la promesa de una vida mejor para sus hijas, de entregarlas a ciertos hombres que resultaron ser traficantes de mujeres. Muchas de estas niñas sí viven hasta los ocho años, pero al cumplir dieciséis son obligadas a tener relaciones sexuales con miles de hombres. Ellas nunca más verán a sus familias.

Cuando conocemos a algunas personas, cuando escuchamos sus historias y vemos injusticias similares alrededor del mundo, es totalmente apropiado que respondamos con compasión, convicción y valor. Nos sentimos abrumados de compasión porque nos preocupamos profundamente por los niños, por sus padres y por las familias cuyas vidas están llenas de dolor y sufrimiento. Nos agobia la convicción porque todos sabemos en forma instintiva que estas historias no deberían existir. No es justo que la mitad de los niños de estas aldeas en el Himalaya muera antes de cumplir los ocho años de edad. No es justo que los niños que nacen con incapacidades físicas sean encadenados en graneros por el resto de sus vidas. Es injusto que los proxenetas engañen a los padres para que vendan a sus amadas hijas para ser esclavas sexuales. En última instancia, esa compasión y convicción nos produce valor, valor para hacer algo, *algo*, a favor de Radha, Kunsing, Chimie, estas niñas, sus padres, sus aldeas e incontables niños, mujeres y padres como ellos en todo el mundo.

A la luz de estas realidades globales, me siento muy alentado cuando veo tal compasión, convicción y valor en la iglesia de hoy. Cuando escucho hablar a los creyentes contemporáneos (especialmente, aunque no en forma exclusiva, a los evangélicos jóvenes), percibo una tenaz oposición a las injusticias en lo que se refiere a los pobres, a los huérfanos y a los esclavizados. Observo un mayor nivel de concienciación sobre los asuntos sociales: una infinidad de libros escritos, de conferencias y movimientos organizados para combatir el hambre, aliviar la pobreza y terminar con el tráfico sexual. En medio de todo esto, percibo una profunda insatisfacción con la indiferencia en la iglesia. Simplemente no estamos contentos con una iglesia que actúa como si fuera ciega y sorda en cuanto a estas realidades de injusticia social en el mundo. Queremos que nuestras vidas —y la iglesia— cuenten en contra de la injusticia social.

Mientras que me siento muy alentado por el fervor que han expresado muchos creyentes en cuanto a algunos asuntos sociales, estoy profundamente preocupado por la falta de fervor entre estos mismos creyentes (especialmente, aunque repito no exclusivamente, los creyentes jóvenes) en cuanto a otros asuntos sociales. En asuntos populares, tales como la pobreza y la esclavitud, donde es probable que nos aplaudan por nuestro trabajo social, somos rápidos para ponernos de pie y hablar sin rodeos. Sin embargo, en asuntos controversiales tales como la homosexualidad y el aborto, donde es probable que como creyentes seamos criticados por involucrarnos en estos temas, nos contentamos con permanecer sentados sin hablar. Es como si hubiéramos decidido elegir qué asuntos sociales vamos a rebatir y cuáles vamos a condonar. A menudo, nuestra selección se centra en lo que es más cómodo y menos costoso para nosotros en nuestra cultura.

En la práctica, si usted, en la plaza pública, le pide a cualquier líder cristiano popular que haga una declaración sobre la pobreza, el tráfico sexual o la crisis que existe con los huérfanos, ese líder con mucho gusto y firmeza compartirá sus convicciones. Sin embargo, si le pide al mismo líder cristiano y en el mismo escenario público que exprese lo que opina de la homosexualidad o el aborto, ese mismo líder responderá vacilando nerviosamente o con una virtual herejía, si es que le llega a responder la pregunta. «Ése no es el asunto que más me concierne —puede que le responda el líder—. Mi enfoque está en este otro asunto, y sobre esto es de lo que voy a hablar».

El efecto práctico de esto es evidente en el panorama político cristiano. Toda clase de jóvenes evangélicos escriben blogs, toman fotos, envían tweets y asisten a conferencias donde se lucha para aliviar la pobreza y terminar con la esclavitud. Otros evangélicos en Estados Unidos reciben en sus hogares a niños abandonados por sus padres y adoptan huérfanos de todas partes del mundo. Muchos de estos esfuerzos son buenos, y deberíamos continuar con ellos. Sin embargo, lo problemático es cuando estos mismos evangélicos permanecen en silencio durante conversaciones sobre asuntos culturales más controversiales como el aborto o el llamado matrimonio entre personas del mismo sexo. *Esos asuntos no me conciernen*, piensan ellos. *Me siento más cómodo hablando sobre otros temas.*

Sin embargo, ¿qué si Cristo requiere que hagamos que estos asuntos nos conciernan? Y ¿qué si el llamado de Cristo en nuestra vida es sentirnos incómodos con nuestra cultura? ¿Qué si Cristo en nosotros en realidad nos exige a ir en contra de nuestra cultura? No a sentarnos callados y observar las tendencias culturales, y no a cambiar nuestros puntos de vista con sutileza en medio de corrientes culturales variables, sino a compartir y a expresar con valentía nuestras convicciones por medio de lo que decimos y de cómo vivimos, aun (o especialmente) cuando estas convicciones contradigan las posiciones populares de nuestro día. Buscamos entonces hacer todo esto no con mentes orgullosas o corazones endurecidos, sino desplegando siempre la compasión humilde de Cristo en todo lo que decimos y hacemos.

Después de todo, ¿no es esto en primer lugar lo que significa seguir a Cristo? «Si alguno de ustedes quiere ser mi seguidor, tiene que abandonar su manera egoísta de vivir, tomar su cruz cada día y seguirme» (Lucas 9:23). Esto sí que es ir contra la cultura. En un mundo en el cual todo gira alrededor de usted mismo —protegerse a sí mismo, promocionarse a sí mismo, emplazarse y preocuparse por sí mismo— Jesús dice: «Crucifíquese a sí mismo. Deje de lado el tratar de conservar la vida y viva para la gloria de Dios, sin importar lo que esto signifique para usted en la cultura que lo rodea».

Después de todo, ¿no es éste el asunto más importante en nuestra cultura? Mejor dicho, quizás, ¿no es *él* el asunto más importante en cualquier cultura? ¿Qué diremos si el asunto más importante en nuestra cultura actual no es la pobreza, el tráfico sexual, la homosexualidad o el aborto? ¿Qué si el asunto principal es *Dios*? Y ¿qué sucedería si en cambio lo hacemos a *él* nuestro foco? En un mundo manchado por la esclavitud y la inmoralidad sexual, el abandono y el asesinato de niños, el racismo y la persecución, las necesidades de los pobres y el descuido de las viudas, ¿cómo actuaríamos si pusiéramos la mirada en la santidad, el amor, la bondad, la verdad, la justicia, la autoridad y la misericordia de Dios tal y como se revela en el evangelio?

Estas son las preguntas que han motivado este libro, y lo invito a que las explore conmigo. De ninguna forma pretendo afirmar que conozco todas las respuestas. De hecho, una de las razones por la cual estoy escribiendo este libro es porque he visto en mi propia vida, en mi familia y en mi ministerio la tendencia a trabajar en forma activa y valiente en ciertos asuntos sociales mientras que en forma pasiva y no bíblica se descuidan otros. Además, tengo el sentimiento de que si miramos honestamente nuestra vida, nuestra familia y nuestra iglesia, tal vez nos demos cuenta de que mucha de nuestra supuesta justicia social es en realidad una forma selectiva de injusticia social. Tal vez reconozcamos que lo que pensábamos que eran asuntos sociales independientes están realmente íntimamente conectados a nuestra comprensión de quién es Dios y lo que él está haciendo en el mundo. En el proceso, tal vez nos demos cuenta de que el mismo corazón de Dios que nos conmueve a luchar en contra del tráfico sexual también nos incita a batallar contra la inmoralidad sexual. Quizás descubramos que el mismo evangelio que nos lleva a combatir la pobreza también nos impulsa a defender el matrimonio. Finalmente, puede que determinemos reorganizar nuestra vida, nuestra familia y nuestra iglesia con base a una respuesta más consecuente, inspirada por Cristo, que nos exhorte a ir contra la cultura en los asuntos sociales más apremiantes de nuestra sociedad actual.

Le aseguro que la conclusión que tomemos en cuanto a ir en contra de la cultura nos puede costar a usted y a mí. No obstante, en ese momento creo que esto no tendrá mucha importancia. Entonces nuestra mirada ya no estará enfocada en lo que resulta más cómodo para usted y para mí; en cambio, nuestra vida estará anclada en lo que más glorifica a Dios, y en él encontraremos una recompensa mucho más grande que en cualquier otra cosa que nos pudiera ofrecer nuestra cultura.

LA OFENSA MÁS GRANDE: EL EVANGELIO Y LA CULTURA

El evangelio es el motor del cristianismo, y provee el fundamento para ir en *contra de la cultura*. Ya que cuando realmente creemos en el evangelio, comenzaremos a darnos cuenta de que el evangelio no solamente nos exhorta como creyentes a confrontar los asuntos sociales de la cultura que nos rodea. El evangelio en realidad *crea* confrontación con la cultura tanto a nuestro alrededor como dentro de nosotros mismos.

Cada vez es más común que los puntos de vista bíblicos sobre asuntos sociales sean catalogados como insultantes. Por ejemplo, ofende a un número cada vez mayor de personas decir que una mujer que tiene sentimientos amorosos hacia otra mujer no debería expresar amor hacia ella con el matrimonio. No toma mucho tiempo para que un creyente sea puesto en una posición muy incómoda sobre este asunto, porque no quiere ofender pero al mismo tiempo se estará preguntando cómo responder.

Sin embargo, es aquí donde debemos reconocer que la posición bíblica sobre la homosexualidad no es la ofensa más grande del cristianismo. De hecho, ni siquiera se acerca a la ofensa mayor. El evangelio mismo es una ofensa muchísimo más grande. Entonces debemos comenzar explorando qué es el evangelio, y debemos formularnos la pregunta: ¿En realidad lo creemos? Nuestra respuesta a esta pregunta cambia en forma fundamental la vida en nuestra cultura.

EN EL PRINCIPIO, DIOS

La ofensa del evangelio comienza con las primeras palabras de la Biblia[1]. «En el principio, Dios …» (Génesis 1:1). La afrenta inicial del evangelio es que hay un Dios, por quien, a través de quien y para quien comienzan todas las cosas. «El Señor es el Dios eterno, el Creador de toda la tierra» (Isaías 40:28). Debido a que todas las cosas comienzan con Dios y en realidad existen para la gloria de Dios, todas las cosas le conciernen.

¿Cómo es el Creador? «Yo soy el Señor, tu Santo,» dice Dios en Isaías 43:15. En otras palabras, él es santo, no hay otro como él; no es como nosotros y no se puede comparar a Dios con nosotros. Él es de otra clase. Dios es completamente puro, y no hay nada malo en él. Nada. Todo lo que Dios es y todo lo que Dios hace es perfecto. Él no comete errores y no hay nadie igual a él.

Este Dios santo también es bueno. «El Señor es bueno con todos; desborda compasión sobre toda su creación» (Salmo 145:9). La bondad de Dios es evidente desde el comienzo de las Escrituras, donde dice que todo lo que él creó es «bueno» culminando con la creación del hombre y de la mujer, a quienes califica de «muy bueno» (vea Génesis 1:4, 10, 12, 18, 21, 25, 31). La grandeza universal de la creación testifica de la innegable bondad del Creador.

La bondad de Dios se expresa en su justicia. «El Señor juzga a las naciones» (Salmo 7:8), y él juzga a la gente en forma perfecta. Dios justifica al inocente y condena al culpable. Por consiguiente, «Absolver al culpable y condenar al inocente son dos actos que el Señor detesta» (Proverbios 17:15). Como buen Juez, la injusticia le indigna a Dios. Él no aprueba a los que les dicen a los malvados: «Ustedes son buenos», y a los que les dicen a los buenos: «Ustedes son malvados». Dios es un Juez perfecto.

La bondad de Dios también se expresa en su gracia. Él les muestra favor gratuito e inmerecido a los que jamás lo podrían merecer. Él es compasivo y paciente, y desea que toda la gente en todos los lugares lo conozcan y disfruten de su bondad, de su misericordia y de su amor (vea 2 Pedro 3:9).

Considere, entonces, la confrontación que crea la realidad de Dios en nuestra vida. Debido a que Dios es nuestro Creador, nosotros le pertenecemos. El que nos creó es nuestro dueño. No somos, como se describe en la poesía «Invictus», los amos de nuestro propio destino o los capitanes de nuestra alma. El Autor de toda la creación posee autoridad sobre toda la creación, incluyéndonos a usted y a mí. Por lo que somos responsables ante él como nuestro Juez. Una de las verdades centrales del evangelio es que Dios juzgará a cada persona, y que él será justo. Esto nos pone en una situación en la que necesitamos desesperadamente su gracia.

Ahora vemos la ofensa del evangelio asomándose en vanguardia. Dígale a una persona moderna que hay un Dios que lo sostiene, que es su dueño, que lo define, que lo gobierna y que un día lo juzgará (a él o a ella), y esa persona reaccionará ofendida. Cualquier persona lo haría y todas lo han hecho. Esta es nuestra reacción natural ante Dios.

NUESTRA REACCIÓN NATURAL ANTE DIOS

Fíjese en las primeras páginas de la historia de la humanidad, y verá el problema fundamental del corazón humano. Cuando Dios creó al hombre y lo puso en el Huerto del Edén, le dijo: «Puedes comer de todos los árboles del jardín, pero del árbol del conocimiento del bien y del mal no deberás comer. El día que de él comas, ciertamente morirás» (Génesis 2:16-17, NVI). Aquí vemos la santidad de Dios, su bondad, su justicia y su gracia con toda claridad. Dios tiene autoridad para definir lo que es bueno y lo que es malo, el bien y el mal, basado en su carácter puro y santo. Con toda claridad, Dios le dice al hombre que será juzgado de acuerdo a su obediencia al mandamiento que él le ha dado. La gracia de Dios es evidente porque no ha ocultado su ley. Con amor, Dios le dice al hombre la forma en que debe vivir y lo exhorta a que camine de esa manera.

Así que, ¿de qué forma responden los seres creados al Creador? En cuestión de solamente unos pocos versículos, la tentación a pecar se presenta delante de ellos. La serpiente le pregunta a la primera mujer: «¿Es verdad que Dios les dijo que no comieran de ningún árbol del jardín? […] ¡No es cierto, no van a morir! Dios sabe muy bien que, cuando coman de ese árbol, se les abrirán los ojos y llegarán a ser como Dios, conocedores del bien y del mal» (Génesis 3:1, 4-5, NVI).

¿Ve cómo se cambian los papeles aquí? Todo comienza cuando los mandamientos de Dios son sujetos a polémicas acerca de Dios. ¿Es Dios en realidad santo? ¿Sabe realmente lo que es bueno? ¿Es Dios en realidad bueno? ¿Quiere él realmente lo mejor para mí? En medio de estas preguntas, el hombre y la mujer se aseguran sutilmente de no ser juzgados por Dios, sino de ser ellos quienes lo juzguen a él.

La pregunta de la serpiente gira alrededor del árbol del

conocimiento del bien y del mal. Tal vez leamos el nombre del árbol y pensemos: *¿Qué hay de malo en conocer la diferencia entre el bien y el mal?* Pero aquí el significado de la Escritura va más allá de la *información* sobre el bien y el mal a la *determinación* del bien y del mal. En otras palabras, el hecho de que el hombre y la mujer comieran de este árbol implica el rechazo de Dios como el Único que determina el bien y el mal, y el asumir esta responsabilidad por sí mismos. La tentación en el Huerto fue a rebelarse contra la autoridad de Dios y en el proceso hacer que los seres humanos fueran los árbitros de la moralidad.

Cuando entendemos este primer pecado, nos damos cuenta de que el relativismo moral del siglo XXI no es nada nuevo. Cuando intentamos usurpar (o aun eliminar) a Dios, perdemos la objetividad para determinar lo que es bueno y lo que es malo, lo que es correcto y lo que está equivocado, lo que es moral y lo que no lo es. El conocido agnóstico y filósofo de ciencia Michael Ruse repite esto cuando dice: «La posición del evolucionista moderno, por lo tanto, es que[...] la moralidad es una adaptación biológica así como lo son las manos y los pies y los dientes. [...] Considerarla como un conjunto de afirmaciones racionales y justificables acerca de algo, es ilusorio»[2]. En forma similar, el renombrado ateo Richard Dawkins escribe:

En un universo de fuerzas físicas ciegas y de reproducciones genéticas, algunas personas serán agraviadas, otras tendrán suerte, y usted no encontrará ninguna razón lógica para eso ni tampoco justicia. El universo que observamos tiene precisamente las propiedades que deberíamos esperar si al final no hay diseño, ni propósito, ni mal, ni ningún otro bien. Nada sino indiferencia ciega e implacable. El ADN ni sabe ni le importa. El ADN solamente es. Y nosotros bailamos al compás de su música[3].

Por lo tanto, las cosmovisiones mundanas nos dejan con una subjetividad sin esperanza en lo que se refiere al bien y al mal, totalmente dependiente del conceptualismo social. Lo que sea que una cultura considere correcto es correcto y lo que una cultura considere erróneo es erróneo. Esta es precisamente la visión del mundo que prevalece en la cultura norteamericana de hoy en día, donde los rápidos cambios en el panorama moral comunican con claridad que ya no creemos que ciertas cosas sean intrínsecamente buenas o malas. En cambio, lo que es bueno y lo que es malo está determinado por los acontecimientos sociales que nos rodean.

Sin embargo, ¿no resultan aterradoras las implicaciones a este enfoque sobre la moralidad? Considere el tráfico sexual. ¿Estamos dispuestos a llegar a la conclusión de que mientras sea la sociedad la que apruebe esta industria, ya no es inmoral? ¿Estamos dispuestos a decirles a las jovencitas que son vendidas para ser esclavas sexuales que ellas y los hombres que se aprovechan de ellas están simplemente bailando al compás de su ADN, que lo que les está sucediendo no es intrínsecamente malo, y que ellas son solamente producto de una ciega y despiadada indiferencia que las dejó sin suerte en el mundo? Por cierto que esto no es algo que usted le diría a cualquiera de estas muchachas. No obstante, este es el fruto de la cosmovisión que mucha gente profesa sin darse cuenta.

«No le hagas daño a nadie, y sé fiel a tus creencias», un amigo y autoidentificado pagano me sugirió como filosofía un día en el barrio francés de Nueva Orleáns. Esta supuestamente simple filosofía era suficiente, fue lo que mi amigo pensó, para juzgar los valores y las decisiones morales en todos los aspectos de la vida. Sin embargo, el problema evidente detrás de esta cosmovisión es quién define el *daño* y hasta qué punto debemos confiar en nosotros mismos. ¿No afirmaría, en primer lugar, un proxeneta en el norte de Nepal que está proveyendo una mejor vida para una jovencita cuyas posibilidades de sobrevivir son escasas? ¿Podría este hombre afirmar que la muchacha tiene un trabajo que él cree que a ella le gusta? Además, ¿qué podría impedirle a este hombre sostener que él y esta jovencita están ayudando a muchísimos hombres a satisfacer sus íntimos deseos sexuales?

Tal perspectiva impía sobre la moralidad resulta totalmente vacía cuando se enfrenta a las crudas realidades del mal en el mundo. Podemos estar agradecidos de que el evangelio va totalmente en contra de la cultura en este tema. Porque la Palabra de Dios nos dice que, en forma maravillosa, Dios ha creado a cada preciosa niña a su imagen, y que él la ama. La ha formado de manera única y biológica, no para ser forzada a la violación sexual por parte de infinidad de hombres desconocidos, sino para una unión sexual feliz con un esposo que la aprecie, la sirva y la ame. Este es el diseño de un Dios lleno de gracia, pero que ha sido corrompido totalmente por la humanidad. El pecado es la rebelión real contra el buen Creador de todas las cosas y el Juez supremo de toda la gente. El tráfico sexual es injusto, porque Dios es justo, y él llamará a los pecadores para que le rindan cuentas.

Esta comprensión del pecado ayuda a entender por qué los creyentes y las iglesias deben trabajar juntos para terminar con el tráfico sexual. Sin embargo, una revisión rápida del párrafo anterior revela por qué estos mismos creyentes e iglesias también deben trabajar para oponerse al aborto y para defender la institución del matrimonio. ¿No es el Dios que personalmente ha creado a cada preciosa niña a su imagen el mismo Dios que forma personalmente a cada precioso bebé en el útero de la madre? ¿No es el diseño de Dios lo que hace que la violación sexual que ocurre en la prostitución sea una maldad, mientras que ese mismo diseño de Dios hace que la unión sexual sea correcta en el matrimonio? ¿Y no es el pecado en todas sus formas —ya sea vender a una jovencita para que sea esclava, arrancar el cuerpo de un bebé del útero o hacer caso omiso del plan prescrito por Dios para el matrimonio— una rebelión real contra el buen Creador y el Juez supremo de toda la gente?

EL PECADO DEL «EGO»

Aquí de nuevo somos confrontados con la contracultura relativa a la ofensa del evangelio. Porque aunque el evangelio basa la definición del bien y del mal en el carácter de Dios, también afirma que el mal no está limitado a ciertas clases de pecado y a grupos selectos de pecadores. Desafortunadamente, el pecado es inherente a todos nosotros y por lo tanto es inevitable como parte de cualquier cultura que formemos[4].

Aunque todos hemos sido creados por Dios, también estamos corruptos por el pecado. Tanto como nos gustaría negarlo, nuestra naturaleza lo demuestra en forma constante. Poseemos tanto dignidad como depravación; somos propensos tanto al bien como al mal. Esta es la ironía de la condición humana. John Stott expresa esto muy bien en su resumen del cristianismo básico:

> Podemos pensar, elegir, crear, amar y adorar; pero también podemos odiar, codiciar, pelear y matar. Los seres humanos son los inventores de hospitales que tratan a los enfermos, de universidades donde se puede adquirir sabiduría y de iglesias para adorar a Dios. No obstante, también han inventado cámaras de tortura, campos de concentración y arsenales nucleares.
>
> Esta es la paradoja de nuestra condición humana. Somos tanto nobles como viles, tanto racionales como

irracionales, tanto morales como inmorales, tanto creativos como destructivos, tanto amorosos como egoístas, tanto parecidos a Dios como parecidos a las bestias[5].

¿Por qué es así? El evangelio da la respuesta y dice que aunque Dios nos creó a su imagen, nos hemos rebelado contra él en nuestra independencia. Aunque parezca diferente en cada una de nuestras vidas, todos somos iguales al hombre y a la mujer en el Huerto. Pensamos: *Aun si Dios ha dicho que no hagamos algo, de todos modos yo lo voy a hacer.* En esencia estamos diciendo: «Dios no es mi Señor, y Dios no sabe lo que es mejor para mí. Yo defino lo que es correcto y lo que es incorrecto, lo que es bueno y lo que es malo». Por lo tanto, el fundamento de nuestros principios morales cambia de la verdad objetiva que Dios nos ha dado en su Palabra a las nociones subjetivas que creamos en nuestra mente. Aun cuando no nos damos cuenta de las consecuencias de nuestras ideas, inevitablemente llegamos a una conclusión: cualquier cosa que *me parezca* buena a mí o que *sienta* que es buena para mí, *es* correcta para mí.

Al final, para cada uno de nosotros, todo es acerca de *mí*.

Es por eso que la Biblia diagnostica la condición del corazón humano diciendo simplemente que «todos se desviaron, todos se volvieron inútiles» (Romanos 3:12). La esencia de lo que la Biblia llama pecado es la exaltación del «ego». Dios nos ha diseñado para que lo pongamos primero a él en nuestra vida, luego a los demás y a nosotros en último lugar. Sin embargo, el pecado invierte ese orden: nos ponemos a nosotros primero, a los demás en segundo lugar (muchas veces en un intento de usarlos para nuestro beneficio), y a Dios en algún lugar (si es que lo ponemos en lugar alguno), a la distancia. Giramos, en vez de adorar a Dios, a adorarnos a nosotros mismos.

Bueno, probablemente no lo diríamos de esa manera. La mayor parte de la gente no confiesa públicamente: «Me adoro a mí mismo». Pero como lo señala John Stott, no toma mucho tiempo, cuando miramos nuestra vida y escuchamos lo que decimos, para que se haga evidente la verdad. Nuestro diccionario contiene cientos de palabras que comienzan con «auto» o con «ego»: autoestima, autoconfianza, autoproclamación, autogratificación, autoglorificación, automotivación, autoconmiseración, autoasertividad, egocentrismo, autoindulgencia, autojusticia y muchas más. Hemos creado un sinfín de términos para expresar el grado de la preocupación que tenemos por nosotros mismos[6].

La tragedia en todo esto es que en nuestra búsqueda constante por satisfacernos a nosotros mismos, en realidad nos hemos esclavizado al pecado. Es por eso que Jesús enseña: «Les digo la verdad, todo el que comete pecado es esclavo del pecado» (Juan 8:34). Nosotros sabemos que esto es verdad. Es fácil verlo en una persona alcohólica, por ejemplo. La persona se emborracha porque cree que ese es el camino a la satisfacción personal, solamente para encontrase esclavizado a una adicción que lo lleva a la ruina.

No obstante, el pecado trabaja de forma similar en nuestra vida, en formas pequeñas y grandes. Nos decimos a nosotros mismos, sin importar lo que Dios dice, que un pensamiento lascivo, una palabra dura o una acción egoísta nos traerán satisfacción. Nos persuadimos, sin importar lo que Dios dice, que el dinero que tenemos (sin tener en cuenta lo que nos cuesta conseguirlo) y las relaciones sexuales que tenemos (con quien sea que queramos disfrutarlas) nos van a satisfacer. Nos convencemos a nosotros mismos, sin tener en cuenta lo que Dios dice, de que vamos a sentirnos satisfechos con esa persona o con aquella posesión, con este placer o con aquella meta. Perseguimos todas estas cosas pensando que somos libres, pero estamos ciegos a nuestra propia esclavitud. Porque en todos los esfuerzos para servirnos a nosotros mismos, en realidad nos estamos rebelando contra el Único que puede darle satisfacción a nuestra alma.

A fin de cuentas, todos somos culpables de rebelarnos contra Dios. No solamente el proxeneta en el norte de Nepal, sino también usted y yo. Todos nos hemos apartado de Dios, todos somos culpables ante Dios, y todos lo sabemos. Sentimos esa culpa y, aunque inevitablemente la neguemos, la experimentamos en forma instintiva.

Algunos niegan la culpa totalmente. Dicen que no hay tal cosa como el bien y el mal, que toda la ética es ilusoria y arbitraria, y que lo único que queda son las preferencias personales. Sin embargo, la gente que cree eso a menudo se da vuelta y discute que está bien que usted esté de acuerdo con ellos y que está mal que usted no esté de acuerdo con ellos. Es irónico, ¿no es verdad?

Otras personas tratan de eliminar la culpa cambiando el estándar de lo que es bueno y lo que es malo, en nombre del desarrollo cultural. Una de las formas más fáciles de tratar de mitigar la culpa es convencernos a nosotros mismos de que nuestros estándares morales son imprácticos o anticuados. La codicia no es algo malo; es necesaria para lograr nuestras ambiciones. Promocionarnos a nosotros mismos es la única forma de tener éxito. La lujuria es natural para los hombres y mujeres contemporáneos y se espera que tengan relaciones sexuales sin tener en cuenta si están casados o su género. Tratamos de quitarnos el sentimiento de culpabilidad haciendo una definición nueva de lo que es bueno y de lo que está mal según las modas culturales pasajeras.

No obstante, el sentimiento de culpabilidad permanece. Sin importar lo mucho que tratemos, no podemos borrar con éxito el sentimiento de «lo que deberíamos hacer» que Dios ha escrito en el alma humana. Solamente es necesario mirar los ojos de una niñita que está siendo vendida como esclava sexual para saber que eso «no se debería hacer», porque el bien y el mal existen como estándares objetivos para toda la gente en todos los lugares, todo el tiempo. No podemos eliminar la realidad de la culpa ante Dios, y es por esto que necesitamos a Jesús. Es aquí donde el evangelio va contra la cultura de una manera aún más ofensiva.

¿ES JESÚS ÚNICO?

Casi toda la gente del mundo que sabe algo acerca de Jesús, incluyendo a la mayoría de los eruditos seculares, diría que Jesús era un hombre bueno. A la gente le resulta fácil identificarse con un hombre a quien le resulta familiar el dolor, la lucha y el sufrimiento. Lo que es más, a la gente *le gusta* Jesús. Él era amoroso y amable. Defendió la causa del pobre y del necesitado. Se hizo amigo de los abandonados, los débiles y los oprimidos. Pasaba tiempo con los despreciados y con los marginados sociales. Amaba a sus enemigos, y les enseñaba a los demás a hacer lo mismo[7].

Sin embargo, junto al notable carácter humilde de Jesús, también vemos algunos rasgos de egocentrismo. No tiene que leer mucho en las historias de Jesús para comenzar a llegar a la conclusión de que él hablaba mucho sobre sí mismo. «Yo soy esto, y esto otro», dijo una y otra vez. «Síganme, vengan a mí», llama a cada uno a su alrededor. Stott lo describe mejor:

> Una de las cosas más extraordinarias que hizo Jesús
> en sus enseñanzas (y lo hizo en forma tan discreta que
> muchos que leen los evangelios ni siquiera lo notan)
> fue colocarse a sí mismo aparte de todos los demás. Por
> ejemplo, al afirmar ser el buen pastor que fue al desierto
> a buscar a su oveja perdida, él estaba implicando que
> el mundo estaba perdido, que él no lo estaba y que él
> podía buscar al perdido y salvarlo.

En otras palabras, él se puso a sí mismo en una categoría moral en la cual estaba solo. Todos los demás estaban en tinieblas; él era la luz del mundo. Todos los demás tenían hambre; él era el pan de vida. Todos los demás tenían sed; él podía saciar esa sed. Todos los demás eran pecadores; él podía perdonar los pecados de ellos. En efecto, en dos ocasiones separadas él así lo hizo, y en ambas ocasiones los observadores se escandalizaron. Ellos preguntaron: «¿Qué es lo que dice? ¡Es una blasfemia! ¡Solo Dios puede perdonar pecados!» (Marcos 2:5-7; Lucas 7:48-49).

Si Jesús exigió autoridad para perdonar pecados, también requirió autoridad para juzgar al impenitente. Varias de sus parábolas dieron a entender que él esperaba regresar al final de la historia. Dijo que en aquel día él se sentaría en su glorioso trono. Todas las naciones estarían delante de él, y él las separaría unas de las otras al igual que un pastor separa a sus ovejas de sus cabras. En otras palabras, él dijo que decidiría el destino eterno de ellos. Así él se hizo a sí mismo la figura central en aquel día de juicio[8].

Aun si nadie más lo hizo, por cierto que Jesús creyó que él era único. Hizo lo que tal vez fue su afirmación más extravagante en Juan 14:6: «Yo soy el camino, la verdad y la vida; nadie puede ir al Padre si no es por medio de mí».

¡Qué tal declaración! Como si el evangelio ya no fuera lo suficientemente ofensivo con el anuncio de quién es Dios y quiénes somos nosotros, ahora escuchamos que Jesús es la única persona que puede reconciliarnos con Dios. Ningún otro líder es supremo y ningún otro camino es suficiente. Si usted quiere conocer a Dios, debe ir a través de Jesús.

¿Cómo puede ser esto? ¿Cómo pudo un hombre en su sano juicio dos mil años atrás haber hecho esta afirmación? ¿Y cómo puede la gente, en su sano juicio, creerla dos mil años más tarde?

Solamente tiene sentido si todo lo que ya hemos visto en la Biblia es verdad.

Hemos visto que Dios es completamente santo e infinitamente bueno, perfectamente justo, y que su gracia está llena de amor. También hemos visto que cada uno de nosotros ha sido creado por Dios, pero que todos estamos corruptos por el pecado. Todos nos hemos apartado de Dios y somos culpables delante de él. Estas realidades gemelas establecen la pregunta más importante: ¿Cómo puede un Dios santo reconciliar a sí mismo a pecadores rebeldes que merecen su juicio?

Recuerde lo que dice Proverbios 17:15: «Absolver al culpable y condenar al inocente son dos actos que el Señor detesta». En otras palabras, Dios detesta a aquellos que llaman al culpable «inocente» y al inocente lo llaman «culpable». Dios los detesta porque él es un Juez justo y llama al culpable y al inocente por lo que son.

Así que, cuando Dios venga a nosotros como un buen Juez, ¿qué nos dirá? «Culpable». Si él nos dijera «Inocente», sería una abominación a sí mismo. Ahora comenzamos a darnos cuenta de la tensión subyacente en la Biblia. Todo hombre y mujer es culpable delante de Dios. Entonces, ¿cómo puede Dios expresar su perfecta justicia sin condenar a cada pecador en el mundo?

Mucha gente responde: «Bueno, Dios es amoroso. Él puede simplemente perdonar nuestros pecados». Pero tan pronto como lo decimos, debemos darnos cuenta de que el perdón de Dios de los pecadores es una amenaza potencial a su carácter perfecto. Si Dios simplemente pasara por alto el pecado, entonces no sería ni santo ni justo. Si hoy en el tribunal hubiera un juez que, sabiéndolo, perdonara a criminales convictos, haríamos que ese juez fuera relevado de su cargo de inmediato. ¿Por qué? Porque no es un magistrado justo. Una vez que entendemos la santa justicia de Dios y la naturaleza pecaminosa de la humanidad, en las palabras de Stott: «ya no preguntamos *por qué* Dios encuentra difícil perdonar el pecado, sino *cómo* lo hace posible de perdonar»[9].

Esta tensión nos lleva a preguntar: «Entonces, ¿cómo puede Dios amarnos cuando su justicia requiere que nos condene?». Este es el problema fundamental en el universo. Aunque, en realidad, no es el problema que identifica la mayor parte de la gente. La mayor parte de la gente en nuestra cultura no se desvela preguntándose cómo es posible que Dios sea al mismo tiempo justo y amoroso hacia los pecadores. En cambio, la mayor parte de la gente acusa a Dios preguntándole: «¿Cómo puedes castigar a los pecadores? ¿Por qué permites que gente buena vaya al infierno?». No obstante, la pregunta que formula la Biblia es exactamente lo opuesto: «Dios, ¿cómo puedes ser justo y dejar que pecadores culpables entren al cielo?».

La única respuesta a esta pregunta es Jesucristo.

La vida de Jesús es verdaderamente única. Él es Dios en la carne, totalmente humano y totalmente Dios. Como hombre perfecto, él es el único que puede ponerse en el lugar de hombres y mujeres culpables. Como Dios perfecto, solamente él puede satisfacer la justicia divina.

Eso hace que la muerte de Jesús sea única, y es por eso que su crucifixión es el punto culminante del evangelio. Es algo raro cuando pensamos en ello. Para todos los otros líderes religiosos, la muerte fue el trágico fin de su historia. El enfoque de otras religiones siempre es en la vida de sus líderes. Sin embargo, con Jesús es completamente lo opuesto. Constantemente él estaba anticipando su muerte y los acontecimientos de su vida emplazaron un énfasis desproporcionado en ella. Desde su muerte hace dos mil años, el símbolo central del cristianismo ha sido la cruz, y la celebración central de la iglesia se enfoca en el pan y el vino, lo cual conmemora el cuerpo y la sangre de Jesús[10]. ¿Por qué es tan significativa la muerte de Cristo en la cruz?

Debido a que en la cruz fue donde Jesús, Dios encarnado, tomó sobre sí mismo el castigo que merecen los pecadores. En la cruz de Cristo, Dios expresó totalmente su santo juicio sobre el pecado. Al mismo tiempo, Dios en Cristo soportó en forma total su santo juicio sobre el pecado. En el proceso, Dios a través de Cristo hizo posible la salvación para todos los pecadores porque el castigo del pecado fue saldado. Sabemos que esto es verdad porque Dios resucitó a Jesús de los muertos. Esta es la noticia más grande del mundo y es por eso que la llamamos el evangelio (palabra que significa «Buena Noticia»). El Creador del universo, santo, justo y lleno de gracia, ha provisto la forma, a través de Cristo, para que cualquier persona en cualquier lugar pueda reconciliarse con él.

Sin embargo, nuevamente, no podemos escapar a la ofensa de este evangelio. «¿Está usted diciendo en realidad que *solamente hay un camino* para llegar a Dios?», la gente pregunta de inmediato. Aunque al formular la pregunta estamos revelando el problema. Si hubiera 1.000 caminos para llegar a Dios, nosotros querríamos 1.001. El asunto no es cuántos caminos llevan a Dios; el asunto es nuestra autonomía para con Dios. Queremos hacer *nuestro propio* camino. Esta es la esencia del pecado en primer lugar, que confiamos más en nuestros caminos que en el camino de Dios. Sin embargo, no vamos a ser rescatados de nuestro pecado volviéndonos a nosotros mismos y confiando aún más en nuestros caminos. En cambio, solamente seremos rescatados cuando dejemos de enfocarnos en nosotros mismos y confiemos totalmente en el camino de Dios.

LA OFENSA ETERNA

Hasta ahora todo lo que hemos visto en el evangelio no es particularmente popular. La sola idea de que Dios se hizo hombre resulta descabellada para multitudes alrededor del mundo. Más de mil millones de musulmanes creen que Dios nunca se rebajaría para convertirse en un hombre. Cientos de millones de otras personas en el mundo creen que es absurdo pensar que un hombre podría ser divino.

No obstante, la ofensa del evangelio va más lejos. El evangelio afirma que Dios no solamente se hizo hombre sino que este Dios-hombre fue crucificado. Esto es una insensatez para las mujeres y los hombres contemporáneos. Imagínese a un hombre de nuestro país, bien vestido, con un buen trabajo, una casa grande y un automóvil del año, y a una mujer educada e independiente de hoy en día, orgullosa de su autonomía. Usted los lleva a un basurero, donde hay un hombre casi desnudo, clavado a una cruz, cubierto de sangre, y les dice: «Este es su Dios». Ellos se reirán de usted; tal vez sientan lástima por el hombre, pero lo más probable es que sigan adelante con su estilo de vida.

Sin embargo, la ofensa del evangelio llega a su punto culminante cuando usted les dice que su destino eterno depende de si creen que el hombre que está allí colgado es su Dios, el Señor, quien es Juez, Salvador y Rey de toda la creación. Tan pronto como usted les diga: «Si lo siguen, van a tener vida eterna; si no lo siguen, van a experimentar el infierno por toda la eternidad», se encontrará del otro lado de una línea de máxima controversia en la cultura contemporánea (y en la iglesia contemporánea).

El evangelio afirma que lo que está en juego es la eternidad, y que depende de cómo usted y yo le respondemos a Jesús.

De acuerdo a la Biblia, el cielo es una realidad gloriosa para todos los que confían en Jesús. Es un lugar de total reconciliación y de completa restauración, donde el pecado, el sufrimiento, el dolor y la tristeza finalmente cesarán, y los hombres y las mujeres que han puesto su fe en Cristo vivirán en armonía perfecta con Dios y con los otros por siempre jamás.

La Biblia también enseña que el infierno es una horrenda realidad para aquellos que se apartan de Jesús. Es una realidad sobre la cual Jesús enseñó mucho. Tim Keller observa: «Si Jesús, el Señor de amor y Autor de la gracia habló más sobre el infierno, y de una manera tan vívida que hace congelar la sangre en las venas, más que ninguna otra cosa, esta debe ser una verdad crucial»[11]. Esta «verdad crucial» fluye directamente de todo lo que hemos descubierto hasta este punto.

Todos los hombres y todas las mujeres se han apartado de Dios para concentrarse en sí mismos, y si nada cambia antes de que mueran, el infierno será el lugar de castigo de Dios por esta elección pecaminosa con la cual se exaltan a sí mismos. Los que se rebelen contra Dios en la tierra recibirán el castigo justo por el camino que han elegido. Por supuesto que nadie, sin importar lo malvado que sea, elegiría el infierno a sabiendas del horror que acarrea. Las Escrituras describen el infierno como un lugar de llanto y crujir de dientes en un humo de tormento que se eleva sin descanso para todos los que allí residen (vea Mateo 8:12; Apocalipsis 14:11). Nadie en su sano juicio querría experimentar esto. Sin embargo, por haber elegido ir en contra de Dios en la tierra, el destino de hecho del pecador es la condenación por toda la eternidad.

Cuando usted pone todas estas verdades juntas en el evangelio, se da cuenta de que la afirmación más ofensiva y contra cultural en el cristianismo no es lo que los cristianos creen en cuanto a la homosexualidad o el aborto, el matrimonio o la libertad religiosa. En cambio, el reclamo más ofensivo en el cristianismo es que Dios es el Creador, Dueño y Juez de cada persona en el planeta.

Cada uno de nosotros está delante de él culpable de pecado y la única manera de reconciliarnos con él es a través de la fe en Jesús, el Salvador crucificado y Rey resucitado. Todos los que confían en su amor experimentarán vida eterna, mientras que todos los que rechacen su Señorío sufrirán muerte eterna.

¿CREE USTED LO QUE DICE EL EVANGELIO?

Así que ahora nos volvemos a la pregunta fundamental al principio de este capítulo: ¿Cree usted lo que dice el evangelio?

Me imagino tres categorías de lectores de este libro. La primera categoría incluye a los lectores que no creen en el evangelio. Actualmente usted no profesa ser seguidor de Cristo, pero por alguna razón está leyendo este libro. Estoy agradecido de que lo lea y espero que obtenga una perspectiva que lo ayude en los asuntos sociales más urgentes de nuestra cultura y del mundo. Como leerá en el capítulo sobre la libertad religiosa, yo respeto a las religiones que difieren de la mía, y creo que hay formas buenas no solamente para cooperar sino también para coexistir en sincera amistad y valioso compañerismo en la sociedad y la cultura. Al mismo tiempo, no sería honesto si no le dijera que estoy orando que en el proceso de leer este libro, usted llegue a conocer el amor misterioso, insondable, inexplicable y personal de Dios por usted en Cristo. Espero que, tal vez sin que usted lo sepa, una de las razones por las que está leyendo este libro es porque Dios en su soberanía lo está acercando a Cristo.

La segunda categoría de lector es similar a la primera en que usted no cree lo que dice el evangelio. Sin embargo, la diferencia es que actualmente usted profesa ser cristiano. Tal vez se llame a sí mismo «un cristiano progresista» o un «cristiano de mente abierta» o un «cristiano que asiste a la iglesia», o cualquier otro calificativo que quiera anteponer a su condición de cristiano. Con todo respeto, y no sé cómo escribir esto sin rodeos, tengo la esperanza de que deje de llamarse cristiano hasta que crea en el evangelio.

Algunos «cristianos» no creen que Dios es el Creador del universo o que él es el Autor de la Biblia. Otros «cristianos» no creen que el pecado es un problema muy grande ante Dios y muchos «cristianos» creen que Jesús es solamente uno de los muchos caminos hacia Dios, mientras que una gran cantidad de «cristianos» rechaza totalmente lo que Jesús dice acerca del infierno (aunque, en forma conveniente, acepta lo que Jesús dice acerca del cielo). Pongo la palabra «cristianos» entre comillas simplemente porque esos «cristianos» no son cristianos. Es imposible ser seguidor de Cristo cuando se niega, se pasa por alto, no se toma en cuenta, se desacredita y no se cree en las palabras de Cristo.

Así que si esto se aplica a usted, mi meta es similar a lo que compartí con la primera categoría de lectores. Con sinceridad espero que llegue a conocer los caminos misteriosos de Dios y el amor insondable, inexplicable y personal para usted en Cristo; que llegue a creer en el evangelio a pesar de todas sus ofensas, y que siga a Cristo por quién es él y no por quién preferiríamos que fuera. Hasta que eso suceda, mi esperanza es que usted no blasfeme el nombre de él afirmando estar en Cristo (ser cristiano) cuando no cree en Cristo.

La categoría final de lectores incluye a aquellos que *sí* creen en el evangelio. Asumo que incluye a muchos de los que están leyendo este libro, y por cierto que esta es la audiencia principal para la cual escribo. En las páginas que siguen, mi meta es explicar lo que dice el evangelio sobre muchos asuntos sociales en nuestra cultura, que van desde la pobreza, la esclavitud, el aborto y la inmoralidad sexual hasta la degradación del matrimonio y la negación de los derechos civiles. En el proceso, quiero demostrar cómo un entendimiento cabal del evangelio fusiona tanto el cuidado radical de los pobres y la oposición radical al aborto con una posición radical contra la esclavitud y una defensa radical del matrimonio. Finalmente, mi propósito es mostrar cómo el evangelio impulsa a los cristianos a ir en contra de todos estos asuntos en nuestra cultura con convicción, compasión y valor.

UN LLAMADO A LA CONVICCIÓN, A LA COMPASIÓN Y AL VALOR

Al tratar cada uno de estos asuntos, quiero llamar a los creyentes a que tengan convicción. Vivimos en un tiempo único en la cultura occidental, en el cual el panorama moral está cambiando rápidamente. Como resultado, tenemos muchas oportunidades para manifestarnos a favor de la verdad divina y hablar sobre ella. Quiera Dios que no dejemos pasar este momento. Elizabeth Rundle Charles, comentando sobre la confrontación de Martín Lutero en asuntos clave de su día, dice:

Es la verdad que asalta en cualquier época lo que pone a prueba nuestra fidelidad. [...] Si profeso a todo pulmón y con la exposición más clara todas las partes de la verdad de Dios excepto precisamente el punto que el mundo y el diablo están atacando en estos momentos, no estoy confesando a Cristo, sin importar lo valientemente que pueda estar profesando el cristianismo. Donde ruge la batalla es donde se prueba la lealtad del soldado, y mantenerse firme en los demás frentes de batalla es simplemente huir y deshonrar si se retrocede en ese punto[12].

Por cierto que las batallas rugen en nuestra cultura sobre una cantidad de asuntos sociales. Solamente hace unas décadas, Francis Schaeffer escribió:

Nosotros, los creyentes evangélicos que creemos en la Biblia, estamos sumergidos en una batalla. Esta no es una discusión amistosa entre caballeros. Es un conflicto de vida o muerte entre las huestes espirituales de maldad y los que proclaman el nombre de Cristo. […] Sin embargo, ¿creemos, en realidad, estar en una batalla de vida o muerte? ¿Creemos en realidad que el papel que jugamos en la batalla tiene consecuencias en cuanto a si hombres y mujeres pasarán la eternidad en el infierno? ¿O si los que viven vivirán o no en un clima de perversión y degradación moral? Es triste, pero debemos decir que muy pocos en el mundo evangélico han actuado como si estas cosas fueran verdaderas. […] ¿Dónde está la voz clara hablando de asuntos cruciales del día con respuestas claramente bíblicas y cristianas? Con lágrimas debemos decir que no está allí y que gran parte del mundo evangélico ha sido seducido por el espíritu del mundo de la época actual. Más aún, podemos esperar que el futuro sea un desastre mucho mayor si el mundo evangélico no toma una posición firme a favor de la verdad bíblica y de la moralidad en todos los aspectos de la vida[13].

Quiera Dios que esto no sea dicho de nuestra generación. Que no pequemos mediante el silencio. Que nos demos cuenta de que no hablar es hablar. Finalmente, que se diga de nosotros que no solamente hemos defendido los principios del evangelio, sino que también hablamos claramente *con* el evangelio sobre los asuntos más apremiantes de nuestro día.

Además de llamarnos a la convicción, quiero exhortarnos a la compasión. En Mateo 9 se nos dice que «cuando [Jesús] vio a las multitudes, les tuvo compasión, porque estaban confundidas y desamparadas, como ovejas sin pastor» (Mateo 9:36). Una de mis esperanzas para este libro es que Dios nos dé gracia para ver lo que él ve. Para ver a los pobres, a los hambrientos y a los que la sociedad abandona, tal como los ve Dios. Para que, desde su perspectiva, podamos ver a los que sufren opresión política, económica o étnica. Para que nos interesemos por el bebé que está en el vientre de su madre, como también por ella, tanto como se interesa él. Para que amemos al huérfano y a la viuda, al homosexual y al heterosexual, al inmigrante y al inmoral tanto como los ama Dios.

Basándome en su amor, quiero hacer una exhortación a la acción. Jesús nos ordena: «Ama a tu prójimo como a ti mismo» (Mateo 22:39). Juan escribe: «que nuestro amor no quede solo en palabras; mostremos la verdad por medio de nuestras acciones» (1 Juan 3:18). Lo último que quiero hacer es separar los principios bíblicos, teológicos y éticos de las prácticas individuales, familiares y de la iglesia. La meta de este libro no es proveer información sobre el evangelio y los asuntos sociales; la meta es aplicar el evangelio a los asuntos sociales. Quiero explorar todos estos asuntos, no con una complacencia farisaica que se contenta con retorcerse las manos por sentir una preocupación piadosa, sino con un compromiso de servir a aquellos que Dios nos guía a servir.

Inevitablemente, Dios nos guiará a actuar de formas distintas. Es imposible que cada uno de nosotros pueda dar el mismo nivel de atención a todos estos asuntos. Nadie puede luchar contra el tráfico sexual al mismo tiempo que cuida y adopta niños, mientras comienza un ministerio para ayudar a las viudas y para aconsejar a las madres solteras, mientras viaja por todo el mundo para ayudar a la iglesia perseguida, y así sucesivamente. Ninguno de nosotros *debería* hacer todas esas cosas, porque Dios, en su soberanía, nos pone en posiciones y lugares únicos con oportunidades y privilegios únicos para ejercer influencia en la cultura que nos rodea. No obstante, lo que es necesario para todos nosotros es que veamos cada uno de estos asuntos culturales a través del lente de la verdad bíblica y que expresemos esa verdad con convicción cada vez que tengamos la oportunidad de hacerlo. Entonces, basados en una convicción consecuente, como creyentes individuales y en forma colectiva en nuestras iglesias, busquemos la manera en que el Espíritu de Cristo nos guíe a la acción compasiva en nuestra cultura.

Para ayudarnos en esto, cada capítulo concluye ofreciendo algunas sugerencias iniciales de peticiones prácticas por las cuales usted y yo podemos orar sobre estos asuntos, algunas maneras posibles en las cuales usted y yo podamos hacer trabajar la cultura con el evangelio, así como verdades bíblicas que debemos proclamar relacionadas a cada uno de estos asuntos. Estas sugerencias también lo llevarán a un sitio en Internet en inglés (CounterCultureBook.com) donde puede explorar algunos pasos más específicos que podría tomar. Lo aliento a considerar todas estas sugerencias y a que, con humildad, valor, seriedad y oración, busque lo que Dios lo está dirigiendo a hacer. No contemplemos simplemente la Palabra de Dios en el mundo que nos rodea, hagamos lo que dice (vea Santiago 1:22-25).

El actuar con convicción y compasión de seguro que requerirá valor. Cada vez, va más contra la cultura el manifestarse a favor de la verdad inquebrantable en este mundo tan cambiante. El costo de la convicción bíblica en la cultura contemporánea es cada vez más alto, y no estamos tan lejos de compartir con más intensidad en los sufrimientos de Cristo. Sin duda es por esto que más y más «cristianos» hoy en día se están alejando del evangelio. El temor es una fuerza poderosa que lleva a más y más «iglesias» a acomodarse y a adaptarse en lugar de confrontar a la cultura que las rodea. Por lo tanto, creo que las palabras de Schaeffer son apropiadas:

Necesitamos una generación joven y a otras personas que estén dispuestas a permanecer firmes, en amorosa confrontación, pero en una confrontación verdadera, en contraste con la mentalidad de adaptación constante a las formas del espíritu del mundo que nos rodean hoy, y en contraste a la forma en que mucho del *evangelicalismo* ha desarrollado la mentalidad automática de acomodarse a cada punto sucesivo[14].

Mi esperanza es que prestemos atención a este desafío. Porque realmente este no es un desafío de Schaeffer; es un desafío que nos presenta Cristo:

No teman a los que quieren matarles el cuerpo; no pueden tocar el alma. Teman solo a Dios, quien puede destruir tanto el alma como el cuerpo en el infierno. [...] Todo aquel que me reconozca en público aquí en la tierra también lo reconoceré delante de mi Padre en el cielo; pero al que me niegue aquí en la tierra también yo lo negaré delante de mi Padre en el cielo. [...] Si te aferras a tu vida, la perderás; pero, si entregas tu vida por mí, la salvarás. MATEO 10:28, 32-33, 39

El evangelio de Cristo no es un llamado a un compromiso cultural cuando estamos atemorizados. Es un llamado a una crucifixión contra la cultura, la muerte del ego frente a la oposición del mundo, para recibir una recompensa eterna.

Mi esperanza es que creamos en el evangelio de Cristo y que nuestra creencia nos mueva a involucrarnos en nuestra cultura. Mi oración es que en las páginas que siguen, Dios nos lleve en un viaje que nos abra los ojos a las necesidades de la gente en nuestra cultura y alrededor del mundo, llevándonos a arrodillarnos con lágrimas y oraciones en favor de esas personas, y que ello mismo nos impulse con convicción, compasión y valor a propagar la verdad de Dios mientras que en forma desinteresada demostramos el amor de Dios. Todo esto con la esperanza del día cuando el pecado, el sufrimiento, la inmoralidad y la injusticia ya no existirán nunca más.

CAPÍTULO 2

DONDE CHOCAN LOS RICOS Y LOS POBRES: EL EVANGELIO Y LA POBREZA

Caminando por una aldea del Asia completamente cubierta de nieve, vi la personificación de la pobreza.

Tan pronto como entramos a esa aldea, un hombre salió de su choza. Usaba una camisa beige hecha jirones y una chaqueta color café llena de agujeros, la cual sin duda no lo abrigaba. Tenía el cabello negro como el carbón, la barba grisácea que denotaba su edad, la piel áspera y de color bronce que no había visto el agua durante semanas. Su nombre era Sameer.

Sin embargo, cuando miré a Sameer, ninguno de esos atributos fue lo que más se destacó. En cambio, cuando miré a Sameer a los ojos, vi dentro de su cráneo. No mucho tiempo atrás se le había infectado el ojo derecho. Sin acceso al cuidado médico básico, la infección empeoró y finalmente el globo ocular se le salió de la cuenca. Ahora lo que se veía en el lado derecho del rostro de Sameer era un hueco profundo, y la infección se estaba esparciendo por su rostro. La mejilla de Sameer había comenzando a hundirse y ya estaba comenzando a quedarse sordo. Era evidente que la enfermedad que estaba causando esto muy pronto se le esparciría por la cabeza y finalmente le causaría la muerte.

Nosotros estábamos totalmente conscientes de nuestra limitada capacidad para ayudar a Sameer físicamente. Las personas con las cuales yo estaba viajando estaban trabajando para construir un hospital cerca de su aldea, pero por el momento no había opciones para que recibiera cuidado médico en ningún lugar cercano.

Cuando hablamos con Sameer, le contamos la historia de Jesús cuando sanó a un hombre ciego. Sameer nunca había escuchado sobre Jesús, así que compartimos con él quién es Jesús y la forma en que Jesús sanaba enfermedades como una demostración de su poder para conquistar la muerte. Compartimos con Sameer que la muerte de Jesús había pagado el precio del pecado de la gente contra Dios. Compartimos cómo la resurrección de Jesús brinda esperanza a todos los que creen en él que un día estarán con él en una tierra donde nunca más habrá pecado, sufrimiento, enfermedad o muerte. Sameer se sonrió. Poco después, nos tuvimos que ir de la casa de Sameer, y hasta hoy no sé cuánto tiempo vivió. Lo que sí sé es la forma en que Dios usó ese día a este hombre con un solo ojo para transformar mi propia visión.

Porque cuando miré a Sameer, vi lo que sucede cuando la pobreza total convierte una simple enfermedad en una muerte casi segura. Mientras caminábamos a través del resto de la aldea de Sameer y de otras aldeas después de esa, nos encontramos con personas semejantes y escuchamos historias similares de hombres, mujeres y niños que habían muerto o que se estaban muriendo de enfermedades que pueden prevenirse. Una aldea por la que pasamos hacía poco que había sufrido una epidemia de cólera. Unas sesenta personas habían muerto en unas pocas semanas, de una simple infección estomacal debido al agua contaminada y a la poca higiene. En caso de que usted haya leído con rapidez el último párrafo, esa fue una enorme proporción de la comunidad que murió de diarrea. Como mencioné en la introducción, solamente una mitad de los niños en esas aldeas sobrevive para ver su octavo cumpleaños.

El mismo día que caminé por la aldea de Sameer, en Lucas 10 leí el resumen de Jesús de los mandamientos de Dios para su pueblo: «"Ama al Señor tu Dios con todo tu corazón, con toda tu alma, con toda tu fuerza y con toda tu mente" y "Ama a tu prójimo como a ti mismo"» (Lucas 10:27). Esa última frase me saltó de la página a la luz de lo que estaba viendo. «Ama a tu prójimo como a ti mismo».

¿Igual que a mí mismo?

Me pregunté lo que querría que alguien hiciera por mí si yo viviera en una de estas aldeas. ¿Y qué si yo fuera Sameer? ¿No querría que alguien me ayudara? ¿Y qué si fueran mis hijos o los niños de la iglesia los que se estuvieran muriendo de enfermedades prevenibles? ¿Y qué si *la mitad* de sus hijos o de mis hijos muriera antes de cumplir los ocho años de edad? Si se tratara de nosotros, o de nuestros hijos, o de los niños en nuestras iglesias, nosotros haríamos algo. Pasar por alto necesidades tan urgentes simplemente no sería una opción.

Sin embargo, esto es exactamente lo que muchos de nosotros hemos hecho en la iglesia del mundo occidental. Nos hemos «apartado» y aislado de la imponente pobreza material que nos rodea en el mundo. Hemos llenado nuestras vidas y nuestras iglesias de más comodidades para nosotros, mientras que nos cegamos y hacemos oídos sordos a la miseria en que viven otras personas. Tenemos un hoyo tremendo en la forma en que vemos al mundo, y necesitamos de una vista nueva. Necesitamos que se nos abran los ojos a las implicaciones del evangelio sobre la forma en que vivimos.

LA ARISTOCRACIA RICA

Debemos comenzar viendo lo ricos que somos. Es obvio que ante todo somos ricos espiritualmente, porque todos los que se han apartado de sus pecados y se han vuelto a Cristo han sido resucitados a una vida nueva. Recuerde las palabras de Efesios 2:

> Pero Dios, que es rico en misericordia, por su gran amor por nosotros, nos dio vida con Cristo, aun cuando estábamos muertos en pecados. ¡Por gracia ustedes han sido salvados! Y en unión con Cristo Jesús, Dios nos resucitó y nos hizo sentar con él en las regiones celestiales, para mostrar en los tiempos venideros la incomparable riqueza de su gracia, que porsu bondad derramó sobre nosotros en Cristo Jesús. EFESIOS 2:4-7, NVI

¡Qué pasaje! Y todo esto es posible debido a que «ustedes conocen la gracia generosa de nuestro Señor Jesucristo. Aunque era rico, por amor a ustedes se hizo pobre para que mediante su pobreza pudiera hacerlos ricos» (2 Corintios 8:9). Sin duda alguna, nuestra riqueza más grande se encuentra en el evangelio mismo, porque Dios nos ha salvado de nuestros pecados y nos ha dado una vida nueva con él.

Sin embargo, los lectores de este libro son casi inevitablemente ricos también en lo material. Me doy cuenta de que no siempre *nos sentimos* ricos. Eso es tal vez porque cada vez que escuchamos la palabra *rico*, de inmediato pensamos en la clase de personas que tienen mucho más que nosotros, y por lo tanto rara vez nos consideramos como ricos. No obstante, necesitamos una nueva perspectiva. Debido a que si tenemos agua potable, suficiente ropa y comida, un techo sobre nuestra cabeza de noche, acceso a la medicina, formas de transportarnos (aunque sea servicio público), y la capacidad de leer un libro, entonces en relación a miles de millones de personas en el mundo, somos increíblemente acaudalados. Los profesores de economía Steve Corbett y Brian Fikkert señalan cómo el nivel de vida que es esencialmente común entre nosotros es muy poco común en la historia de la humanidad. Ellos escriben: «En ninguna época en la historia ha existido una disparidad económica tan grande en el mundo como la actual». Hablando específicamente sobre los norteamericanos de hoy en día, ellos llegan a esta conclusión: «De cualquier forma que se mida, somos la gente más rica que haya caminado jamás sobre el planeta Tierra»[1].

Entonces debemos abrir los ojos a la realidad de que cuando la mayor parte de la gente del mundo escucha la palabra *ricos*, piensa en nosotros. Por cierto que los norteamericanos promedio, de la clase media trabajadora, son una sociedad extremadamente rica en un mundo rodeado de miles de millones de vecinos extremadamente pobres. Jesús nos ha llamado para amar a estos vecinos como nos amamos a nosotros mismos.

El mandamiento de Cristo, aunado a la extrema pobreza que hay en el mundo y a la realidad de la riqueza en nuestra vida, tiene enormes implicaciones para la forma en que vivimos. Debido a que cuando se nos han abierto los ojos a las condiciones del mundo que nos rodea, nuestros oídos deben estar abiertos a la pregunta que nos formula Dios: «Si alguien tiene suficiente dinero para vivir bien y ve a un hermano en necesidad pero no le muestra compasión, ¿cómo puede estar el amor de Dios en esa persona?» (1 Juan 3:17). Debo aclarar que esta es una referencia específica a los seguidores de Cristo que deben preocuparse por otros creyentes que pasan necesidad (una prioridad que voy a tratar más adelante en este capítulo). Sin embargo, el mandamiento de Cristo en Lucas 10 de amar a nuestros semejantes como nos amamos a nosotros mismos por cierto que incluye las necesidades de los creyentes pobres y también de los no creyentes pobres. Este tipo de amor fraternal se desborda del corazón de hombres y mujeres que conocen a Dios. Si el amor de Dios está en nuestro corazón, entonces es imposible que nosotros pasemos por alto a los pobres del mundo. El evangelio impulsa a la acción a los creyentes en una cultura rica; una acción desinteresada, sacrificial, que cuesta, que va contra la cultura, a favor de los pobres. Porque si no actuamos de esta forma, entonces tal vez se haga claro que en realidad nunca fuimos creyentes.

LA REALIDAD QUE NOS HACE VER EL PECADO

Declaraciones como la anterior me han causado algunos problemas en la iglesia (los cuales, le aseguro, yo no he buscado). En mi libro anterior, *Radical*, escribí sobre la convicción en mi propio corazón en cuanto al materialismo en mi propia vida. Mi esposa, Heather, y yo vivíamos en Nueva Orleáns cuando el huracán Katrina inundó totalmente nuestra casa. Perdimos casi todo lo que teníamos y tuvimos que comenzar de nuevo. Le dije a Heather: «Tenemos la oportunidad de reconstruir nuestra vida comenzando desde cero, sin llenarla de cosas que no necesitamos, sino enfocando nuestra vida en vivir con sencillez». Ella estuvo de acuerdo y nos dispusimos a hacer exactamente eso.

Sin embargo, en los meses siguientes, recibí una llamada de una iglesia grande del sur del país, pidiéndome que fuera su pastor. Creímos que el Señor nos estaba guiando allí, así que pronto nos encontramos en Birmingham, Alabama, donde apenas un año después del huracán Katrina, compramos una casa más grande de la que jamás tuvimos con más cosas de las que jamás habíamos poseído. Ante los ojos del mundo (aun del mundo de la iglesia), estábamos viviendo el sueño norteamericano. Pero en lo más profundo de mí, sentía desazón, un sentimiento de que no estábamos haciendo lo que debíamos hacer.

La convicción llegó a un momento decisivo cuando nuestros amigos John y Abigail nos visitaron en Birmingham. Hacía algunos años que ellos habían vendido todas sus posesiones y se habían mudado (con sus cuatro hijas pequeñas) a un país del norte del África para declarar y demostrar el amor de Dios en medio de una pobreza espantosa. Habían vuelto a Estados Unidos por unos pocos meses, y durante ese tiempo pasaron dos días con nosotros. Compartieron historias de cómo Dios estaba proveyendo para sus necesidades y para las necesidades de las personas entre las cuales estaban trabajando. Hablaban con mucho gozo, aun cuando hablaron del sufrimiento que habían visto y de las luchas que habían experimentado. Mientras los escuchaba hablar en mi enorme casa, rodeado de todas las comodidades que había adquirido, me di cuenta de que mi amigo tenía una fe que a mí no me era familiar. Ni él ni su esposa hicieron comentario alguno sobre la extravagancia en la cual estábamos viviendo, pero me sentí profundamente conmovido por la compasión sacrificial que vi en él y que yo no veía en mí.

La convicción del Espíritu Santo me llevó a la Palabra de Dios, donde comencé a ver el corazón de Dios hacia los pobres de una forma en que antes jamás había visto. No pasó mucho tiempo para que esa convicción se elevara a un nivel totalmente nuevo mientras leía versículos como los siguientes:

- Proverbios 21:13—Los que tapan sus oídos al clamor del pobre tampoco recibirán ayuda cuando pasen necesidad.

- Proverbios 28:27—Al que ayuda al pobre no le faltará nada, en cambio, los que cierran sus ojos ante la pobreza serán maldecidos.
- Santiago 2:14-17—Amados hermanos, ¿de qué le sirve a uno decir que tiene fe si no lo demuestra con sus acciones? ¿Puede esa clase de fe salvar a alguien? Supónganse que ven a un hermano o una hermana que no tiene qué comer ni con qué vestirse y uno de ustedes le dice: «Adiós, que tengas un buen día; abrígate mucho y aliméntate bien», pero no le da ni alimento ni ropa. ¿Para qué le sirve? Como pueden ver, la fe por sí sola no es suficiente. A menos que produzca buenas acciones, está muerta y es inútil.
- 1 Juan 3:16-18— Conocemos lo que es el amor verdadero, porque Jesús entregó su vida por nosotros. De manera que nosotros también tenemos que dar la vida por nuestros hermanos. Si alguien tiene suficiente dinero para vivir bien y ve a un hermano en necesidad pero no le muestra compasión, ¿cómo puede estar el amor de Dios en esa persona? Queridos hijos, que nuestro amor no quede solo en palabras; mostremos la verdad por medio de nuestras acciones.

Al leer estos versículos, me enfrenté al hecho de que me había tapado los oídos al clamor de los pobres y que había cerrado los ojos a su situación tan grave. Estaba viviendo como si ellos no existieran. Yo era pastor (y según la cultura de la iglesia era un pastor de éxito) que leía, estudiaba y predicaba la Palabra de Dios. No obstante, cuando se trataba de los pobres, todo eran palabras de labios para afuera, a las que le faltaban las obras.

Santiago tenía razón: mi falta de preocupación por los pobres era una señal clara de un problema fundamental en mi fe. Santiago estaba escribiendo simplemente lo que Jesús ya había dicho, que la fe en nuestro corazón se hará evidente en el fruto de nuestra vida. Jesús enseñó: «Puedes identificarlos por su fruto, es decir, por la manera en que se comportan. ¿Acaso puedes recoger uvas de los espinos o higos de los cardos?» (Mateo 7:16). Más tarde él describe la separación que hay entre los creyentes y los no creyentes en el juicio final en términos de los que han ayudado a los seguidores de Cristo que son pobres, y aquellos que no los han ayudado (vea Mateo 25:31-46). En cuanto a aquellos que no les han dado ni comida ni agua, ni ropa a sus hermanas y hermanos necesitados, Jesús dice: «ellos irán al castigo eterno» (Mateo 25:46). Cuanto más escuchaba a Jesús, a Santiago y al resto de las Escrituras, tanto más se me hizo claro que aquellos que afirman ser creyentes, pero que rehúsan ayudar a la gente que vive en la pobreza, simplemente no son hijos de Dios. Esta realidad me hizo temblar el alma.

LIBRE PARA TRABAJAR

Ahora sé (y quiero comunicarlo con mucho cuidado) que ni Jesús, ni Santiago, ni ninguno de los otros escritores de las Escrituras estaban enseñando que ayudar a los pobres es una forma de llegar a la salvación. De tapa a tapa, la Biblia comunica en forma muy clara que la fe sincera en la gracia divina es el único medio de salvación eterna. Pablo expresa esta verdad con suma claridad cuando dice: «Dios los salvó por su gracia cuando creyeron. Ustedes no tienen ningún mérito en eso; es un regalo de Dios. La salvación no es un premio por las cosas buenas que hayamos hecho, así que ninguno de nosotros puede jactarse de ser salvo» (Efesios 2:8-9). La única base para la salvación es la obra de Jesús en y a través de su vida, muerte y resurrección, y la única forma de salvarse es confiando en él. La Buena Noticia del evangelio es que no se basa en nada que hayamos hecho nosotros, sino que se basa en todo lo que Jesús ha hecho. Solamente por su gracia y solamente por poner nuestra fe en él, Dios nos declarará justos delante de él. De esta forma, el evangelio nos libera de cualquier y de todo intento que podamos hacer para ganarnos la aceptación de Dios por medio de nuestras obras.

Sin embargo, este no es el final de la historia. Porque cuanto más estudio la Palabra de Dios, tanto más me doy cuenta de que este mismo evangelio que me libera *de las* obras, también me libera *para* que trabaje. Esto tal vez suene confuso o aun contradictorio, pero estoy usando la palabra *obras* aquí en dos sentidos diferentes, al igual que en las Escrituras. Algunas veces la palabra *obras* en la Biblia se refiere a acciones que se hacen en la carne para obtener el favor de Dios, y como ya hemos visto, esas obras son complemente insuficientes. Todo nuestro mejor trabajo y todas nuestras obras más radicales jamás serán suficientes para obtener por mérito la salvación ante un Dios santo.

Sin embargo, la Biblia también habla de *obras* refiriéndose a acciones motivadas por la fe para darle gloria a Dios, y la Biblia apoya esta clase de obra. Esta es la clase de obra de la que habla Santiago cuando dice que amemos a los necesitados, que seamos misericordiosos con los pobres, y que cuidemos a los que sufren. En forma similar, Pablo habla de «la obra realizada por su fe» (1 Tesalonicenses 1:3, NVI), «toda obra que realicen por la fe» (2 Tesalonicenses 1:11, NVI), y «la fe que se expresa por medio del amor» (Gálatas 5:6). De hecho, inmediatamente después de los versículos en Efesios acerca de que somos salvos por gracia solamente a través de nuestra fe en Cristo, Pablo escribe: «Pues somos la obra maestra de Dios. Él nos creó de nuevo en Cristo Jesús, a fin de que hagamos las cosas buenas que preparó para nosotros tiempo atrás» (Efesios 2:10). ¿Se dio cuenta de eso? Dios nos ha creado para buenas obras. Si usted es seguidor de Cristo, entonces puede descansar en la obra que él ha hecho por usted, y al mismo tiempo usted tiene la libertad de hacer buenas obras de acuerdo a la voluntad del Señor.

Además, su voluntad es clara. Dios quiere que su gloria —la totalidad de su carácter— sea conocida por todas las personas en todos los lugares del mundo. Él quiere mostrarle al mundo que es «¡El Dios de compasión y misericordia! Soy lento para enojarme y estoy lleno de amor inagotable y fidelidad» (Éxodo 34:6); que él «levanta al pobre del polvo y al necesitado del basurero» (1 Samuel 2:8); y que «hace justicia al oprimido y da alimento al que tiene hambre» (Salmo 146:7); que es una «torre de refugio para los pobres, una torre de refugio para los necesitados en su angustia» (Isaías 25:4). Estas características de Dios están en toda su esencia reveladas en Cristo, quien vino «para llevar la Buena Noticia a los pobres» y «que los oprimidos serán puestos en libertad» (Lucas 4:18).

Una vez que vemos esta descripción de Dios en Cristo, nos damos cuenta de que ayudar a los pobres no solamente es una evidencia necesaria de la fe en él; es el natural (o sobrenatural) desborde de fe en él. ¿No tiene entonces sentido que los que amamos a Dios como nuestro Padre, vivamos como «imitadores de Dios como hijos amados. Y andad en amor, como también Cristo nos amó, y se entregó a sí mismo por nosotros, ofrenda y sacrificio a Dios en olor fragante» (Efesios 5:1-2, RVR60)? Como personas a las cuales Cristo ha cuidado en forma sacrificial en nuestra pobreza, ¿no nos sentimos acaso impulsados a cuidar en forma desinteresada de otras personas en su pobreza? Aún más, como hombres y mujeres con riquezas materiales en un mundo que tiene urgentes necesidades físicas y espirituales, ¿no estamos acaso dispuestos a reflejar la majestad de nuestro Dios mostrando misericordia con los pobres?

«QUIERO HACERLO»

Este «quiero hacerlo» es muy significativo porque cristaliza la motivación de los creyentes para ayudar a los pobres. No los ayudamos debido a un arrebato superficial que nos impulsa a hacerlo sino debido a un estímulo supernatural que nos anima a *querer hacerlo*.

Los creyentes en nuestra cultura no deberían ayudar a los pobres porque se sienten obligados por un leve sentimiento de culpa. Por cierto, que cuando nos damos cuenta de que diecinueve mil niños mueren todos los días de enfermedades que se pueden prevenir, y reconocemos que nos contamos entre las personas más ricas que hayan vivido jamás en nuestro planeta, se nos abren los ojos[2]. No obstante, la simple culpa en vista de las estadísticas no produce obediencia prolongada a los mandamientos de Dios. Tal vez cambiemos la forma en que hacemos las cosas por algún tiempo basados en el sentimiento de culpa, pero este cambio no va a durar mucho.

En cambio, el cuidado de los pobres en forma real, auténtica y sustentable solamente sucederá cuando el leve sentimiento de culpa sea dominado por un intenso sentido del evangelio. Porque a través del evangelio —la Buena Noticia del gran amor de Dios en Cristo— los creyentes tienen una razón apremiante, impulsada por la fe y saturada por la gracia para hacer el trabajo que glorifica a Dios en favor de los pobres.

Además, y para decirlo con claridad, llegar al punto en el cual *queremos* obedecer los mandamientos de Cristo no necesariamente sucede de la noche a la mañana. A menudo, el crecimiento en la vida cristiana comienza con la obediencia aun cuando no esté presente un deseo intenso de obedecer. Sin embargo, en el curso de la obediencia, los seguidores de Cristo aprenden a confiar que realmente sus caminos son buenos. Como pastor, me encanta observar a la gente cuando da pequeños pasos para ayudar a los pobres en nuestra comunidad y alrededor del mundo, y se da cuenta de lo gratificador que es, no solamente para otras personas sino también para ellos mismos. A través del tiempo, cuando trabajamos a favor de los pobres nos damos cuenta de lo gratificante que es, no solamente para otras personas sino también para nosotros mismos. A medida que suplimos las necesidades de los pobres a través del tiempo, lo que al principio fue tal vez un deber («lo tengo que hacer») inevitablemente llega a ser un deleite («lo quiero hacer»).

Aun cuando estemos ayudando a los pobres, estaremos tentados a olvidarnos del evangelio todo el tiempo. Es triste, pero la historia cristiana está llena de muchas historias de personas que con todo el corazón trabajaron a favor de los pobres pero que sin darse cuenta perdieron la meta de presentar el evangelio. El llamado «evangelio social» del siglo xx le ha quitado al cristianismo sus verdades centrales y ha llevado a muchas iglesias a un camino que conduce al compromiso teológico y a la herejía bíblica. Como resultado, muchos creyentes que creen en la Biblia actúan con mucha cautela en cuanto a ayudar a los pobres.

Sin embargo, no debemos actuar con cautela en cuanto a algo sobre lo cual Dios es muy claro. De tapa a tapa en las Escrituras, no leemos acerca de un Dios que actúa con reservas en cuanto a los pobres. En cambio, Dios es extravagante en su deseo de escuchar, ayudar, defender y demostrar su compasión por los pobres. Por lo tanto, los que seguimos a Dios no debemos ser menos. Debemos defender las verdades del evangelio, y también debemos obedecer a Dios.

Si esta ha sido una esfera de su vida en la cual ha sido desobediente a los mandamientos de la Palabra de Dios al no preocuparse por los pobres, el evangelio todavía es una Buena Noticia. Dios también perdona este pecado, y por su Espíritu puede capacitarlo y lo hará para que camine un nuevo sendero de amor sacrificial por su vecino.

¿Cómo se puede describir este amor sacrificial? Me gustaría enfocarme en cinco simples pero significativas implicaciones del evangelio para nuestra vida en un mundo de urgente pobreza espiritual y física. En una cultura que pone mucho énfasis en el tiempo libre, el lujo, las ganancias financieras, la autosuperación y las posesiones materiales, cada vez les será más difícil a los creyentes ir contra la cultura y trabajar con diligencia, vivir una vida simple, ofrendar en forma sacrificial, ayudar en forma constructiva e invertir en cosas eternas. Sin embargo, esto es lo que debemos hacer[3].

TRABAJAR CON DILIGENCIA

En primer lugar, el evangelio nos impulsa a trabajar con diligencia. Como Alguien a quien le gusta trabajar, Dios nos ha diseñado para que trabajemos. Cuando Dios creó al hombre, él «lo puso en el jardín del Edén para que lo cultivara y lo cuidara» (Génesis 2:15, NVI). Cuando recordamos que eso fue *antes* de que el pecado entrara al mundo, nos damos cuenta de que el trabajo es un don bueno de la gracia de Dios.

A menudo vemos el trabajo como un mal necesario, algo que debemos soportar para tener dinero, pero esta no es la forma en que la Biblia considera el trabajo. Desde el principio, el trabajo ha sido una marca de la dignidad humana, una parte fundamental del plan de Dios para que las personas ejerciten la mayordomía de la creación que se les había confiado y para que desarrollen la cultura que las rodea, en beneficio de todos. Tim Keller lo resume muy bien:

La agricultura usa la materia física de la tierra y produce alimento. La música usa los elementos físicos del sonido y los combina para formar algo hermoso y emocionante que le brinda significado a la vida. Al cortar una pieza de tela y hacer una prenda de vestir, al usar una escoba y barrer un cuarto para limpiarlo, al emplear la tecnología para controlar las fuerzas de la electricidad, al educar una mente no formada e ingenua y enseñarle una materia, al adiestrar a una pareja para que resuelva sus controversias emocionales, al utilizar materiales simples y convertirlos en una obra de arte conmovedora [...] continuamos con la obra de Dios de formar, de servir y de subyugar [... y] estamos siguiendo el patrón de Dios de desarrollo cultural creativo[4].

A medida que generamos productos y proveemos servicios a través de toda clase de trabajos, estamos contribuyendo a nuestra cultura de una forma que brinda servicio a la gente y que honra a Dios.

Los trabajos de toda clase son importantes en la sociedad. Si todos fueran pastores al igual que yo, sería desastroso. Por supuesto que todos sabríamos enseñar la Biblia y pastorear la iglesia, pero no tendríamos alimentos para comer. De igual manera, si todos fuéramos vendedores, no habría productos que comprar. Si todos fuéramos policías, todos estaríamos viviendo seguros, pero no tendríamos casas en las cuales vivir. Si todos fuéramos abogados... bueno, estaríamos en problemas. Como observa Lester DeKoster:

[El trabajo] da mucho más como resultado de nuestros esfuerzos de lo que nuestro trabajo particular contribuye. [...] El sillón en el cual está usted sentado descansando, ¿lo podría haber construido usted? [...] ¿Cómo puede, digamos, obtener la madera? ¿Iría a cortar un árbol?

Pero solamente después de haber hecho las herramientas necesarias para eso, y de armar alguna clase de vehículo para transportar el árbol y de construir una fábrica para cortar la madera, y caminos para conducir de un lugar a otro. En resumen, el transcurso de una o dos vidas para ¡construir una silla! [...]

Si trabajáramos [...] no solamente cuarenta horas, sino, digamos, ciento cuarenta horas por semana, no podríamos construir con nuestras manos ni siquiera una fracción de las cosas y de los servicios que [ahora] llamamos nuestros. [...Nuestro] sueldo nos compra mucho más de lo que nosotros podríamos hacer por nosotros mismos en el tiempo que nos toma ganar ese dinero[5].

Él concluye:

Imagínese que todo el mundo dejara de trabajar ahora mismo. ¿Qué es lo que sucedería? En forma muy rápida, la vida civilizada desaparecería. No habría comida en las estanterías de los almacenes, las bombas de gasolina se secarían, no habría policías en las calles, y los incendios no serían apagados. Los servicios de comunicación y de transporte no funcionarían y tampoco funcionarían las empresas de servicios públicos. Los que sobrevivieran, muy pronto estarían alrededor de fogatas, durmiendo en cuevas y vestidos de harapos. La diferencia entre [un desierto] y la cultura es simplemente el trabajo[6].

Toda clase de trabajo humano es importante, diseñado por Dios para beneficio del mundo.

Destaco este punto porque el trabajo es una de las formas más obvias, aunque a menudo se pasa por alto, en que proveemos para los pobres. Algunas veces la gente escucha peticiones para ayudar a los pobres y de inmediato piensa: *Tal vez debería dejar mi trabajo servil y dar más tiempo significativo para ayudar a los pobres.* No estoy diciendo que Dios no guíe a algunas personas a dejar sus profesiones por un propósito particular, pero sí me pregunto si esta forma de pensar no está exponiendo una falla fundamental en la forma en que entendemos el trabajo. Porque cuando trabajamos todos los días, estamos brindando nuestra ayuda para que se desarrolle una sociedad que es capaz de sostener la vida humana.

A veces escucho esto hablando con estudiantes universitarios que sienten carga por un área especial de necesidad en el mundo y deciden que el curso obvio de acción es dejar de malgastar el tiempo en la universidad y comenzar a hacer algo significativo en el mundo. Quiero repetirlo, no estoy diciendo que Dios guíe a cada una de las personas a ir (o a quedarse) en una universidad, pero, ¿pudiera ser en realidad que, por alguna razón, Dios guía a muchas personas para ir a una universidad? ¿Podría ser que en lugar de ser una pérdida de tiempo, la universidad es un uso sabio del tiempo para recibir adiestramiento en las destrezas de un trabajo que Dios usará en el futuro para lograr su propósito en el mundo?

Además, trabajando es cómo ganamos dinero. Varias personas que han leído algunos de los libros previos que he escrito, o que me han escuchado hablar sobre nuestras posesiones, me preguntan: «David, ¿está diciendo que es malo ganar mucho dinero?». Mi respuesta es siempre rotunda y clara: «No. Gane tanto dinero como le sea posible. ¡Llegue a ser millonario, si el Señor le provee esa oportunidad!». La gente se sorprende, y yo sigo eso diciendo: «Lo más importante no es la cantidad de dinero que usted gane, sino lo que hace con lo que gana».

Esta no es mi propia filosofía; es la receta de Dios. Escuche las palabras del primer libro a Timoteo:

> Enséñales a los ricos de este mundo que no sean orgullosos ni que confíen en su dinero, el cual es tan inestable. Deberían depositar su confianza en Dios, quien nos da en abundancia todo lo que necesitamos para que lo disfrutemos. Diles que usen su dinero para hacer el bien. Deberían ser ricos en buenas acciones, generosos con los que pasan necesidad y estar siempre dispuestos a compartir con otros. De esa manera, al hacer esto, acumularán su tesoro como un buen fundamento para el futuro, a fin de poder experimentar lo que es la vida verdadera.   1 TIMOTEO 6:17-19

Dios no les ordena a los ricos a que dejen de ganar dinero; en cambio, les encomienda a que usen ese dinero en la tierra para tener tesoros en la eternidad.

Tenemos más dinero que la mayoría porque en nuestra cultura tenemos la habilidad de trabajar. Tenemos oportunidades de aprender en las escuelas y en las universidades, y de conseguir trabajos y ganar dinero. Cuando usamos al máximo nuestros talentos y aprovechamos esas oportunidades, le damos honor a Dios y cultivamos el bien de la sociedad. En el proceso, adquirimos destrezas, conseguimos posiciones, ganamos plataformas y obtenemos recursos que entonces pueden (y deben) usarse para financiar el cuidado de los pobres.

Todo esto quiere decir que mientras podamos, el evangelio nos impulsa a ir contra la cultura en la forma en que trabajamos. Vivimos en una cultura que no ve el trabajo como un don de Dios, ya sea entre los jóvenes o los adultos en edad de jubilarse. Muchos jóvenes prolongan la adolescencia cuando ya son adultos.

Muchos varones de veinte y treinta años de edad, por ejemplo, rehúsan a llegar a ser hombres, y se contentan con los juegos de videos en lugar de estudiar o de conseguir un trabajo a tiempo completo. En cambio, trabajan unas pocas horas al día mientras que se apoyan en sus padres para que les paguen las cuentas. Lo que es peor de todo, algunos expresan su haraganería en lenguaje espiritual, diciendo que están esperando para dilucidar lo que Dios quiere que hagan, y todo ese tiempo están pasando por alto la evidente realidad bíblica que Dios quiere que trabajen para su gloria y para el bien de otros.

Esta tendencia no nos debería sorprender en una cultura que disminuye el valor del trabajo al exagerar la meta de jubilarse. El éxito, de acuerdo a los valores de nuestra sociedad, es llegar al lugar en el cual usted ya no trabaja. Acabo de regresar de dar una conferencia en el sur del estado de la Florida y me encontré rodeado de hombres y mujeres que están pasando los últimos años de su vida descansando entre los placeres de esta cultura. No obstante, Cristo nunca nos llamó a esta clase de retiro o jubilación. En ninguna parte hablan jamás las Escrituras de que Dios llame a la gente a que deje de trabajar. En ningún lugar vemos que el diseño de Dios para las mentes y los cuerpos productivos sea estar acostados perpetuamente en una playa, andar en carritos en los campos de golf, o estar sentados en un bote de pescar. El concepto total de ahorrar dinero para poder vivir una vida fácil e indulgente no tiene base bíblica en absoluto.

Quiero aclarar algo. No estoy hablando aquí de los hombres y las mujeres que físicamente no pueden trabajar. Tampoco estoy hablando de los hombres y las mujeres que se retiran de un trabajo para poder trabajar de formas que no requieren un salario. Conozco muchos hombres y mujeres que han pasado cierta edad y ya no están empleados, pero que trabajan para Dios en nuestra ciudad y alrededor del mundo en toda clase de formas diferentes.

Estoy pensando en Jack, un amigo mío de más de sesenta años de edad, quien cuando se bautizó dijo con claridad: «Mi plan era jubilarme, comprarme un auto deportivo de fabricación alemana y jugar al tenis». Luego a continuación compartió: «Por la gracia de Dios, antes de poner mi plan en acción, Dios intervino». Jack compartió cómo Dios había obrado en su vida, no solamente salvándolo de su pecado sino salvándolo de sí mismo. Ahora Jack usa sus habilidades previas para servir en la iglesia y a los necesitados de nuestra comunidad, y dirige un ministerio para los huérfanos en Camerún. «Qué gozo, —le dijo a la iglesia—, es ver las sonrisas de esos niños mientras empujan para poder sentarse en mi regazo porque no tienen un padre terrenal, y les hablo acerca de su Padre celestial». Entonces él concluyó: «Éste es el plan que Dios tenía para mí, y la emoción y el entusiasmo de ese plan van mucho más allá de estar jubilado o de cualquier automóvil deportivo».

Una de las maneras principales en que ayudamos a los pobres es por medio del trabajo diligente.

VIVIR UNA VIDA SIMPLE

Cuando trabajamos con diligencia, el evangelio nos impulsa a vivir una vida simple. La única salvedad que hago cuando aliento a las personas a que traten de ganar lo más posible es que sean extremadamente cuidadosas en el proceso. De nuevo, esto es lo que dice la Palabra de Dios especialmente a los ricos. Justo antes del pasaje en 1 Timoteo mencionado previamente, Pablo escribe: «los que viven con la ambición de hacerse ricos caen en tentación y quedan atrapados por muchos deseos necios y dañinos que los hunden en la ruina y la destrucción. Pues el amor al dinero es la raíz de toda clase de mal; y algunas personas, en su intenso deseo por el dinero, se han desviado de la fe verdadera y se han causado muchas heridas dolorosas» (1 Timoteo 6:9-10).

Por cierto que, por su naturaleza, el dinero no es algo malo. Sin embargo, el dinero en las manos de gente pecadora —todos nosotros—, puede ser peligroso, mortal y aun una maldición. Jesús mismo dice: «¡Qué difícil es para los ricos entrar en el reino de Dios!» (Marcos 10:23, NVI). Una vez que usted y yo nos damos cuenta de que somos «los ricos», estas palabras deberían provocar un choque en nuestro sistema.

Sin embargo, la mayoría no le cree a Jesús en esto. La mayor parte de la gente en nuestra cultura —y en la iglesia—, cree que las riquezas son siempre una señal de la bendición de Dios, y casi no tenemos una categoría para entender las riquezas como una barrera para llegar a Dios.

Somos engañados con mucha facilidad. Como dice 1 Timoteo, el dinero puede ser una trampa poderosa. Es como el agua del mar. Si usted tiene sed en medio del océano, mira a toda esa agua a su alrededor y piensa: *Debería beber esto.* Pero no se da cuenta de que debido a que el agua del mar tiene una alta concentración de sal, cuanto más tome usted, tanto más sediento estará. Además, a medida que continúe bebiendo agua salada para apagar la sed, se deshidratará, lo que le ocasionará dolor de cabeza, sequedad en la boca, baja presión arterial y un elevado ritmo cardíaco. Finalmente, delirará, perderá el sentido y morirá. La ironía es sorprendente. Al beber lo que cree que es una fuente de vida, sin darse cuenta habrá hecho algo que es mortal.

Esto es lo que hacemos cuando permitimos que el dinero nos seduzca. Pensamos, *quiero más*, pero no nos damos cuenta de que ese deseo por más dinero es una trampa. Lo «más» que queremos jamás nos va a satisfacer porque nunca será suficiente. A medida que cedamos ante ese deseo, poco a poco nos destruirá el alma. Y puede que nos destruya para siempre. Por si usted no se fijó en lo que acabamos de ver en la Palabra de Dios, escúchelo de nuevo: los deseos de obtener riquezas «hunden a la gente en la ruina y en la destrucción».

Gracias a Dios, las Escrituras nos dan el remedio para el atractivo del dinero. Justo antes de esas advertencias en 1 Timoteo, la Biblia dice: «la verdadera sumisión a Dios es una gran riqueza en sí misma cuando uno está contento con lo que tiene. Después de todo, no trajimos nada cuando vinimos a este mundo ni tampoco podremos llevarnos nada cuando lo dejemos. Así que, si tenemos suficiente alimento y ropa, estemos contentos» (6:6-8). En estos versículos, las Escrituras nos recetan el antídoto: una vida simple y llena de contentamiento, que pone en orden de prioridad las necesidades y reduce al mínimo los lujos. Pablo dice lo mismo en 2 Corintios 8–9, donde aprendemos que Dios provee lo necesario para nosotros (vea 2 Corintios 9:8) y que el exceso es para otros (vea 2 Corintios 9:11). El evangelio nos impulsa a que con humildad identifiquemos lo que es suficiente para nosotros, para que con libertad podamos darles el exceso a otras personas. Cuando entregamos voluntariamente nuestras riquezas para beneficio de otras personas, evitamos caer en una trampa y podemos disfrutar del contentamiento que describe Pablo.

Una acción como esta va totalmente en contra de lo que apoya nuestra cultura, porque somos bombardeados con la mentira que dice que un sueldo más grande requiere un estilo de vida más alto. Si tenemos más dinero, deberíamos gastar más dinero en nosotros mismos. Ahora tenemos derecho a tener más cosas, mejores posesiones y más lujos. Si somos sinceros, muchos de nosotros pensamos de esta forma, aun si afirmamos seguir a Cristo. Después de todo, Dios nos ha bendecido con dinero, ¿no es verdad? Sin embargo, esta actitud no está de acuerdo con las Escrituras. Porque la Biblia enseña que Dios nos da más, no para que podamos *tener* más, sino para que podamos *dar* más. Dios no nos ha dado exceso de dinero para darnos gusto a nosotros mismos en placeres mundanos que van a desaparecer; él nos ha dado dinero para que lo invirtamos en tesoros eternos que durarán para siempre.

Por esta razón, usted y yo debemos resistir con toda nuestra fuerza la idea que propaga la pegatina en los parachoques: «El que muere con más cosas es el que gana». Tal punto de vista de la vida no solamente es peligroso; es demoníaco. Dios es nuestro tesoro más grande y nuestra vida contará en el mundo solamente cuando decidamos invertir en su Reino para la eternidad.

Cuando en realidad nos demos cuenta de esto, cambiará la forma en que vivimos. En la práctica, ponemos un límite a nuestro estilo de vida, determinando el nivel de lo que «es suficiente», y usamos el exceso para beneficio de otras personas. Como el apóstol Pablo, en oración echamos una mirada a nuestras posesiones y decimos: «Contentémonos con esto». Entonces, si o cuando recibamos dinero adicional, en lugar de usarlo para elevar nuestro estándar de vida, lo usaremos para incrementar nuestras donaciones.

No obstante, aun cuando hacemos esto, pronto nos damos cuenta de que no hay respuestas fáciles en cuanto a cómo llevarlo a cabo en la vida de cada uno de nosotros. Dios no nos ha dado leyes o listas en las Escrituras que nos digan específicamente qué clase de comida debemos comer, la cantidad de ropa que necesitamos, o en qué clase de casa debemos vivir. En cambio, Dios nos ha dado algo mejor. Nos ha dado su Espíritu para dirigirnos y guiarnos en todas nuestras decisiones a medida que le entregamos cada uno de nuestros dólares o pesos.

Recuerdo cuando Heather y yo comenzamos a buscar otra casa como respuesta a nuestra convicción al leer la Palabra de Dios. Cuando nos convencimos de que debíamos hacer recortes en nuestro estilo de vida, comenzaron a llegar las preguntas. ¿De qué tamaño debería ser la casa en la que íbamos a vivir? ¿En qué clase de vecindario debíamos buscar una casa? Estas preguntas nos presentaban desafíos porque sabíamos que casi todas las casas en nuestro vecindario y en nuestra comunidad serían consideradas lujosas en comparación con el resto del mundo. Así que la pregunta fue: ¿cuál es la mejor manera de poner en orden de prioridad nuestras necesidades al mismo tiempo que reducimos al mínimo las cosas que tenemos en exceso? Aun esta pregunta fue difícil porque sabíamos que casi todos los lugares de cada casa que encontráramos contarían con objetos que mucha gente en el mundo considera lujos.

Además, en medio de formularnos estas preguntas, con rapidez se hizo claro que Heather y yo teníamos en mente respuestas diferentes. Reducir el número de cosas que teníamos en nuestra casa requeriría que el Espíritu nos uniera en nuestras decisiones. Y debo decir que mi esposa fue increíblemente paciente conmigo.

Al principio mi plan fue darle a ella una lista de las casas que yo quería visitar, pero ese plan no funcionó muy bien. Recuerdo haber ido a una casa que no tenía pisos, armarios de cocina o cañerías. Recuerdo otra casa que se notaba que era muy vieja y que había estado totalmente descuidada; olía a humedad y moho. Tan pronto como Heather entró a esa casa, tuvo que salir corriendo, y vomitó en el jardín delantero. Mientras la observaba vomitar, me di cuenta de que necesitábamos otro plan.

Así que mi siguiente idea fue pedirle que escribiera sus diez prioridades más importantes para una casa. Le dije que yo haría lo mismo, y que luego podríamos compartir nuestras prioridades. Ella asintió con mucho gusto, y cuando nos sentamos juntos para hablar, ella habló primero.

—Lo primero en mi lista —me dijo—, es que la casa tenga lugar para que nuestros hijos puedan jugar afuera. De alguna forma, me gustaría que ellos pudieran pasar tiempo afuera.

La miré y me di cuenta de que nuestras listas iban a ser muy diferentes.

—¿Qué pasa? —me preguntó—. ¿Qué es lo primero en tu lista?

Hice una pausa. —Agua.

—¿Agua? —me preguntó. Sonó como si dijera—: «*¿De verdad?*»

Tan pronto como comencé a explicar que el agua no era algo que se daba por sentado en todo el mundo (como si ella no lo supiera), me di cuenta de que en mis esfuerzos por encontrar la simplicidad, había salido del ámbito de lo espiritual y había pasado al ámbito de lo absurdo. Esa noche, y en los días siguientes, comencé a pensar de forma mucho más razonable y nos pusimos de acuerdo en forma más consecuente en cómo y adónde Dios nos estaba guiando para conseguir una casa. Al recordarlo, estoy muy agradecido por el proceso por el cual el Señor nos llevó para traernos a la casa en la cual vivimos ahora, una casa que, le aseguro, es extravagante comparada con lugares como la aldea de Sameer, pero que confiamos sea para un uso responsable de los recursos que Dios nos ha confiado.

El tener una casa con menos cosas es solamente una de las muchas decisiones que tomamos en el pasado, y también de la miríada de decisiones que estamos tomando en el presente en una cultura materialista que constantemente contradice la Palabra de Dios. No presumo de ser un modelo perfecto de vivir una vida simple, pero sigo adelante, junto a mi familia y a mi iglesia, en una batalla continua contra el deseo por las riquezas.

Lo invito a que participe en esa batalla, tanto en su corazón como en nuestra cultura. A medida que trabaje con diligencia, ¿cómo puede vivir en forma simple? ¿Cómo puede trazar la línea de lo que «es suficiente» en su vida, sabiendo que inevitablemente lo llevará a ir en contra de la cultura que lo rodea? Vivir una vida simple es un desafío constante y estoy convencido de que la única arma capaz de ganar esta guerra, en forma diaria, es el evangelio de Jesucristo.

DAR EN FORMA SACRIFICIAL

Además de vivir una vida simple, el evangelio nos impulsa a dar en forma sacrificial. En 2 Corintios 8, Pablo usa el ejemplo de las iglesias en Macedonia que estaban: «siendo probadas con muchas aflicciones y además son muy pobres; pero a la vez rebosan de abundante alegría, la cual se desbordó en gran generosidad» para aportar a los santos del primer siglo que pasaban hambre en Jerusalén. Dieron «no solo lo que podían, sino aún mucho más. Y lo hicieron por voluntad propia. Nos suplicaron una y otra vez tener el privilegio de participar en la ofrenda para los creyentes» (2 Corintios 8:2-4). Me encanta esa figura de hombres y mujeres que viven en extrema pobreza, pero que, sin embargo, *ruegan* que les permitan dar una ofrenda a una iglesia necesitada de otro lugar.

He visto esta clase de generosidad personalmente. No mucho tiempo después de que el Huracán Katrina azotara la ciudad de Nueva Orleáns, yo estaba predicando y sirviendo entre iglesias muy pobres del este de Asia. Estas eran iglesias clandestinas que se reunían en forma secreta de noche, sabiendo que si los encontraran adorando a Cristo, podrían perder sus tierras, su libertad, su familia y aun su vida. Muchos de los miembros de estas iglesias eran granjeros pobres que trabajaban muchas horas al día en sus granjas, simplemente para poder sobrevivir.

Pasé dos semanas con ellos, enseñando de la Palabra de Dios lo que significa ser discípulos, y en algún momento, el hombre en cuya casa me estaba hospedando compartió con estas iglesias que recientemente un huracán había devastado mi ciudad, dispersado nuestra iglesia, y destrozado mi casa junto con muchas otras casas. Cuando llegamos a la última noche que pasaría con estas iglesias, y cuando ya habíamos terminado el servicio, Liang, uno de los líderes, se acercó a mí con un sobre en la mano. Me miró y dijo: —Hemos recogido una ofrenda para usted y para su iglesia en Nueva Orleáns.

De inmediato dije: —Oh no, Liang. No puedo aceptar esto de ustedes. Aprecio su generosidad, pero usted y su iglesia necesitan esto mucho más que yo.

Sin embargo, Liang persistió. —No —dijo—. Queremos darle esto a usted.

Le respondí de nuevo: —No, no lo puedo aceptar.

El diálogo continuó hasta que Liang finalmente insistió.

—Queremos tener el gozo de servirle a usted y a su iglesia —dijo—. Por favor, reciba esto.

Con eso, tomé el sobre, y les agradecí a Liang y a la iglesia efusivamente. Más tarde, cuando abrí el sobre, encontré una pequeña cantidad de dinero en él. Sin embargo, esa pequeña ofrenda no era otra cosa que una ofrenda dada con enorme sacrificio, porque les costó muchísimo a los miembros de esa iglesia.

Con esta ilustración en la mente, no me puedo dejar de preguntar qué podría representar para los creyentes y las iglesias en nuestra cultura dar de esa manera. No simplemente dar de una forma que nos resulte cómoda, sino dar de una manera que en realidad nos cueste. ¿Cómo sería para nosotros dar con esa ilusión y entusiasmo, insistiendo en la oportunidad de realmente hacer sacrificio a favor de nuestros hermanos y hermanas pobres alrededor del mundo?

Este es el patrón claro de la iglesia del Nuevo Testamento, pero lamentablemente está muy lejos de la práctica común en la iglesia contemporánea de nuestro país. Tenemos hermanos y hermanas en Cristo en todo el mundo que tienen necesidades urgentes. No tienen agua pura para beber, no tienen suficiente comida, y no pueden proveerles la nutrición adecuada a sus bebés para que sobrevivan. Todo esto nos presenta la siguiente pregunta: ¿Vamos a dar en forma abundante y como un sacrificio generoso para ayudarlos?

Yo sé que mucha gente protesta y dice que nuestra responsabilidad principal es por las personas de nuestra familia y de nuestras iglesias locales. No hay duda de que eso es una verdad bíblica, porque si no cuidamos de las personas que viven en nuestra casa, somos peor que los incrédulos (vea 1 Timoteo 5:8), y las Escrituras enfatizan claramente que debemos cuidar a las personas que están a nuestro alrededor (vea Lucas 10:25-37). Al mismo tiempo, también hay un precedente bíblico para ayudar a los hermanos y hermanas de otras iglesias. El ejemplo principal de esto es la ofrenda a la cual ya nos hemos referido en 2 Corintios 8–9 para la iglesia en Jerusalén. En un contexto similar, Pablo describe en Romanos 15:26 cómo las iglesias de Macedonia hicieron una «colecta» para ayudar a los pobres en Jerusalén, y la palabra que él usa para «colecta» es *koinonia*, que es la palabra griega para «compañerismo». La figura de lenguaje aquí es maravillosa, porque el compañerismo que fomentó esa ofrenda fue un hermoso retrato de una parte del cuerpo de Cristo diciéndole a la otra parte: «Estamos con ustedes. No están solos en su necesidad».

Es en esto que me temo que hoy en día hemos fallado, de manera peligrosa, en cuanto a seguir el patrón de la iglesia del Nuevo Testamento. Los creyentes estadounidenses hemos llegado a ser increíblemente ricos cuando se nos compara al cuerpo de Cristo alrededor del mundo. Si todo lo que hacemos es proveer para las necesidades de nuestros semejantes aquí, en nombre de la proximidad, es como si les estuviéramos diciendo a nuestros desesperadamente pobres hermanos y hermanas alrededor del mundo: «No estamos con ustedes, y están solos en su necesidad». Hermanos y hermanas, esto no debería ser así. La distancia física de la iglesia pobre no debería crear aislamiento espiritual de ellos.

Cuando digo esto, de inmediato quiero ofrecer una cantidad de otros requisitos. No estoy tratando de poner una carga insoportable en ninguna persona o iglesia para que ayude a todas las personas o iglesias necesitadas del mundo. Tampoco estoy tratando de simplificar al máximo los complejos problemas que sufre la gente pobre de muchos países y contextos diferentes. Sin duda alguna, nuestros hermanos y hermanas están sufriendo debido a una variedad de factores, muchos de los cuales nosotros solamente podemos abordar de manera limitada. No obstante, la lógica que dice: «No puedo hacer todo, así que no hago nada», viene directamente del abismo del infierno. Lo que simplemente me pregunto es: ¿Qué sucedería si dejáramos que el amor sacrificial de Cristo por nosotros en el evangelio creara en nuestra vida, en nuestra familia y en nuestras iglesias, una generosidad sacrificial hacia nuestros hermanos y hermanas cristianos que están en situaciones de extrema necesidad alrededor del mundo?

Al igual que vivir una vida simple, no hay respuestas específicas en cuanto a cómo se debería ver esto en cada una de nuestras vidas, familias o iglesias. No obstante, aquí yo ofrezco algo del consejo más oportuno que he recibido sobre cuánto debemos dar. Esto viene de C. S. Lewis:

> No creo que se pueda llegar a un acuerdo sobre cuánto deberíamos dar. Me temo que la única regla segura es dar más de lo que nos sobra. En otras palabras, si nuestros gastos en comodidades, lujos, diversiones, etcétera, es como el estándar común de aquellos que tienen las mismas entradas que nosotros, es probable que estemos dando muy poco. Si nuestra ayuda no nos hace sentir estrechez en el bolsillo, o no nos crea alguna dificultad económica, yo diría que es demasiado pequeña. Debería

de haber algunas cosas que nos gustaría hacer pero que no podemos porque lo que gastamos en obras de caridad impide esos gastos[7].

Sin duda, el amor de Cristo nos lleva a por lo menos hacer eso.

AYUDAR EN FORMA CONSTRUCTIVA

Aun cuando damos con sacrificio, queremos estar seguros de que estamos ayudando en forma constructiva. Ya cité antes del libro de Steven Corbett y Brian Fikkert titulado *When Helping Hurts: How to Alleviate Poverty without Hurting the Poor... and Yourself* (Cuando la ayuda daña: Cómo aliviar la pobreza sin lastimar a los pobres... ni a usted mismo). Hace poco escribí el prólogo de la edición revisada de este libro, y lo recomiendo sin reservas a todos los líderes y miembros de iglesia. Debemos ser cuidadosos cuando les estamos dando a los pobres, y debemos hacerlo de una forma que sea buena para ellos (y para nosotros).

Esto quiere decir que ayudamos a los pobres con sabiduría, teniendo cuidado de suplementar los esfuerzos de las personas responsables en lugar de subvencionar a los irresponsables. Lo peor que podemos hacer por los necesitados es descuidarlos. La segunda cosa peor que podemos hacer por los necesitados es subsidiarlos, es decir, ayudar a la gente a vivir un día, mientras que pasamos por alto la forma de ayudar a la gente a vivir toda la vida. Las Escrituras no nos llaman a rescatar a la gente haragana de la pobreza. En cambio, las Escrituras nos llaman a servir y a suplementar los esfuerzos de los responsables. Aun en 1 Timoteo 5, donde Pablo le ordena a la iglesia que cuide a las viudas, en forma específica él dice: a «la viuda desamparada» (versículo 5, NVI), y luego continúa diciendo que no todas las viudas califican para que la iglesia las ayude económicamente. Por lo tanto, es preciso

EL EVANGELIO Y LA POBREZA

considerar la manera de ayudar a los necesitados de forma que los capacitemos para cumplir con el propósito para el cual Dios los creó en lugar de estorbarlos en cumplir con dicho propósito.

Ayudar de esta forma requiere de atención personal, de hacerlos responsables en forma consecuente y de un compromiso a largo plazo. Dar a las personas que tienen necesidades no consiste en dar limosnas; involucra invertir nuestra vida en alguien, lo cual es mucho, mucho más difícil de hacer. Debemos darle nuestra atención personal a la gente que estamos ayudando, establecer una responsabilidad de rendir cuentas en el contexto de una relación personal respaldada por un compromiso a largo plazo, y nunca considerar a estas personas como proyectos temporales con los cuales nos entretenemos.

En todo esto, debemos reconocer la diversidad, y darnos cuenta de que la gente es pobre por diferentes razones, así que debemos ayudar a los pobres de maneras diferentes. Con la pobreza, no hay un enfoque de «talla única que le quede bien a todos». Eso sería equivalente a decir: «*Así* es como deberíamos curar todas las enfermedades», como si todas las enfermedades fueran iguales. Hay muchos factores detrás de la pobreza: elecciones personales pecaminosas, cosmovisiones no bíblicas, desastres naturales, desastres morales, falta de desarrollo tecnológico, desigualdad de poder, leyes y líderes corruptos, y así sucesivamente. Lo que esto quiere decir es que debemos tomar tiempo para considerar la forma en que debemos ayudar a los necesitados de maneras que reflejen sus situaciones.

Hace algunos años, cuando Dios comenzó a hacer que me diera cuenta de mi falta de cuidado por los pobres que había en mi vida, Dios obró en nuestra iglesia de forma similar. Comenzamos el proceso de recortar presupuestos, reducir programas y cancelar ciertos proyectos para liberar tantos recursos como fuera posible para suplir las urgentes necesidades físicas y espirituales alrededor del mundo. En el proceso, adoptamos un enfoque local y global para nuestra forma de dar.

Localmente, nos concentramos en una zona de alto crimen y bajos ingresos de nuestra ciudad. Algunos de los miembros de nuestra iglesia vendieron sus casas en los suburbios y se mudaron a esta comunidad. Los líderes de la iglesia comenzaron a explorar las formas en que podríamos trabajar y servir al lado de las iglesias y ministerios en o cerca de estas comunidades. En el proceso aprendimos mucho en cuanto a las causas de la pobreza en estas comunidades: los capos de las drogas, los traficantes de drogas de los barrios bajos y toda clase de predadores, traslado de la gente a mejores lugares, racismo, problemas de transporte, familias rotas, sistemas de educación deficientes, políticas sociales perjudiciales, y elecciones personales pecaminosas, para nombrar solamente unas pocas. En forma simultánea comenzamos a estudiar a varios ministerios e iglesias en centros urbanos en nuestro país, para aprender lo que parecían ser las mejores formas de enfocar estas necesidades.

Al final decidimos que, basándonos en lo que otros ministerios ya estaban haciendo, la mejor posibilidad para nosotros, considerando las necesidades de nuestra ciudad, era establecer un programa que girara alrededor de relaciones saturadas con el evangelio para preparar y dar trabajo. Nuestra iniciativa es ayudar a los adultos desempleados a conseguir y a mantener trabajos, a desarrollar una ética de trabajo basada en una cosmovisión bíblica, y ayudarlos para que lleguen a ser propietarios de casa y accionistas en su comunidad, todo esto mientras una persona, que sabe y que se preocupa por su necesidad más profunda (su necesidad del evangelio), actúa como su mentor.

No hace mucho tiempo, celebramos nuestra primera graduación de hombres y mujeres que completaron este programa. Fue conmovedor ver, entre todas las personas, a una mujer llamada

Jennifer caminar al frente y recibir su certificado de haber completado el curso. Jennifer dejó sus estudios secundarios cuando estaba en el octavo grado, y años después se encontró, sin esperanzas, totalmente adicta a las drogas ilegales. El camino cuesta abajo de Jennifer se intensificó cuando se hizo novia de un hombre que también era un empedernido consumidor de drogas. Ellos tuvieron un hijo, pero ella no tenía forma de proveer para su bebé, y perdía cualquier trabajo que pudiera conseguir debido a su drogadicción. Ella tuvo otro novio, alguien que también usaba muchas drogas, y ambos tuvieron una hija. Entonces Jennifer consiguió otro trabajo para proveer para sus dos pequeños niños, pero cuando comenzó a robarle a su patrón, para pagar por sus drogas, ese fue el fin de la línea. A los veintidós años de edad, Jennifer se encontró esposada y con cuatro cargos de delito por felonía. Fue sentenciada a seis años de prisión, y perdió la custodia de sus dos hijos.

Esto sucedió hace seis años. Jennifer fue puesta en libertad a principios de este año, y se encontró en una casa de transición con la cual trabaja nuestra iglesia. Rodeada del amor de mujeres que querían servirla, Jennifer descubrió al Dios que quería salvarla. Ella creyó lo que dice el evangelio, se apartó de su pecado y de su egoísmo, y confió en Jesús como Salvador y Señor de su vida. No mucho tiempo después, ella se conectó con nuestro ministerio de adiestramiento para conseguir trabajo, donde aprendió a actuar con honestidad y ética con sus potenciales empleadores acerca de su pasado mientras trabajaba humilde y diligentemente para mejorar su futuro. Jennifer completó el taller y comenzó a aplicar para diferentes trabajos con una nueva conciencia de su valor en Cristo y una confianza firme en los planes de él para su vida. Dos días después de haber recibido su certificado de haber completado el curso, Jennifer recibió el llamado que había estado esperando por años. Tenía un trabajo, y más que eso, había dado un paso grandísimo en cuanto a restaurar su vida con la esperanza de volver a reunirse con sus hijos.

Al mismo tiempo que nuestra iglesia comenzó a hacer cambios para beneficio de nuestra ciudad, comenzamos a enfocarnos en forma global en las necesidades de la parte norte de la India. Entre las muchas asociaciones que hemos comenzado, y las muchas relaciones que hemos formado para tratar de ayudar en las urgentes necesidades de ese lugar, una se destaca para mí, e involucra a unos pocos miembros de nuestra iglesia cuyos ojos se abrieron a las realidades de las que estamos hablando en este capítulo. Tres hombres, que han tenido éxito en sus respectivas vocaciones, se dieron cuenta de que Dios no les había dado éxito para que simplemente lo disfrutaran ellos. Las excelentes oportunidades y el excedente económico que Dios les había dado en este mundo no eran para que compraran casas más grandes y autos más lujosos, o para que buscaran mayores comodidades mundanas.

Así que cada uno comenzó a mirar su propia vida y a su negocio, considerando la forma en que todo lo que Dios le había dado podría ser usado para esparcir el evangelio en medio de urgentes necesidades. A medida que oraban e investigaban las necesidades del mundo, y las formas de suplir esas necesidades, sintieron que el Espíritu de Dios los guiaba a encarar la necesidad de suplir agua potable. Considerando que mil millones de personas en el mundo no tienen acceso a agua potable[8], y que muchas de ellas viven en la India, formaron un ministerio llamado Neverthirst (No más sed), con la meta de proveer agua potable y agua viva a los pobres a través de la iglesia local.

Desde el principio, estos hombres supieron que querían trabajar en proyectos para proveer agua en asociación con las iglesias locales, las cuales podrían comunicar mejor el evangelio en la comunidad local. Además, sabían que para que un pozo o un sistema de filtración de agua fuera exitoso, necesitaban que la comunidad lo aceptara como propio y que participara en el proyecto, así que establecieron un sistema de salvaguardias para asegurarse de que así fuera. Lo que es más, querían asegurarse de que la iglesia local y la comunidad tuvieran el adiestramiento adecuado para mantener y usar bien la nueva fuente de agua en beneficio de la comunidad. Todas estas cosas combinadas crearon desafíos significativos así como también contratiempos, pero estos hermanos en Cristo, quienes antes no sabían nada acerca de un ministerio para proveer agua en el contexto del tercer mundo, perseveraron a través de todo eso.

¿El resultado? En solamente unos pocos años, el ministerio que comenzaron ha podido completar más de dos mil proyectos que proveen agua potable para más de trescientas mil personas, y todo a través de iglesias locales que proclaman la Buena Noticia del agua viva que solamente se encuentra en Cristo.

Lo que más aprecio acerca de estos hombres que comenzaron este ministerio Neverthirst así como de los hombres y mujeres que dirigen nuestras iniciativas locales para que las personas consigan trabajo, es que ninguno de ellos se ve a sí mismo como un salvador rico que va a países muy pobres para ayudar a pecadores que padecen necesidades. En cambio, estos hombres y mujeres saben que ellos (y nosotros) somos todos pobres pecadores en necesidad. Tal vez tratemos de ocultar esa realidad con nuestra vida de clase media y posesiones materiales, pero en el fondo, todos necesitamos que Dios baje su mano de esperanza y nos alcance dentro de nuestro empobrecido corazón. Por su gracia, él lo ha hecho en Cristo, así que ahora tiene sentido que los hombres y las mujeres a quienes Cristo ha llegado en su necesidad usen el tiempo, sacrifiquen dinero, corran riesgos y ofrenden sus vidas para servir a otros necesitados, señalando hacia el único

Salvador que puede en forma total no solamente suplir las necesidades de alguien sino satisfacer su alma en la eternidad.

INVERTIR EN COSAS ETERNAS

Se podría decir mucho más sobre la forma en que el evangelio guía a los ricos a vivir en un mundo de desesperada pobreza, pero voy a terminar este capítulo con una exhortación final. La gracia de Dios que nos salva y nos cuida nos apremia a invertir en cosas eternas. Las palabras de Jesús sobre las riquezas resuenan desde el Sermón del Monte: «No almacenes tesoros aquí en la tierra, donde las polillas se los comen y el óxido los destruye, y donde los ladrones entran y roban. Almacena tus tesoros en el cielo, donde las polillas y el óxido no pueden destruir, y los ladrones no entran a robar. Donde esté tu tesoro, allí estarán también los deseos de tu corazón» (Mateo 6:19-21). Con claridad, Jesús ha puesto delante de nosotros una elección: podemos gastar nuestros recursos en placeres de corta duración que no podremos llevar con nosotros, o podemos usar nuestros recursos con sacrificio para invertir en un tesoro de largo alcance que jamás podremos perder.

Estas palabras dirigidas a la multitud me recuerdan parte de la conversación de Jesús con el joven rico: «Anda y vende todas tus posesiones y entrega el dinero a los pobres, y tendrás tesoro en el cielo» (Marcos 10:21). Al principio, estas palabras suenan como un llamado a sacrificarse y en un sentido así es. Por cierto que en el corazón de este hombre el precio parecía muy alto de pagar, y rechazó la invitación de Jesús.

No obstante, si las examinamos más cuidadosamente, las palabras de Jesús no son tanto un llamado al sacrificio sino un llamado a la satisfacción. Es cierto que Jesús le pide al joven que venda todas sus posesiones terrenales, pero enseguida le promete un tesoro eterno en la eternidad. Cuando usted piensa en esto, hay un poco (o tal vez mucho más que un poco) de tristeza o de motivación egoísta para que este hombre se preocupe por los pobres. Es como si Jesús le estuviera diciendo: «Dale lo que tienes a los pobres, y yo te daré algo mejor». En realidad, Jesús no está llamando a este hombre a que *se aleje* de un tesoro; él lo está llamando *hacia* un tesoro. Cuando entendemos el pasaje de esta manera, comenzamos a darnos cuenta de que el materialismo no solamente es pecaminoso; es estúpido. ¿Por qué renunciaríamos a tesoros eternos a cambio de baratijas terrenales?

Entonces, ¿dónde vamos a invertir nuestra vida y específicamente nuestro dinero y nuestras posesiones? Sin duda que algunos, en respuesta a este capítulo, podrían decir que no he hablado sobre la importancia de ahorrar e invertir dinero, particularmente cuando se consideran las posibilidades que existen de expandir las riquezas para los propósitos del reino de Dios. Ponga los $10.000 dólares que le sobran en el banco, piensa alguna gente, deje que ganen intereses y en veinte años usted tendrá $100.000 dólares para darle a los pobres. No hay duda de que esa es una manera de ver las inversiones y que podría ser la que Dios lo guía a hacer.

Sin embargo, no se olvide de que hay otra forma de invertir. Imagínese que usted toma esos $10.000 dólares que le sobran y los invierte en una persona que planta iglesias al lado de un edificio médico que se está construyendo cerca de la villa de Sameer. Imagínese que ese edificio médico prospera y suple las necesidades médicas básicas de hombres, mujeres y niños en la comunidad a su alrededor, reduciendo dramáticamente el promedio de muertes debido a la medicina preventiva. Imagínese también que esa persona que plantó la iglesia predica el evangelio en esas mismas villas, diciéndole a la gente que Dios no solamente escucha sus clamores en cuanto a su pobreza material sino que también salvará sus almas de la pobreza espiritual. Imagínese a esas villas veinte años después con cientos o quizás miles de creyentes cantando y expresando sus alabanzas a Dios al tiempo que predican la Buena Noticia del evangelio. Por cierto que esa es una inversión que vale la pena considerar, ¿no es verdad?

Recuerde lo que Jesús les dijo a sus discípulos después de que el joven rico se fue: «Así es —respondió Jesús—, y les aseguro que todo el que haya dejado casa o hermanos o hermanas o madre o padre o hijos o bienes por mi causa y por la Buena Noticia recibirá ahora a cambio cien veces más el número de casas, hermanos, hermanas, madres, hijos y bienes, junto con persecución; y en el mundo que vendrá, esa persona tendrá la vida eterna» (Marcos 10:29-30). Cuando leemos esos versículos, podemos reconocer una estrategia para invertir sabiamente. Cualquiera que pueda garantizar 10.000 por ciento de interés es un buen inversor con quien podemos trabajar.

Sin embargo, invertir en lo eterno, a pesar de la promesa de obtener buenos resultados, va contra la cultura. Tenga por seguro de que si comienza a poner su dinero en inversiones eternas en lugar del mercado del mundo, va a escuchar toda clase de preguntas y objeciones. Algunas de ellas tal vez sean válidas y las debería escuchar, pero nunca olvide que en realidad usted no está viviendo para veinte años desde ahora, sino para veinte millones de millones de años desde ahora, y eso cambia todas las cosas.

Debemos recordar que este mundo, con sus placeres y su pobreza, no es nuestro hogar final. Estamos viviendo para otra tierra, una en la cual los placeres nunca se van a desvanecer y los pobres nunca más serán pobres. Por lo tanto, seríamos sabios si abriéramos los ojos a la riqueza material y espiritual que Dios nos ha confiado en esta tierra y abriéramos nuestro corazón de par en par a la miríada de maneras en que Dios nos puede estar llamando para usar esa riqueza a favor del bien de otras personas, para nuestro propio bien y finalmente para su gloria en toda la eternidad.

LOS PRIMEROS PASOS PARA IR CONTRA LA CULTURA

Ore

Pídale a Dios que:

- Intervenga a favor de los pobres, tanto donde usted vive como alrededor del mundo.
- Le ablande el corazón para que se pueda identificar con los pobres y pueda trabajar a favor de ellos.
- Le revele maneras en que usted pueda vivir con menos para darles más a aquellos que lo necesitan.

Participe

En oración, considere dar los siguientes pasos:

- Investigue los ministerios locales que están involucrados en servir a los pobres en su comunidad, y pregúnteles cómo usted o su iglesia local pueden trabajar con ellos.
- Revise su presupuesto. ¿Hay algunos lujos que puede sacrificar para tener más recursos para darles a aquellos que tienen necesidades?
- Haga una lista de sus talentos y de sus bienes, y considere algunas de las necesidades globales que se han mencionado en este capítulo. ¿Hay algún lugar en el cual sus recursos y las necesidades del mundo se cruzan?

Proclame

Considere las siguientes verdades de las Escrituras:

- Hechos 20:35: «Y he sido un ejemplo constante de cómo pueden ayudar con trabajo y esfuerzo a los que están en necesidad. Deben recordar las palabras del Señor Jesús: "Hay más bendición en dar que en recibir"».
- 2 Corintios 8:9: «Ustedes conocen la gracia generosa de nuestro Señor Jesucristo. Aunque era rico, por amor

a ustedes se hizo pobre para que mediante su pobreza pudiera hacerlos ricos».

- 1 Juan 3:17: «Si alguien tiene suficiente dinero para vivir bien y ve a un hermano en necesidad pero no le muestra compasión, ¿cómo puede estar el amor de Dios en esa persona?».

Para más (y más específicas) sugerencias, visite CounterCultureBook.com /Poverty.

CAPÍTULO 3

EL HOLOCAUSTO MODERNO: EL EVANGELIO Y EL ABORTO

Silencio vergonzoso y pasividad fatal.

Estas son las palabras que me vienen a la mente cuando considero mi enfoque al asunto del aborto durante la mayor parte de mi vida como creyente y de mi ministerio como pastor. Hasta hace unos dos años, casi no hablé al respecto. Veía el aborto como un asunto político acerca del cual yo no necesitaba estar involucrado personalmente. Fallé en cuanto a darme cuenta de que el aborto es un asunto bíblico en el cual era preciso que yo estuviera profundamente involucrado. De todos los asuntos urgentes que se tratan en este libro, el aborto es el que enfrenta con el peligro más claro e inminente al mayor número de personas todos los días.

En todo el mundo, ocurren cuarenta y dos millones de abortos cada año[1]. Lo que representa 115.000 abortos por día. Encuentro difícil imaginarme este número cuando miro los rostros de mis cuatro hijos todas las noches al acostarlos. Me resulta difícil imaginar a otros 115.000 niños quienes este día fueron introducidos al mundo con un bisturí o una píldora que tenía el propósito de quitarles la vida. Lo que encuentro más difícil de entender es cómo yo, durante tanto tiempo, no me preocupé por esta espantosa realidad global.

El aborto es una práctica a nivel mundial, y por eso no creo que sea una exageración llamar al aborto el holocausto moderno. Mi intención al usar este término no es restarle importancia al horror de la masacre de seis millones de hombres, mujeres y niños judíos en unos pocos años. No obstante, aquí estamos hablando de la masacre de cuarenta y dos millones de niños nonatos cada año. De la misma forma en que los creyentes alemanes no deberían de haber pasado por alto la realidad de lo que estaba ocurriendo en los campos de concentración en su país, yo no debería de haber pasado por alto —y los creyentes estadounidenses tampoco deberían pasar por alto— la realidad de lo que está ocurriendo en las clínicas de aborto en nuestro país y alrededor del mundo. Multitudes de niños están siendo desmembrados y destrozados a diario; este es claramente un asunto en el cual el evangelio requiere que vayamos contra la cultura.

PARA TODOS NOSOTROS

Abby tenía apenas poco más de veinte años de edad. Se había criado en un hogar cristiano, había asistido a una escuela cristiana y era miembro de una iglesia. Sin embargo, ella no tenía una relación con Cristo en su vida. En cambio, Abby estaba totalmente dedicada a su trabajo, y se había entregado a los placeres y a las cosas de este mundo. Ella conoció a un hombre que cautivó sus pensamientos y sus emociones, y al poco tiempo ellos se entregaron el uno al otro. Todo estaba marchando muy bien.

Hasta que Abby descubrió que estaba embarazada y él desapareció.

En un instante, parecía que el mundo se había desmoronado alrededor de ella. *Esto no puede ser*, pensó ella. *No puedo tener un hijo. Se me va a arruinar la reputación, mi familia será avergonzada, y mi carrera habrá terminado.* Presa del pánico y dominada por el temor, Abby vio una sola solución a su problema, una sola salida a su dilema.

Un viernes por la tarde, Abby fue a una clínica de abortos. En un par de horas, su problema estuvo resuelto y su dilema desapareció (eso fue lo que ella pensó). El siguiente lunes por la mañana, ella volvió a la rutina normal de su vida, escondiendo el secreto de lo que había hecho como si nada hubiera ocurrido.

Abby no es única en lo que se refiere al aborto en Estados Unidos. Se estima, en forma moderada, que la tercera parte de las mujeres estadounidenses han tenido (o tendrán) un aborto en algún momento de su vida. A luz de esto, me doy cuenta de que varias Abbys que han tenido abortos en el pasado están leyendo este libro ahora. Algunas de estas mujeres nunca han compartido ese secreto con otra persona. El aborto ha sido llamado «un asesino silencioso», no solamente de bebés sino también de las madres que tienen heridas profundas y cicatrices de su pasado.

No quiero ofender a las mujeres que han tenido abortos. No presumo saber todo lo que le puede pasar por la mente y el corazón cuando lee lo que escribo. Me apoyo en algunas buenas amigas que han tenido abortos y que han compartido conmigo que su consuelo mayor no ha sido disminuir la severidad del aborto ante Dios, sino en magnificar la realidad de la gracia de Dios. Es esto, más que ninguna otra cosa, lo que quiero hacer. Quiero ser claro en cuanto a cómo nuestro santo Dios ve el aborto, pero quiero ser igualmente claro en cuanto a la forma en que un Dios de amor la ve a usted en el evangelio.

Lo que es más, mi meta en este capítulo no es simplemente escribirles a las mujeres que han tenido abortos. También les quiero hablar a las mujeres que han pensado en abortar a un bebé en el pasado, o que pueden estar pensando en abortar un bebé en el presente, o que tal vez puedan pensar en abortar a un bebé en el futuro. Además, este capítulo no es solamente para las mujeres que pueden tener hijos; es para cada creyente que vive en una cultura marcada por el aborto. La esperanza que tengo es que en las páginas que vienen a continuación cada persona que sigue a Cristo y cada líder en la iglesia pueda ver la forma en que el evangelio forma nuestra manera de pensar sobre el aborto y que al hacerlo, cada uno de nosotros pueda sentirse obligado a actuar, no de acuerdo a lo que promueve un partido político, sino a cómo el evangelio habla apasionadamente y se manifiesta audazmente en contra del aborto, tanto en nuestro país como alrededor del mundo.

DIOS Y EL NIÑO AÚN NO NACIDO

Cuando lea la Biblia, no va a encontrar la palabra *aborto* en ningún lado. Sin embargo, esto no quiere decir que las Escrituras guarden silencio al respecto, porque las verdades fundamentales que hemos visto en el evangelio, en cuanto a quién es Dios, quiénes somos nosotros y qué ha hecho Cristo, nos hablan directamente sobre el asunto del aborto.

Considere la forma en que la Biblia describe la relación entre Dios y un bebé que todavía no ha nacido. El salmista le escribe a Dios:

> Tú creaste las delicadas partes internas de mi cuerpo
>   y me entretejiste en el vientre de mi madre.
> ¡Gracias por hacerme tan maravillosamente complejo!
>   Tu fino trabajo es maravilloso, lo sé muy bien.

Tú me observabas mientras iba cobrando forma en secreto,
  mientras se entretejían mis partes en la oscuridad de
  la matriz.
Me viste antes de que naciera.
  Cada día de mi vida estaba registrado en tu libro.
Cada momento fue diseñado
  antes de que un solo día pasara.   SALMO 139:13-16

Cuando leemos estas palabras, se nos recuerda la verdad fundamental del evangelio que Dios es el Creador. Solamente él tiene el poder y la autoridad de dar vida. En otro lugar en la Biblia, Job dice: «El Espíritu de Dios me ha creado, y el aliento del Todopoderoso me da vida» (Job 33:4). Job también dice: «ya que la vida de todo ser viviente está en sus manos, así como el aliento de todo ser humano» (Job 12:10).

Dios no es solamente el Dador de la vida; él es también Quien quita la vida. De nuevo Job confiesa: «Desnudo salí del vientre de mi madre, y desnudo estaré cuando me vaya. El SEÑOR me dio lo que tenía, y el SEÑOR me lo ha quitado» (Job 1:21). Dios mismo declara: «Yo doy la muerte y devuelvo la vida» (Deuteronomio 32:39, NVI). Es por esto que tanto el asesinato como el suicidio son pecados. Es la prerrogativa de Dios y solamente de él, como Creador, dar y quitar la vida inocente.

A la luz de estas realidades bíblicas, se hace totalmente claro que el aborto es una afrenta a la soberanía total de Dios como el Dador y como el que Quita la vida. El aborto, al igual que el asesinato y el suicidio, pone a los seres humanos como los que controlan tanto la vida como la muerte. Solamente Dios el Creador tiene el derecho de determinar cuando alguien vive o muere, y el aborto va completamente contra su autoridad.

El aborto no solamente es una ofensa a la autoridad de Dios como Creador; es también un ataque a su obra en la creación.

¿Escuchó las palabras del salmista cuando describe la belleza de la forma en que Dios crea las «entrañas» de un bebé «en el vientre» de su madre? Al reflexionar sobre la obra de Dios en el vientre de una madre, responde con una exclamación de adoración: «¡Te alabo porque soy una creación admirable!». La forma en que Dios crea a los seres humanos produce alabanza.

Estos versículos son aún más asombrosos cuando nos damos cuenta de que el salmista llegó a esa conclusión sin saber muchos de los detalles que nosotros conocemos hoy en lo referente a cómo se forma un bebé. No creo que el salmista supiera que Dios toma un huevo de la mujer y el semen del hombre y los junta. Luego, unas pocas semanas después, aun antes de que la mujer sepa que está embarazada, hay un corazón humano que late y que hace circular su propia sangre. Dentro de unas pocas semanas más, se comienzan a formar los dedos en las manos y ya se puede detectar ondas cerebrales. Antes de mucho tiempo, esas «entrañas» se están moviendo. Los riñones se están formando y funcionando, seguidos por la vesícula biliar, y luego, en la duodécima semana, todos los órganos del niño o la niña están operativos y él o ella pueden llorar. Todo esto ocurre en solamente tres cortos meses, ¡en el primer trimestre! El corazón, el cerebro, los órganos, el sexo al cual pertenecen, el movimiento, las reacciones —y el Creador del universo es quien está haciendo todas estas cosas. Esta obra de crear nos provoca asombro y nos maravillamos.

Así que, imagínese que en este momento de creación se inserte un bisturí, se tome una píldora o se lleve a cabo una operación que acabe con la vida misma que Dios está desarrollando y la destruya. La mayoría de los abortos se realiza entre la semana diez y la semana catorce de gestación, lo que se describe como el «tiempo óptimo» para desmembrar y remover. Sin duda alguna, el aborto es un asalto a la divina creación de Dios de una vida humana. No hay vuelta que darle.

Nuestra vida y nuestro idioma dan testimonio de esto. Cuando pienso en la trayectoria por la cual mi esposa, Heather, y yo hemos caminado, incluyendo años de infertilidad, recuerdo el gozo que llenó nuestro corazón cuando descubrimos que ella estaba embarazada. Finalmente, un bebé estaba viviendo dentro de ella, el comienzo de un niño que ahora lee cuanto libro se pone delante de él y corre por toda la casa haciéndonos movimientos del «Taekwondo» a mí y al resto de la familia. Desde el mismo comienzo, hablamos de nuestro hijo como se habla de una persona. Nunca fue un montón de tejidos que podrían llegar a ser nuestro hijo si nosotros elegíamos tenerlo. Fue nuestro hijo desde el principio y lo amábamos como tal.

De manera similar, pienso en Chris y Melody, quienes son amigos íntimos nuestros y cuyos hijos son la alegría de sus vidas. Uno de ellos está por entrar a la universidad y el otro está comenzando la escuela primaria. Entre el nacimiento de estos dos hijos, Melody perdió cuatro embarazos. Chris y Melody no hablan en términos de haber perdido tejidos. En cambio, en sus momentos más vulnerables, con lágrimas, hablan de haber perdido preciosos bebés a quienes amaron y anhelaban criar.

Chris, Melody, mi esposa y yo no somos los únicos que pensamos y hablamos de esta forma sobre lo que sucede en el vientre de una madre. Aun los que promueven el aborto se unen a nosotros, aunque no lo hacen intencionalmente, cuando hablan de los niños nonatos exactamente como lo que son: *bebés*. Recuerdo cuando las noticias anunciaron que la Princesa Kate de Inglaterra estaba embarazada. Aun los medios de comunicación más seculares de inmediato comenzaron a hablar del niño en el vientre como un heredero a la corona. Pusieron mucho énfasis en lo que significaba este bebé, y nadie habló de él en términos de «blastocisto» o como un «grupo de células». Sentiríamos desprecio por el periodista que se hubiera atrevido a usar tal lenguaje. Sin

embargo, ¿no se aplica también la misma dignidad que le confe-
rimos a un bebé de la realeza a incontables otros bebés «comunes
y corrientes» cuyas vidas no son menos significativas?[2]

LA PREGUNTA CLAVE

La pregunta clave a la que todos debemos responder —y la pregunta que determina la forma en que consideramos el aborto— es
la siguiente: ¿Qué es lo que hay en el vientre de la madre? ¿Es una
persona? ¿O es simplemente un embrión, un feto? Prácticamente
todas las demás preguntas y cada uno de los argumentos sobre
la controversia relativa al aborto tienen que responder a esta pregunta: ¿Qué o quién está en el vientre? Una vez que se responde
a esta pregunta, el resto adquiere perspectiva[3].

Piense en esto. Como lo explica Gregory Koukl: «Si el niño
nonato no es un ser humano, no hay necesidad de justificar el
aborto»[4]. Algunas personas debaten al respecto. Dicen que el niño
que aún no ha nacido no es una persona, o que el niño nonato
es simplemente una persona que tiene el potencial de llegar a ser
un ser humano (lo que sea que eso quiera decir). Lo repito, si esto
es verdad, entonces el argumento terminó; no hay necesidad de
justificar el aborto.

Sin embargo, como escribe Koukl: «Si el niño que aún no ha
nacido es un ser humano, entonces ninguna justificación a favor
del aborto es adecuada»[5]. Mucha gente dice: «El aborto es un
asunto muy complicado y en realidad no hay respuestas fáciles».
No obstante, si lo que hay en el vientre es una persona, aun si
alguien está a favor del aborto o a favor de «elegir» si se hace un
aborto o no por cualesquiera que sean las razones, todo el razonamiento de ellos se desmorona. Sin tener en cuenta la posición
que usted tenga sobre el asunto del aborto, imagínese por un
momento que el que aún no ha nacido *es* una persona formada

y creada por Dios mismo. Si esto es verdad, entonces piense en los argumentos principales de los que están a favor del aborto.

«Las mujeres tienen el derecho a la privacidad cuando hablan con sus médicos». Sin duda alguna, todos nosotros tenemos derecho a cierto grado de privacidad. Sin embargo, en forma regular nuestras leyes invalidan la privacidad de la gente cuando se trata de la vida de otra persona. Ninguna mujer u hombre tiene derecho a una conversación privada con un médico para conspirar sobre la forma de terminar con la vida de alguna otra persona. Si los niños nonatos son personas, entonces debemos protegerlos, sin tener en cuenta lo que esto signifique para la privacidad de alguien.

«Las mujeres deberían tener el derecho de elegir». Sin embargo, todos estamos de acuerdo en que nadie debería tener derechos ilimitados para hacer elecciones. Si los niños que apenas comienzan a caminar o los adolescentes se convierten en una carga o cuestan demasiado dinero, los padres no tienen el derecho de eliminarlos. Entonces, en forma similar, cuando se trata del aborto, la pregunta verdadera no es si la mujer tiene el derecho de elección, sino si en realidad esta mujer tiene en su vientre a un ser humano que Dios reconoce como una persona valiosa. Si es así, entonces, el deber moral de honrar la vida suplanta las dificultades personales que podrían devenir debido a ese embarazo. Elegir terminar una vida inocente es, por definición, cometer un asesinato.

En realidad, el asunto principal en el debate sobre el aborto es la identidad del nonato. Escuche la descripción de Gregory Koukl de una niñita llamada Rachel, que es la hija de un amigo de la familia:

Rachel tiene dos meses, pero todavía le faltan seis semanas para ser una bebé de término completo. Ella nació prematuramente a las 24 semanas, a mitad del segundo trimestre del embarazo de su madre. El día que nació

Rachel pesaba una libra y nueve onzas (menos de un kilogramo), pero al poco tiempo de nacer bajó a menos de una libra. Ella era tan pequeña que podía descansar en la palma de la mano de su padre. Era un ser humano muy pequeño. Se tomaron medidas extremas para salvarle la vida a esa niña. ¿Por qué? Porque tenemos la obligación de proteger, nutrir y cuidar a los seres humanos que morirían sin nuestra ayuda, especialmente a los niños pequeños. Rachel era un ser humano vulnerable y valioso. No obstante, fíjese en lo siguiente [...] si un doctor hubiera ido al hospital y, en lugar de cuidar a Rachel, la hubiera matado mientras ella estaba tomando el pecho, eso hubiera sido un homicidio. Sin embargo, si esta pequeña niñita, la misma Rachel, hubiera estado descansando dentro del vientre de su madre a unos pocos centímetros de ese lugar, el doctor la hubiera podido matar legalmente por medio de un aborto[6].

Para cualquier persona razonable, esto no tiene sentido alguno. El aborto es totalmente absurdo *si* lo que está en el vientre de su madre es una criatura.

Todo, absolutamente todo, gira alrededor de lo que está sucediendo en el vientre de una madre, y las Escrituras son claras en cuanto a esto: ese vientre contiene a una persona que está siendo formada a la imagen de Dios. Cualquier distinción entre un niño nonato y una persona (o un ser humano y una persona, para el caso) es tanto artificial como antibíblica. Dios reconoce al niño nonato como a una persona y diseña a ese niño que aún no ha nacido para que viva, desde el momento en que es concebido. Mientras que nuestra cultura está manifestándose continuamente en contra de esta idea, no es posible creer lo que dice la Biblia y negar que los niños nonatos son personas. Una vez que los seguidores de Cristo acepten esto, ya no nos podremos quedar sentados sin hacer nada cuando esas personas sean asesinadas, sin misericordia alguna, dentro del vientre de sus madres.

OBRAS MARAVILLOSAS

El aborto no solamente asalta la obra de Dios en la creación, sino que también ataca la relación de Dios con el niño nonato. Una de las cosas maravillosas acerca del Salmo 139 es que nos deja percibir cómo se relaciona Dios con un niño nonato en el vientre de su madre. Dios está íntimamente involucrado en la vida de ese bebé desde el momento en que es concebido, y aun antes de eso. Dios le dice a Jeremías: «Antes que te formase en el vientre te conocí, y antes que nacieses te santifiqué» (Jeremías 1:5, RVR60). El salmista le dice a Dios: «me sacaste a salvo del vientre de mi madre [...] desde mi nacimiento, tú has sido mi Dios» (Salmo 22:9-10). Las Escrituras hablan sobre la forma en que Dios llama, le da nombre y bendice a los niños cuando todavía están en el vientre de su madre (vea Gálatas 1:15; Isaías 49:1; Lucas 1:15). La Biblia también describe a un bebé saltando de gozo en el vientre de su madre (vea Lucas 1:39-44). Dios nos recuerda en su Palabra que aunque no podemos ver a un niño o a una niña que aún no ha nacido, él o ella no están ocultos para él. Dios ve a los niños en el vientre de sus madres, en todo el mundo, ahora mismo, y él está personalmente formando, diseñando, tejiendo, creando, nutriendo, dando forma y modelando a esos niños de maneras maravillosas (vea Job 10:8-12; 31:15).

Desafortunadamente, la forma bíblica de ver la relación de Dios con el niño nonato se aparta cada vez más de lo que nuestra cultura cree que es la verdad. Mucha de la defensa contemporánea sobre el aborto niega que estas obras de Dios en el vientre de una madre sean maravillosas. Los abortos en Estados Unidos a menudo ocurren porque los niños se ven como algo inconveniente. Tener hijos y criarlos cuesta mucho dinero. En algunas situaciones es demasiado para que una mujer lo pueda manejar. En otras situaciones no es recomendable que una mujer tenga un hijo.

Con el avance de la tecnología médica podemos detectar el género de un bebé antes de que nazca, y la gente en muchos países alrededor del mundo tiene ahora la elección de abortar niños basándose en esta revelación. Por ejemplo, China tiene una política de permitir solamente un hijo por familia y tiene ventajas tener un hijo varón, lo que en consecuencia lleva a abortar a muchas niñas. En India resulta mucho más caro tener una niña (porque la familia perderá dinero al darle su dote), así que las familias que descubren que el bebé en el vientre es una niña a menudo deciden deshacerse de ella antes de que nazca.

¿Creemos que esto está bien? ¿No son todos los niños, sin tener en cuenta el sexo al que pertenezcan, creados maravillosamente a la imagen de Dios? Y si no es correcto que la gente se deshaga de las niñas en China o en India basándose en lo que más les conviene, entonces, ¿por qué es correcto para nosotros en Estados Unidos deshacernos de los niños que nos resultan inconvenientes?

Este asunto no es solamente un problema cuando se trata del sexo de un niño, sino que también es un problema cuando se trata de niños con impedimentos físicos. Ahora es posible determinar si un bebé en el vientre de su madre está en riesgo de nacer con el síndrome de Down u otros impedimentos que afectarán su vida. Así que, ¿debería permitirse el aborto bajo estas circunstancias? Repito que no, si en realidad creemos que todas las obras de Dios son maravillosas.

Considere el hombre que nació ciego en Juan 9. La mayoría de los judíos que conocía a este hombre habría considerado su discapacidad como una señal segura de pecado en su vida o en la vida de sus padres. Así que los discípulos le preguntan a Jesús: «Rabí, ¿por qué nació ciego este hombre? [...] ¿Fue por sus propios pecados o por los de sus padres?».

«No fue por sus pecados ni tampoco por los de sus padres —contestó Jesús—. Nació ciego para que todos vieran el poder de Dios en él». Jesús revela que este hombre había nacido ciego para que un día él pudiera ver, conocer, declarar y deleitarse en la gloria de Cristo.

De ninguna manera afirmo conocer todas las dificultades asociadas con un impedimento físico. Mi esposa y yo hemos invertido tiempo y recursos en un orfanato de niños con necesidades especiales en China, donde hemos visto y servido a niños y niñas con discapacidades extremas. Aquí en nuestro campo, hemos acompañado a varias familias de nuestra iglesia quienes han vivido situaciones muy difíciles con hijos discapacitados físicamente. Pienso en Thomas, un adolescente con el síndrome de Down, quien por años ha venido a mí prácticamente todos los domingos, me ha dado la mano y me ha contado todo lo que le sucedió esa semana. Tampoco me puedo quitar a Thomas de la mente cuando escucho a un pediatra especializado en genética del Boston Children's Hospital informar que «se estima que 92 por ciento de todas las mujeres que reciben una diagnosis prenatal del síndrome de Down eligen terminar sus embarazos»[7]. Estamos matando a 90 por ciento de los niños como Thomas en nuestra cultura.

Basándome en las Escrituras, le ruego que no niegue la maravillosa obra de Dios aun (o especialmente) en la discapacidad. Aunque no lo entendamos, Dios tiene un diseño y un deseo de usar todo para beneficio nuestro y para su gloria (vea Romanos 8:28), y no es solamente erróneo sino imprudente creernos dioses en estas situaciones al decir en esencia que sabemos más que él.

De igual manera, las obras de Dios son maravillosas aun (y especialmente) en medio de las dificultades. La gente pregunta: «¿Qué me dice usted en cuanto a casos de incesto o de violación sexual? ¿Se justifica el aborto en estos casos?». Permítame repetirlo, no afirmo saber lo que es estar en esas situaciones. Me estremezco al pensar en el horror de que mi esposa o cualquier otra mujer fuera violada. No me puedo imaginar el sufrimiento físico y emocional que una situación como esa puede ocasionarles a una mujer y a su familia.

Sin embargo, debemos volver a la pregunta fundamental: ¿Es el bebé en el vientre de su madre una persona? Si es así, entonces nuestra perspectiva total cambia. ¿Mataríamos a un niño *fuera* del vientre de su madre porque haya sido concebido como resultado de una violación? Por supuesto que no. Entonces, ¿por qué asesinar a un niño *dentro* de la matriz? ¿Por qué castigar a un niño por el crimen de su padre (vea Deuteronomio 24:16)?

Entonces, ¿cómo debemos tratar a un niño inocente que nos recuerda una experiencia horrible? La respuesta es clara: con amor y misericordia.

Sin embargo, la gente dirá: «¿No le importan a usted las emociones de la mujer?». Nuevamente quiero repetir, no me puedo siquiera imaginar lo que esa mujer ha experimentado emocionalmente. Sin lugar a dudas, esa mujer, que es una creación preciosa de Dios, necesita a su alrededor de mujeres y de hombres llenos de compasión que la amen, la apoyen y la sirvan de todas las formas posibles. No obstante, piense en esto de la siguiente manera: Si el hombre que la violó fuera atrapado, ¿alentaríamos a esta mujer a que lo mate para lograr alivio emocional? Por supuesto que no. Entonces, ¿por qué alentarla a matar a un niño inocente basándonos en el alivio emocional?[8]

Sobre esta pregunta, en forma particular, me encuentro yendo contra la cultura, porque aun los políticos más conservadores hoy en día jamás dirían que el aborto debería ser ilegal en casos de violación o de incesto. Sin embargo, yo no soy político, soy un seguidor de Cristo y confío en lo siguiente: el Dios del evangelio tiene un récord infalible de usar todas las cosas, aun las cosas malas, para obrar el bien y lograr sus buenos propósitos. Él usó el intento de los hermanos de José de asesinarlo y obró de forma en que esa mala acción fuera usada para la preservación de una multitud de personas. También, en la línea genealógica de Jesucristo hubo un caso de incesto (vea Mateo 1:3). En conclusión, Dios usó el asesinato de su Hijo para que nosotros pudiéramos ser salvos.

El evangelio prueba que podemos confiar en Dios. Todas sus obras, aun aquellas que no entendemos, son maravillosas y él tiene el poder, el amor, la bondad y la gracia para darnos a usted y a mí todo lo que necesitamos para perseverar a través de las dificultades. Al final, él nos promete que cambiará nuestro lamento en danza y todo nuestro sufrimiento en gozo.

DIOS EL JUEZ

El aborto es una afrenta a la autoridad de Dios como Creador, un asalto a la obra de Dios en la creación y un ataque a la relación de Dios con el niño nonato. Una vez que nos damos cuenta de la gravedad del aborto ante Dios, se nos hacen claras las implicaciones del evangelio sobre el aborto.

Piense en el carácter de Dios. Él es el Juez santo y justo de todos, y odia la injusticia. Detesta la matanza de vidas inocentes, y es el Juez de todos los que participan en ello. Dios es el Juez de las madres que han abortado bebés, de los padres que han apoyado el aborto, de los abuelos que han dado su visto bueno al aborto y de los amigos que han aconsejado tener un aborto. Dios es el Juez de los médicos que han llevado a cabo abortos, de los líderes que han permitido los abortos, de los pastores que han aconsejado a las personas a que se hagan abortos y de los legisladores que han trabajado para hacer posibles los abortos.

Esto incluye al presidente que tenemos en estos momentos en Estados Unidos, un hombre a quien respeto y por quien oro en forma regular, pero que trabaja agresivamente para mantener legal el asesinato de inocentes niños nonatos. Con mucha cautela entro al campo de la política y no es mi deseo apoyar a ningún partido político. En cambio, lo que quiero hacer es hablar la verdad bíblica, porque las Escrituras no guardan silencio en cuanto al aborto y tampoco guardan silencio en cuanto al papel del gobierno en esto.

En Romanos 13, la Biblia trata el tema del papel de las autoridades civiles y de nuestra responsabilidad hacia ellas:

> Toda persona debe someterse a las autoridades de gobierno, pues toda autoridad proviene de Dios, y los que ocupan puestos de autoridad están allí colocados por Dios. Por lo tanto, cualquiera que se rebele contra la autoridad se rebela contra lo que Dios ha instituido, y será castigado. Pues las autoridades no infunden temor a los que hacen lo que está bien, sino en los que hacen lo que está mal. ¿Quieres vivir sin temor a las autoridades? Haz lo correcto, y ellas te honrarán. Las autoridades están al servicio de Dios para tu bien; pero si estás haciendo algo malo, por supuesto que deberías tener miedo, porque ellas tienen poder para castigarte. Están al servicio de Dios para cumplir el propósito específico de castigar a los que hacen lo malo. ROMANOS 13:1-4

La Biblia enseña que Dios nos ha dado el gobierno para nuestro bien. El gobierno existe bajo la autoridad de Dios. De acuerdo al diseño de Dios, el gobierno debe reflejar los principios morales de Dios, quien cuida de los débiles, los pobres, los oprimidos y los vulnerables, ya que todos estos son los menos capaces de protegerse a sí mismos. El propósito fundamental del gobierno bajo Dios es promover el bien de toda la gente.

El gobierno lo hace posible al decretar y hacer cumplir leyes que recompensan el bien y castigan el mal. Mucha gente hoy en día dice: «No es asunto del gobierno legislar sobre moralidad». No obstante, este argumento es una farsa y todos lo sabemos. El estado no solamente tiene el derecho sino también la responsabilidad de legislar la moralidad. No cabe duda de que el estado debe establecer que robar, mentir, matar y muchas otras cosas más son malas. Esto es fundamental al propósito del estado. El gobierno impone leyes morales en la gente todos los días y esto es bueno.

Otras personas dicen: «El papel del gobierno no es quitarles a las personas el derecho de elegir». Sin embargo, este es definitivamente el papel del gobierno. Usted no puede elegir robar y si lo hace, habrá consecuencias. Usted no puede elegir hacer muchas cosas sobre las cuales hay leyes que las impiden, y es bueno que el gobierno haya establecido esas leyes. Si cada persona eligiera hacer lo que le viene en gana, el resultado inevitable sería la anarquía. En lo moral sería una tontería y en lo cultural sería un suicidio decir que el gobierno no debería derogar el derecho de elegir que tiene la gente.

Lo que importa es, ¿qué es lo que estamos eligiendo? Alguien tendría que tener el derecho de elegir comida mexicana o china para la cena o dónde vivir o qué clase de automóvil comprar. Por supuesto que estamos a favor de la elección de estas y de otras miles de cosas. Sin embargo, no estamos a favor de la elección en cuanto a la violación sexual. Tampoco estamos a favor de la elección cuando se trata de robar. Menos aun, a favor de la elección cuando se trata del rapto de niños. Así que, ¿por qué deberíamos estar a favor de la elección cuando se trata de asesinarlos?

Si usted es creyente, le suplico que salga del confuso sendero intermedio que sostiene: «Yo no elegiría el aborto, pero no creo que deberíamos quitarles el derecho de elegir a otras personas» y a darse cuenta de lo inconcebible que es para nosotros guardar silencio cuando millones de niños —personas hechas a la imagen de Dios—, están siendo desmembrados y destrozados en todo el mundo. Tal mentalidad no corresponde con la tolerancia cultivada; es indiferencia pecaminosa. Aquí, la neutralidad moral y política no es una opción para nosotros. Randy Alcorn lo expresó muy bien cuando dijo: «Apoyar o aun mantenerse neutral en cuanto al asesinato de niños inocentes creados a la imagen de Dios es algo inconcebible en las Escrituras, fue inconcebible para los creyentes en la historia de la iglesia y debería ser inconcebible para los creyentes de hoy en día»[9].

Como dije en la introducción, no podemos elegir qué asuntos apoyar y cuáles ignorar. Si creemos lo que dice el evangelio, entonces debemos denunciar la injusticia del aborto. Porque Dios no es solamente el Juez de los padres que tienen abortos, de los médicos que los realizan y de los políticos que permiten el aborto, sino que Dios es también el Juez de los miembros de las iglesias y de los líderes que no hacen nada respecto al aborto. Tal como mencioné al principio de este capítulo, yo soy el pecador principal en este asunto. Durante mucho tiempo, he sido culpable del pecado de injusticia selectiva sobre el aborto y necesito desesperadamente de la gracia de Dios.

REDIMIDO Y RESTAURADO

Gracias a Dios, él nos ha dado esa gracia —a mí, a usted y a todos nosotros— en el evangelio.

Recuerde: Dios no es solamente el Juez del pecado, sino que

él es también el Salvador de los pecadores. Dios es el Juez que aborrece el aborto y el Rey que ama aun a aquellos que participan en el aborto, así que escuche la Buena Noticia. A cualquier persona y a todos los que hayan abortado a un niño, apoyado el aborto, alentado a alguien a que aborte, realizado un aborto o permitido un aborto y a los que no hayan hecho nada en cuanto al aborto, quiera Dios que las siguientes realidades se arraiguen profundamente en su alma.

Dios perdona completamente. «Porque como la altura de los cielos sobre la tierra, engrandeció su misericordia sobre los que le temen. Cuanto está lejos el oriente del occidente, hizo alejar de nosotros nuestras rebeliones» (Salmo 103:11-12, RVR60). Dios dice: «Yo, sí, yo solo, borraré tus pecados por amor a mí mismo y nunca volveré a pensar en ellos» (Isaías 43:25). «Pero si confesamos nuestros pecados a Dios, él es fiel y justo para perdonarnos nuestros pecados y limpiarnos de toda maldad» (1 Juan 1:9). La Buena Noticia del evangelio es que cuando dejamos de pecar y confiamos en Cristo, encontramos que él ha pagado el precio por cualquier participación que nosotros hayamos tenido alguna vez en cuanto al aborto y, gracias a su cruz, estamos totalmente perdonados.

Dios no solamente perdona totalmente, sino que también sana profundamente. Dios no quiere que usted o que cualquier otra persona viva con el dolor del remordimiento. Está bien que odie el pecado en su vida pasada. El dolor del pecado pasado a menudo es una poderosa fuerza en cuanto a no volver a pecar en el futuro, pero no deje que eso le robe la paz que Dios ha diseñado para usted en el presente. Recuerde lo que le dijo Jesús a una mujer que había vivido un estilo de vida inmoral: «Tus pecados son perdonados. […] Tu fe te ha salvado; ve en paz» (Lucas 7:48-50). Dios quiere esa misma paz para usted hoy.

Dios perdona por completo; él sana profundamente y restaura totalmente. Todos los que tienen su fe puesta en Cristo deben recordar lo siguiente: En Cristo usted no es culpable y no hay condenación para usted. Esto es cierto ya sea que haya tenido un aborto o cinco. Esto es cierto ya sea que usted haya realizado por su profesión miles de abortos o que legalmente haya permitido millones. Usted no camina con una letra *A* roja sobre el pecho, porque cuando Dios lo mira no ve en usted la culpa producida por el aborto. En cambio, él lo mira y ve que Cristo lo ha perdonado. Dios restaura y redime. Como hemos visto antes, Dios tiene un record perfecto de hacer que todas las cosas, incluyendo las cosas malas, al final obren para bien.

¿Recuerda a Abby, a quien mencioné al principio de este capítulo? Por años ella guardó el secreto de su aborto. No obstante, el fin de semana que su esposo le propuso matrimonio, ella decidió que debía decirle lo que había hecho años antes de conocerlo a él. Él la escuchó con compasión y ellos decidieron guardar el secreto, el que mantuvieron por ocho años. Nadie más lo sabía.

Hasta el día en que Abby y su esposo estaban hablando con unos amigos, quienes compartieron con ellos sobre la libertad y el perdón que se encuentra en el evangelio. Abby sabía acerca de Cristo porque había crecido en la iglesia, pero las palabras de Isaías 61 nunca le habían penetrado en la mente y en el corazón. En un pasaje que Jesús citó refiriéndose a sí mismo, la Biblia dice: «El Señor me ha ungido para llevar buenas noticias a los pobres. Me ha enviado para consolar a los de corazón quebrantado y a proclamar que los cautivos serán liberados y que los prisioneros serán puestos en libertad. [...] A todos los que se lamentan en Israel les dará una corona de belleza en lugar de cenizas, una gozosa bendición en lugar de luto, una festiva alabanza en lugar de desesperación» (Isaías 61:1-3).

Por primera vez, Abby se dio cuenta por qué Cristo había venido y muerto en la cruz. Él vino para sanar los corazones heridos de todas las personas como ella, al darles libertad de sus yugos y de su vergüenza. Durante quince años Abby había hecho todo lo que pudo para ocultar su pasado y obtener la aprobación de otras personas. Ahora, por primera vez, supo que en Cristo ella tenía la aprobación de Dios, sin importar su pasado.

La libertad que Abby ha experimentado la impulsa ahora a dirigir un ministerio en la iglesia dedicado a mujeres que han tenido abortos. Ella ha recibido adiestramiento en cuanto a la forma sabia, cuidadosa y compasiva de acercarse a estas mujeres para servirlas y apoyarlas. Ella usa este adiestramiento en forma regular con grupos de mujeres de la ciudad. Además de ser líder de mujeres en la iglesia, Abby está involucrada activamente en esfuerzos públicos para disminuir el número de abortos en la ciudad; en forma específica ha aconsejado a mujeres embarazadas que están considerando abortar. Lo hace compartiendo su propia historia y diciéndoles que hay otra forma de resolver el «problema». Ella lleva a cabo este ministerio junto a su esposo y a sus dos hijos: una hija preciosa, quien corre hacia mí con una enorme sonrisa y un abrazo cada vez que me ve, y un hijo maravilloso a quien he tenido la oportunidad de entrenar en baloncesto. Es algo invaluable ver a esta mujer —quien alguna vez pensó que su pasado estaba manchado permanentemente y que también había perdido la paz para siempre— totalmente transformada por el evangelio y ver cómo Dios la usa para salvar literalmente la vida de incontables niños, así como también de muchísimas mujeres.

CADA UNO VALE LA PENA

Al cerrar este capítulo, pienso en una madre que vive en uno de esos países donde no se mira favorablemente el nacimiento de una niña. Más de treinta y cinco mil niñas son arrancadas del vientre de su madre todos los días en China y más de la mitad de las mujeres chinas han tenido por lo menos un aborto[10]. Algunos de estos abortos son voluntarios; otros son obligatorios. Los oficiales del gobierno usan al aborto para asegurar el control de la población. Las mujeres que viven en villas rurales son revisadas en forma rutinaria para asegurarse de que no están embarazadas o que no han tenido hijos recientemente.

No conozco todos los pormenores en cuanto a la madre de la que voy a hablar, pero lo que sí sé es que cuando supo que estaba embarazada, pensó que no podría cuidar de esa criatura. Sin embargo rehusó abortar. En cambio, mantuvo el embarazo y dio a luz a una preciosa niñita sin ninguna ayuda.

Entonces ella tomó a la niña recién nacida, la envolvió en ropa color celeste, la colocó en una caja de cartón y a medianoche la puso en la puerta de un orfanato para niños con necesidades especiales. A la mañana siguiente encontraron a la niñita y se llevó a cabo una investigación para encontrar a su madre, pero sin resultados.

Aunque no conozco a esa madre, le doy gracias a Dios por ella. Debido a su valor para rehusar abortar y debido a su compasión por los bebés nonatos, esa niñita pudo vivir. Todos los días cuando llego a mi casa del trabajo, esa niñita corre a recibirme con una sonrisa, salta a mis brazos, grita: «¡Papito!» y me da el abrazo más grande que usted se pueda imaginar.

Cada uno de estos niños vale la pena. Quiera Dios que tengamos la convicción, la compasión y el valor para hacer todo lo posible para detener el holocausto moderno que nos rodea.

LOS PRIMEROS PASOS PARA IR CONTRA LA CULTURA

Ore

Pídale a Dios que:
- Termine con la injusticia del aborto en este país y alrededor del mundo.

- Lo perdone por cualquier papel que usted haya tenido en cuanto al aborto.
- Les haga sentir convicción a los que están en posiciones de poder para terminar con el aborto.

Participe

En oración, considere dar los siguientes pasos:
- Escríbales a sus representantes en el Congreso, y en forma clara y respetuosa explíqueles por qué el aborto tiene que terminar en el país.
- Trabaje con ministerios y participe en eventos (por ejemplo: Sanctity of Human Life Sunday, 40 Days for Life y caminatas de oración) que están a favor del valor de la vida humana que aún no ha nacido.
- Trabaje en forma voluntaria en un centro donde tratan embarazos en crisis en su ciudad y ayude en el trabajo de mostrarles a las mujeres en situaciones desesperadas que hay otras opciones y no solamente el aborto.

Proclame

Considere las siguientes verdades de las Escrituras:
- Salmo 139:15-16: «Tú me observabas mientras iba cobrando forma en secreto, mientras se entretejían mis partes en la oscuridad de la matriz. Me viste antes de que naciera. Cada día de mi vida estaba registrado en tu libro. Cada momento fue diseñado antes de que un solo día pasara».
- Proverbios 24:10-12: «Si fallas bajo presión, tu fuerza es escasa. Rescata a los que están injustamente condenados a morir, sálvalos mientras van tambaleando hacia su muerte. No te excuses diciendo: "Ay, no lo sabíamos". Pues Dios conoce cada corazón y él te ve. El que cuida tu alma sabe

bien que tú sabías. Él pagará a cada uno según merecen sus acciones».

- Mateo 19:14: «Jesús les dijo: "Dejen que los niños vengan a mí. ¡No los detengan! Pues el reino del cielo pertenece a los que son como estos niños"».

Para más sugerencias (y más específicas) visite el sitio Web: CounterCulture Book.com/Abortion.

CAPÍTULO 4

LA SOLEDAD EN LAS FAMILIAS: EL EVANGELIO Y LOS HUÉRFANOS Y LAS VIUDAS

Tan pronto como supimos quién sería nuestra hija, supimos exactamente cuál sería su nombre.

Algunos años antes, Heather y yo sin darnos cuenta habíamos considerado la adopción. Durante cinco años, mes tras mes, habíamos orado, anhelado y tratado de tener hijos, pero Dios no nos proveyó de la forma en que nosotros pensamos. Como no estábamos seguros de poder concebir, finalmente consideramos la adopción. «Bueno, esta sería la segunda mejor opción que nos queda», nos dijimos. «Puesto que no podemos tener hijos biológicos, por lo menos podemos adoptar».

No nos llevó mucho tiempo darnos cuenta de que la adopción fue precisamente la «mejor» opción. Dios usó la infertilidad para abrirnos los ojos a la crisis que hay con los huérfanos alrededor del mundo. *Es* una verdadera crisis. Aproximadamente 153 millones de niños viven como huérfanos, lo que quiere decir que han perdido por lo menos a su madre o a su padre. En este número están incluidos unos 18 millones de niños que han perdido tanto a su madre como a su padre. Sin embargo, en este número no están incluidos los millones de niños que viven en instituciones o en las calles, además de la gran cantidad de niños que viven como «huérfanos sociales», lo que quiere decir que aun si su padre o su madre están vivos, ellos muy raramente los ven o experimentan vivir como parte de una familia[1].

No obstante, yo había escuchado estas estadísticas antes. Tal vez, al igual que usted, yo puedo leer un párrafo como el anterior y seguir adelante sin volver a pensar en ello. Sin embargo, todo cambió cuando abrimos los ojos a la posibilidad de adoptar. Todo cambió cuando por primera vez vimos el rostro de un precioso varoncito de diez meses en Kazajstán que necesitaba una mamá y un papá. Todo cambió cuando visitamos su orfanato, observamos a los niños jugando afuera y vimos sus cuartos llenos de cunas ocupadas por bebés. Todo cambió cuando nos dimos cuenta de que las estadísticas representan a niños igual al que pronto sería hijo nuestro. Con bastante rapidez nos dimos cuenta de que los huérfanos se pueden olvidar con facilidad si usted no ve sus rostros. Que es aún más fácil pretender que ellos no existen si no sabe cómo se llaman y si no los toma en sus brazos. Sin embargo, una vez que lo hace, todo cambia.

Tan pronto como Dios nos proveyó a nuestro primer hijo por medio de la adopción, Dios nos sorprendió con otro hijo de forma más natural. Unas dos semanas después de regresar de Kazajstán con Caleb, Heather estaba embarazada y Josué nació nueve meses después. Cuando cuento esta historia, a menudo la gente trata de ofrecer una explicación física o emocional del porqué mi esposa pudo concebir después de la adopción y no antes. Aunque de ninguna forma quiero debatir en cuanto a la fisiología de la procreación, no tengo duda alguna de que la prerrogativa divina es la única explicación de por qué Heather se embarazó cuando lo hizo. Estaba claro que Dios tenía algo más glorioso para nosotros cuando usó esta dificultad en nuestra vida para guiarnos a adoptar a un precioso varoncito en una ciudad que nadie conoce en el noroeste de Kazajstán, un niño que de otra manera nunca hubiéramos conocido. Siempre estaremos agradecidos por los largos cinco años de infertilidad a los que Dios nos sometió.

No obstante, a pesar de saber que Heather podía concebir, los dos sabíamos que queríamos adoptar de nuevo. Dios nos había abierto los ojos a las necesidades de los huérfanos y el proceso de adopción que comenzó como un deseo de llenar un vacío en nuestros corazones llegó a ser un deseo de reflejar una realidad en el corazón de Dios.

Cuando usted lee la Biblia, ve una y otra vez la pasión de Dios por demostrar su poder y su amor en la vida de los huérfanos. «Pues el Señor tu Dios es Dios de dioses y Señor de señores. Él es el gran Dios, poderoso e imponente, que no muestra parcialidad y no acepta sobornos. Se asegura que los huérfanos y las viudas reciban justicia» (Deuteronomio 10:17-18). «Padre de los huérfanos, defensor de las viudas, este es Dios y su morada es santa» (Salmo 68:5). Cuando primero dio la ley, Dios mandó a su pueblo: «No explotes a la viuda ni al huérfano» (Éxodo 22:22). Luego en forma continua a través de la historia, Dios nos exhorta: «Aprendan a hacer el bien. Busquen la justicia y ayuden a los oprimidos. Defiendan la causa de los huérfanos y luchen por los derechos de las viudas» (Isaías 1:17).

Cuando leemos estos versículos, con rapidez nos damos cuenta de que el corazón de Dios no solamente se preocupa por los huérfanos sino también por las viudas. En cada uno de los versículos anteriores (y en muchos otros), Dios habla de estas dos clases de personas a la misma vez. Entonces no debe sorprendernos leer más adelante en la Biblia este versículo maravilloso: «La religión pura y sin mácula delante de Dios el Padre es esta: Visitar a los huérfanos y a las viudas en sus tribulaciones, y guardarse sin mancha del mundo» (Santiago 1:27, rvr60).

¡Qué declaración tan asombrosa! Esta es la definición de Dios de la religión pura: «visitar a los huérfanos y a las viudas en sus tribulaciones». Es aparente que la religión verdadera no consiste en participar en forma monótona en actividades piadosas superficiales. La religión pura y verdadera consiste en demostraciones constantes de amor sobrenatural y desinteresado.

Cuando la Biblia habla aquí de «visitar» a los huérfanos y a las viudas, implica mucho más que simplemente decirles «hola» de vez en cuando. Esta misma palabra «visitar» que se usa en Santiago 1:27 se usa en diferentes lugares del Nuevo Testamento para describir la forma en que Dios mismo visita a su pueblo para ayudar a la gente, darles fuerza y alentarlos[2]. Visitar a los huérfanos y a las viudas significa ministrarles con una profunda preocupación por su bienestar y con un compromiso claro de ayudarlos en sus necesidades.

Tal vez nos preguntemos: ¿Por qué Dios definiría a «la religión pura» de esta forma particular, en términos de atender a los huérfanos y a las viudas? La respuesta a esta pregunta se encuentra en la segunda parte de Santiago 1:27: «guardarse sin mancha del mundo». Es a estas alturas que mucha gente piensa: *Bueno, para que mi religión sea pura, eso quiere decir que debo atender a los huérfanos y las viudas, y también es preciso que evite la inmoralidad en el mundo.* Por supuesto que es verdad que debemos evitar la inmoralidad y el resto de la epístola de Santiago trata este tema de diferentes formas, pero es preciso que tengamos cuidado de evitar separar «guardarse sin mancha del mundo» de «visitar a los huérfanos y a las viudas». En los versículos que siguen a Santiago 1:27, Santiago amonesta a la iglesia por su parcialidad con el sistema del mundo que les da prioridad a los ricos y descuida a los necesitados. Santiago dice que la gente que vive según la forma en que vive el mundo muestra parcialidad con las personas que los pueden beneficiar y con los que les pueden dar más por su bondad. Sin embargo, la religión verdadera no sigue las reglas de la cultura; no respalda la forma humana de vivir y de pensar. La religión verdadera va contra la cultura y el resultado es que usted se sacrifica para ayudar a las personas que menos le pueden retribuir por su amabilidad.

He aquí a los huérfanos y a las viudas, es decir, los niños y las mujeres que han perdido un miembro importante de su familia del cual dependían para su sustento físico, emocional, relacional y espiritual. Por lo tanto, en forma desesperada ellos necesitan de alguien que llegue y que les provea para su necesidad física, emocional, relacional y espiritual. Según Dios, la religión verdadera es amar a personas como estas. La religión verdadera es ser familia para aquellos que han perdido a sus familias.

Entonces, ¿qué significa esto para los seguidores de Cristo en un mundo en el que hay 153 millones de huérfanos? Además, ¿qué haremos en un mundo en el que hay 245 millones de viudas y 115 millones de ellas viven en la pobreza sufriendo aislamiento social y privaciones económicas por haber perdido a su esposo?[3] Saber que cada persona de estos millones representa a un niño, una niña o una mujer por los cuales Dios siente compasión divina, no es asunto de preguntar qué debemos hacer. La única pregunta aquí es si lo vamos a hacer o no.

UNA HISTORIA DE REDENCIÓN

Dios no solamente ha expresado con absoluta claridad a través de las Escrituras su interés apasionado por los huérfanos y las viudas, sino que también nos ha dado un libro entero que ilustra su preocupación por aquellos que pierden miembros de su familia de esta forma. El libro de Rut es uno de mis libros favoritos de la Biblia. Es una historia de amor que trasciende el tiempo y que contiene todos los componentes que se requieren en un romance: tragedia, pérdida, desesperación, triunfo, esperanza y lealtad, todo combinado en una historia. Sin embargo, no es solamente una historia de amor. Es una historia dentro de una historia, y es mucho más que un relato sobre una mujer moabita llamada Rut. Es una historia acerca de usted, de mí, de todas y de cada una de las personas que forman parte del escenario de la historia de la humanidad. Si me permite un poco de tiempo para contar esta historia, le prometo que le será de ayuda para ver la forma en que encajamos en la narración que Dios está tejiendo a favor de los huérfanos y de las viudas en todo el mundo.

El escenario del libro de Rut se ubica en el tiempo de los jueces, un período en el cual «Israel no tenía rey; cada uno hacía lo que le parecía correcto según su propio criterio» (Jueces 21:25). La historia comienza en Belén, una ciudad conocida como «la casa del pan», pero en la que, para consternación y desánimo de sus ciudadanos, no había pan. En cambio, una severa escasez de alimentos dejó a todas las familias pasando hambre y en necesidad desesperada de conseguir comida. Así que un hombre llamado Elimelec empaca todas sus posesiones, y con su esposa y sus dos hijos se muda a Moab.

Moab quedaba lejos de Belén y la cultura allí era muy extraña en todos sus aspectos. Muchas generaciones antes, los moabitas comenzaron a existir cuando Lot, el sobrino de Abraham, tuvo una relación incestuosa con su hija (vea Génesis 19). Los moabitas eran un pueblo muy pecaminoso. En una ocasión, unas mujeres moabitas sedujeron a algunos hombres israelitas a cometer pecado sexual, lo cual llevó a la muerte a veinticuatro mil hombres israelitas (vea Números 25:1-10). Los moabitas eran conocidos por su inmoralidad e idolatría y Dios declaró que ningún moabita entraría en la congregación de su pueblo hasta la décima generación (vea Deuteronomio 23:3). Huelga decir que el que un hombre judío viajara a Moab no era solo una señal de desesperación, sino también un hecho que le traería vergüenza.

No obstante, lo que comenzó como vergüenza se volvió en dolor en lo que al lector le parece un instante. Después de describir el viaje de Elimelec a Moab con su familia, el narrador de la historia usa solamente tres versículos para describir diez años de tragedia. En primer lugar, Elimelec muere dejando viuda a Noemí, su esposa. Segundo, cada uno de sus dos hijos, Mahlón y Quelión, se casa con una mujer moabita, una llamada Rut y la otra Orfa respectivamente. Luego, diez años después de la muerte de Elimelec, Mahlón y Quelión mueren, dejando a Noemí en medio de un enorme problema. Ella no tiene esposo ni tampoco hijos. Está en la miseria, su única familia son sus dos nueras que pertenecen a un pueblo despreciado. Esta es la peor de las maldiciones para una mujer israelita. Ahora no tiene descendientes para que sigan su línea familiar, tampoco una promesa de provisión futura y ni idea de lo que va a hacer a continuación.

Hasta que, nos cuenta el narrador, Noemí escucha en Moab que Dios ha «visitado» a su pueblo en Belén (Rut 1:6), proveyendo comida para la gente y terminando el hambre en aquella tierra. Noemí comparte con Orfa y Rut sus planes de regresar a Belén. Ella las insta a que se queden en Moab. Por cierto que no sería bueno para ellas ir a una tierra donde serían vistas como extranjeras sin esperanza de tener un marido o un futuro heredero. Además, concluye Noemí, es claro que la mano de Dios está contra ella. Las dos actuarían con sabiduría si se apartaran de ella.

Orfa le hace caso, pero Rut no. En uno de los discursos más trascendentales de las Escrituras, Rut le dice a Noemí: «A donde tú vayas, yo iré; dondequiera que tú vivas, yo viviré. Tu pueblo será mi pueblo, y tu Dios será mi Dios. Donde tú mueras, allí moriré y allí me enterrarán. ¡Que el SEÑOR me castigue severamente si permito que algo nos separe, aparte de la muerte!» (Rut 1:16-17). Estas inolvidables palabras a menudo se intercambian entre un esposo y su esposa en un matrimonio (y si usted las usó en su casamiento, es maravilloso), pero debemos recordar que estas palabras son de una nuera para su suegra. Yo he llevado a cabo muchos matrimonios, pero nunca he escuchado a ningún pariente político hablar así el uno con el otro.

Noemí lo acepta, y las dos mujeres comienzan su viaje a Belén. Solamente nos podemos imaginar los pensamientos que le cruzan por la mente a Noemí mientras se acerca a la tierra que años antes dejó con su esposo y sus dos hijos. Ellos habían dejado la Tierra Prometida por una tierra pagana. Ella había salido de allí como una esposa bendecida, pero ahora regresaba como una mujer amargada. Cuando las mujeres de Belén la ven a la distancia, corren a ella y le preguntan con entusiasmo: «¿Eres tú Noemí?». La respuesta de Noemí expresa cómo se sentía. «Ya no me llamen Noemí —repuso ella—. Llámenme Mara, porque el Todopoderoso ha colmado mi vida de amargura» (NVI). (*Noemí* quiere decir «dulce, placentera»; *Mara* significa «amargura»). Ella continúa: «Me fui llena, pero el SEÑOR me ha traído vacía a casa. ¿Por qué llamarme Noemí cuando el SEÑOR me ha hecho sufrir y el Todopoderoso ha enviado semejante tragedia sobre mí?» (Rut 1:20-21).

¡Qué bienvenida! Las mujeres de Belén saludan a Noemí con alegría después de no haberla visto por una década y ella les responde en forma lacónica: «¿Me han llamado placentera? Nada podría estar más lejos de la verdad. ¡Ahora mi nombre es amargura!».

Ahora imagínese que usted es Rut. Las mujeres de Belén se sienten estupefactas cuando escuchan que Noemí les dice: «No he traído otra cosa que calamidad», y de inmediato vuelven la cabeza para mirarla a usted, y usted cierra los ojos, porque es una figura de la calamidad que trae el Todopoderoso.

Ni Noemí ni Rut, en el sombrío silencio, se imaginan lo que Dios tiene preparado para ellas. Ellas están allí con una necesidad desesperada de dos cosas: comida para llenar el estómago y una familia que las provea de refugio. Es aquí donde el narrador nos dice que esperando detrás de la cortina hay un pariente de Elimelec, generoso y rico, que se llama Booz.

Al día siguiente, Rut le dice a Noemí que busque un campo en el cual pueda recoger espigas para que puedan alimentarse. Una de las formas en las cuales Dios había provisto para los pobres era ordenando a los dueños de campos que dejaran espigas en sus campos para que los pobres y los destituidos las pudieran recoger. Así que el escritor nos dice que Rut «salió a recoger espigas detrás de los cosechadores, y resultó que lo hizo en un campo que pertenecía a Booz, el pariente de su suegro, Elimelec» (Rut 2:3). Y cuando ella comenzó a recoger espigas: «llegó Booz de Belén» (Rut 2:4).

La forma en que el escritor relata la historia aquí está llena de coincidencias dramáticas. *Y dio la casualidad* que Rut *fue a trabajar* al campo de Booz. En ese momento, dio la casualidad que Booz fue a su campo, quien *resultó ser* pariente de Elimelec.

Cuando leo esta historia en la Biblia, me recuerda las películas románticas que a Heather le encanta mirar, en las cuales un factor detrás del otro cae en su lugar para crear un encuentro inesperado entre un hombre y una mujer. Si yo estoy mirando con ella, a menudo comienzo a poner los ojos en blanco y quiero decir: «¡Eso es absurdo, las cosas nunca suceden de esa manera!». Pero justo antes de hablar miro siempre a Heather, quien tiene los ojos llenos de lágrimas, totalmente compenetrada en la película y totalmente cautivada por cada detalle. A esas alturas, no hablo y pienso: *¡Ella verdaderamente cree todo esto!,* antes de volver mi atención a la película en frustrado silencio.

Sin embargo, el libro de Rut no es un cuento de hadas. Aquí está el Dios del universo quien en forma divina describe un drama que trata de la provisión para los pobres. Booz se fija en Rut y le pregunta a uno de los trabajadores del campo quién es esa mujer, y el hombre le responde: «Es la joven moabita que volvió con Noemí» (Rut 2:6).

Esta noticia lleva a Booz a cruzar el campo e ir directamente adonde está esa necesitada mujer llamada Rut. Pasa al lado de todos los demás trabajadores, llega hasta ella y le habla con un término que demuestra cariño («hija mía»), luego le asegura que en este campo habrá provisión para ella. Ella estará segura y tendrá la comida que necesita mientras esté con él. Rut está asombrada y se pregunta en voz alta por qué él ha mostrado tal favor para con ella, una mujer despreciada, en el escalón más bajo de la escala social. Booz le responde pronunciando la bendición de Dios en ella: «Que el SEÑOR, Dios de Israel, bajo cuyas alas viniste a refugiarte, te recompense abundantemente por lo que hiciste» (Rut 2:12).

Esta conversación prepara el escenario para lo que nosotros en nuestra cultura llamaríamos la «primera cita» en el libro de Rut, cuando Booz invita a Rut a comer en su mesa. «Ven aquí y sírvete de la comida. Puedes mojar tu pan en el vinagre», le dice a ella, y el narrador escribe: «De modo que Rut se sentó junto a los cosechadores, y Booz le dio a comer grano tostado. Ella comió todo lo que quiso y hasta le sobró» (Rut 2:14).

Después de la comida, Booz instruye a sus hombres que se aseguren de que ella se vaya con mucho grano y ellos obedecen, «Así que Rut recogió cebada allí todo el día y cuando la desgranó por la tarde, llenó toda una canasta» (Rut 2:17). Para poner esto en perspectiva, un hombre promedio en aquel tiempo recogería como un kilogramo de grano por día. Sin embargo, al final de aquel día, Rut se va de ese campo con una cantidad que oscila entre quince y veinticinco kilogramos de cebada. Por este pasaje sabemos que Rut hacía ejercicio en forma regular, porque tomó esa cantidad de cebada, se la puso al hombro y la llevó todo el camino hasta llegar a la ciudad.

Cuando llega a su casa, Noemí está agradecida. «¿Dónde recogiste todo este grano hoy? —preguntó Noemí—. ¿Dónde trabajaste? ¡Que el SEÑOR bendiga al que te ayudó!». Recuerde que a estas alturas Noemí no tiene idea de dónde ha trabajado Rut todo el día. Imagínese su sorpresa cuando Rut le responde: «El hombre con quien trabajé hoy se llama Booz». Al escuchar esto, sin duda que Noemí pasa de la gratitud a la total sorpresa. Ella exclama: «¡Que el SEÑOR lo bendiga! —le dijo Noemí a su nuera—. Nos muestra su bondad no solamente a nosotras sino también a tu marido que murió. Ese hombre es uno de nuestros parientes más cercanos, uno de los redentores de nuestra familia» (Rut 2:19-20).

La declaración de Noemí nos presenta la palabra más importante del libro de Rut: *redentor*. Dios, en su misericordia, había diseñado un sistema por el cual los parientes cercanos debían cuidar los unos de los otros cuando enfrentaban extrema necesidad, incluso cuando a una mujer se le moría su esposo. En ese caso, un pariente redentor actuaría para ayudar al miembro de la familia que pasaba necesidad. Esa persona se haría dueña de la tierra del pariente y a continuación sería responsable de la vida de ese pariente.

Pasajes del Antiguo Testamento como Levítico 25, Deuteronomio 25 y Jeremías 32 indican tres requisitos básicos para que alguien sea un pariente redentor. En primer lugar, el hombre tenía que tener el *derecho* a redimir. Básicamente tenía que ser el primero en la línea familiar de posibles proveedores para el pariente necesitado. Poseer este derecho implicaba una responsabilidad, una obligación de hacerse cargo del pariente en necesidad. En segundo lugar, el hombre necesitaba los *recursos* para redimir. Para poder ayudar a alguien que pasaba necesidad, un posible redentor necesitaba la habilidad y la capacidad de proveer para esa persona como parte de su propia familia. Finalmente, el hombre tenía que optar por la *resolución* de redimir. En otras palabras, tenía que estar dispuesto a hacerlo. Era posible que un hombre fuera el primero en la línea familiar y que tuviera todo lo necesario para proveer, pero al que le faltara la resolución de asumir la responsabilidad por ese miembro de la familia.

Con este acuerdo, la historia de Rut continúa día tras día mientras ella trabaja en los campos de Booz, un posible redentor para Noemí y su familia. Día tras día, Rut trae comida al hogar, pero Booz parece lento en cuanto a redimirlas como parte de su familia. A estas alturas Noemí, una suegra impaciente, decide «empujar» a Booz, e idea un plan para que Rut hable con Booz de noche y que le pida que las redima. Rut lo hace, lo cual lleva a un encuentro diferente con Booz en medio del campo de la siega, en el cual él le dice a Rut: «Pero aunque es cierto que yo soy uno de los redentores de tu familia, hay un pariente más cercano que yo. Quédate aquí esta noche, y por la mañana hablaré con él. Si está dispuesto a redimirte, muy bien; que se case contigo. Pero si no está dispuesto a hacerlo, entonces, ¡tan cierto como que el Señor vive, yo mismo te redimiré! Ahora acuéstate aquí hasta la mañana» (Rut 3:12-13).

A la mañana siguiente, Booz habla con el hombre que tiene el primer derecho a redimir la tierra de Noemí. El suspenso en la historia aumenta cuando el otro posible redentor declara: «Muy bien, yo la redimo». No obstante, con amabilidad Booz le informa a este hombre que redimir a Noemí y su tierra también significa adquirir a Rut, la moabita, para preservar la descendencia del pariente. Esta significativa parte de la información resulta en que el hombre rehúsa redimirlas. «Entonces no puedo redimir la tierra —respondió el pariente redentor— porque esto pondría en peligro mi propia herencia» (Rut 4:6). Este hombre tiene los recursos para redimir, pero le falta la resolución para hacerlo y le cede el derecho a Booz.

Con el otro hombre fuera del escenario, Booz declara su resolución de redimir: «Hoy son ustedes testigos de que le he comprado a Noemí toda la propiedad de Elimélec, Quilión y Majlón, y de que he tomado como esposa a Rut la moabita, viuda de Majlón, a fin de preservar el nombre del difunto con su heredad, para que su nombre no desaparezca de entre su familia ni de los registros del pueblo. ¡Hoy son ustedes testigos!» (Rut 4:9-10, NVI). Con estas palabras, Noemí y Rut entran a la familia de Booz y Rut se convierte en su esposa.

Un versículo después de que la redención es comunicada, Rut y Booz se casan, y Rut tiene un hijo. La escena final tiene lugar cuando Noemí toma al niño en sus brazos y las mujeres de Belén anuncian: «¡Alabado sea el SEÑOR, que no te ha dejado hoy sin un redentor! ¡Que llegue a tener renombre en Israel! Este niño renovará tu vida y te sustentará en la vejez, porque lo ha dado a luz tu nuera, que te ama y es para ti mejor que siete hijos» (Rut 4:14-15, NVI).

Sin embargo, ese no es el fin de la historia. El libro de Rut es una película en la cual usted ha visto la escena final y la pantalla se ha oscurecido, usted piensa que la película ha terminado, hasta que ve que las mismas luces se encienden de nuevo con una posdata describiendo lo que sucede en los siguientes días. El libro de Rut contiene la que debe ser una de las más maravillosas postdatas de cualquier historia, porque el narrador escribe lo siguiente acerca del hijo de Rut y Booz: «Y le pusieron por nombre Obed. Él llegó a ser el padre de Isaí y abuelo de David» (Rut 4:17).

Para los primeros hombres y mujeres judíos que escucharon esta historia, la posdata los debe de haber dejado con la boca abierta. Esta historia cambió de ser una sobre un pariente redentor durante un tiempo en el que no hubo rey en Israel, a convertirse en otra sobre la genealogía del hombre que llegaría a ser el más famoso de los reyes. La genealogía que se incluye al final del libro de Rut abarca diez generaciones, un simbólico pero seguro presagio a diez generaciones de muerte y necesidad en Moab y las diez generaciones de maldición sobre los moabitas. Así concluye la historia de cómo Dios, en su misericordia, salvó a una despreciada mujer moabita, que estaba en una familia israelita prácticamente sin esperanza, al usar a un pariente resuelto a redimir.

UN ESPEJO DE DIOS

Mencioné antes que el libro de Rut no tiene la intención de ser simplemente una historia de amor; es una historia dentro de otra historia, que tiene la intención de señalarnos al Dios que está sobre la historia y mostrarnos su corazón por los necesitados. En este escenario, Booz no está como un modelo de la buena voluntad de Dios, sino como un espejo de Dios. Booz ilustra el diseño de Dios lleno de gracia para proveer para los que no tienen familia por medio de la familia extendida de hombres y mujeres que han puesto su fe en él.

Aquí es donde entramos usted y yo. Claro que no estamos viviendo en el tiempo de los jueces, siglos antes de que viniera Cristo, pero esto no quiere decir que debemos sentirnos menos inspirados a reflejar el carácter de Dios en nuestra cultura hoy. Porque en una cultura que cada vez más ve a los huérfanos y a las viudas como cargas, las oportunidades para ir contra la cultura, mostrando generosidad al igual que Booz, abundan a nuestro alrededor hoy en día.

Mientras me estaba preparando para predicar un domingo sobre Santiago 1:27, llamé al Department of Human Resources (Departamento de Recursos Humanos) en nuestro condado. Quería saber si tenían necesidades en cuanto a huérfanos o niños que son cuidados en forma temporal en algunos hogares.

Cuando le formulé la pregunta a la directora de ese lugar, ella se rió. «¡Sí! —exclamó—. ¡Tenemos toneladas de necesidades!».

Bueno, lo que yo quería saber era cuántas familias necesitaría esa institución para cuidar a todos los niños que están en lugares de cuidado temporal y que necesitan ser adoptados en nuestro condado.

Se rió más.

—No, de veras —le dije—. Si sucediera un milagro, ¿cuántas familias serían suficientes para cubrir todas las diferentes necesidades que tiene?

Ella se compuso y luego me respondió: —Sería un milagro si tuviéramos 150 familias más.

Llegó el día en que prediqué sobre Santiago 1:27. Al terminar, le di a la iglesia una invitación distinta a la usual: «Si Cristo en usted lo impulsa a ser parte de servir a los niños de esta forma en nuestro condado, entonces, por favor venga a una reunión que se realizará dentro de dos semanas a partir de hoy».

Cuando llegó la fecha de la reunión, muchísima gente entró al auditorio. Esa noche, más de 160 familias firmaron para ayudar en cuanto a cuidar en forma temporal o para adoptar niños en nuestro condado. Como familia de fe en Cristo dijimos: «Queremos asegurarnos, lo más que nos sea posible, de que cada niño en nuestro condado tenga brazos amorosos que lo rodean a él o a ella todas las noches. Queremos mostrarles a cada uno de estos niños al Padre de los huérfanos y al Defensor de los débiles que es quien los ama».

Ahora nuestra iglesia está llena de niños de todas partes de la ciudad. Hombres y mujeres trabajan juntos, no solamente para proveer para estos niños, sino para que sus padres se puedan reunir con sus respectivas familias. El inmenso gozo de cuidar a niños que están en transición ha invadido a la iglesia, y nuestras familias jamás volverán a ser como eran antes.

Recordando la reunión inicial de información que realizamos con el personal del Departamento de Recursos Humanos, jamás olvidaré la conversación que tuve con una de esas personas. Mientras los miembros de la iglesia llegaban a la reunión, una de las mujeres de esa organización me llamó aparte y me preguntó con lágrimas en los ojos: «¿Qué fue lo que lo hizo decidir hacer esto? ¿Y cómo logró que toda esta gente participara?».

Sonreí y le dije: —*Yo* no decidí hacer esto. *Dios* lo hizo. Estos hombres y mujeres son un espejo del amor de Dios por estos niños y sus familias, a los cuales ustedes sirven todos los días.

UNA CULTURA DE HUÉRFANOS Y DE VIUDAS

Cuanto más se involucró la iglesia en el cuidado temporal y en la adopción de niños en nuestra ciudad, más cuenta nos dimos de que a menudo los huérfanos y las viudas viven en el mismo hogar. Unos pocos años atrás, algunos miembros de la iglesia, en forma intencional, comenzaron a mudarse a sectores pobres de la ciudad. Al aprender sobre estas zonas específicas, encontramos que más de 60 por ciento de los niños en una de las comunidades vive con un abuelo o abuela en lugar de vivir con su madre o con su padre. Para la mayoría de estos niños, ambos, el padre y la madre, estaban virtualmente ausentes de sus vidas. Lo que es más, la mayoría de esos abuelos vive sola debido a que su cónyuge los ha abandonado, se ha divorciado de ellos o ha muerto. Cuando pusimos todo esto junto, nos dimos cuenta de que la mayor parte de los hogares en esa comunidad tiene tanto huérfanos como viudas viviendo bajo el mismo techo. Huelga decir que en una cultura como ésta, existen muchas oportunidades para ministrar.

Oportunidades como ésta se multiplican a través de nuestra cultura con el aumento de niños que viven en hogares con un solo padre o madre. Cuando las Escrituras hablan del huérfano y de la viuda, sin duda que se refieren principalmente a aquellos que son huérfanos o viudos debido a la muerte de un padre o de un cónyuge. No obstante, en esta época, más de la tercera parte de los niños en Estados Unidos vive en un hogar con un padre o con una madre y casi la mitad de los niños que nacen son hijos de mujeres no casadas[4]; ambas son realidades inevitables en una cultura que le da poca prioridad y permanencia al matrimonio (lo cual exploraremos más tarde). El resultado es un número cada vez mayor de niños y de mujeres a los que les falta el padre o el esposo en el hogar.

Las implicaciones de esto son monumentales para la iglesia en la cultura contemporánea. Ahora, posiblemente más que en cualquier otro momento de la historia, la iglesia tiene la oportunidad de dar un paso adelante y demostrar el amor de Dios no solamente a los niños y a las mujeres cuyos padres o esposos han muerto, sino también a los niños y a las mujeres cuyos padres y esposos han desaparecido de sus vidas. Cristo nos apremia a ir contra la cultura, a dar un paso adelante y a participar en el cuidado de los huérfanos y de las viudas cuando las personas importantes han desparecido de sus vidas. Por cierto que el Padre de los huérfanos y Defensor de las viudas está llamando a los suyos a cuidar de estos niños y de estas mujeres como si fueran parte de nuestra propia familia.

Pienso en Frank, un hombre jubilado de nuestra iglesia quien sirve todos los domingos en el equipo que ayuda a estacionar automóviles. Hace unos dos años, Frank habló con una enfermera que trabaja en una institución de ayuda a las personas ancianas, quien le contó de las necesidades que veía en los hogares de sus pacientes. La enfermera le describió la forma en que tantas viudas, en particular, viven totalmente encerradas en sus casas, sin familia o amistades que las puedan ayudar. Mientras la escuchaba hablar, Frank dijo: «Fue como si Dios me estuviera diciendo: "¿Vas a hacer algo acerca de esto?"».

Frank decidió hacer algo. Se dio cuenta de que «la religión pura» involucra más que ayudar a algunas personas a encontrar un lugar donde estacionar sus automóviles el domingo por la mañana. También involucra ayudar a las viudas a encontrar un lugar dentro de una familia que las ame y que se preocupe por ellas. De inmediato Frank comenzó a visitar el hogar de varias viudas. Conoció a mujeres cuyos tachos de basura no habían sido vaciados en meses y cuyas sábanas tampoco habían sido cambiadas en varios meses. Conoció a otras mujeres que necesitaban rampas para sus sillas de ruedas porque no podían caminar los simples tres escalones para salir de sus casas remolque, lo cual a veces las dejaba totalmente aisladas por semanas enteras. También conoció a otras cuyos techos necesitan ser reparados porque la casa se les inundaba cada vez que llovía. Siguiendo lo que dice Santiago 1:27, Frank no solamente visitó a esas viudas, sino que comenzó a movilizar a equipos de la iglesia para que se hicieran responsables de ayudar a estas viudas.

Juntos, comenzaron a ayudar a mujeres como la señora Maureen, una preciosa hermana en Cristo que estaba a punto de quedarse viuda y quien tenía la responsabilidad de cuidar a sus dos nietas. El esposo de la señora Maureen se estaba muriendo de cirrosis al hígado debido al alcoholismo. Antes ella se había comprometido a cuidar de sus dos nietas mientras la madre de las niñas estaba en la cárcel, para ver luego que la madre abandonó a sus hijas en el instante en que fue puesta en libertad.

Cuando Frank visitó la casa de la señora Maureen, descubrió que había sido construida hacía más de cincuenta años, con madera que no había sido tratada y que estaba infestada con termitas. El único inodoro que había en la casa se había hundido completamente en el piso y la bañera de hierro se estaba cayendo al suelo. Una de las pequeñas nietas de la señora Maureen estaba parada en el porche del frente cuando este se hundió totalmente debajo de ella.

Frank y un grupo de hombres y mujeres, incluyendo a la nieta de Frank, comenzaron a pasar tiempo en la casa de la señora Maureen, trabajaron para hacer los arreglos necesarios y finalmente la dejaron como nueva. A lo largo de ese tiempo, tuvieron muchas oportunidades de compartir palabras de aliento y de orar los unos por los otros. Frank recuerda que una vez estaba parado al lado de la cama del esposo de la señora Maureen, cuando ella le dijo que su esposo quería orar. «Él se despertó y levantó los brazos llorando —dijo Frank—. El hombre no podía hablar porque había tenido varios derrames cerebrales, pero mi nieta le tomó la mano mientras nosotros orábamos».

Quisiera que usted hubiera visto cómo se iluminó el rostro de Frank mientras hablaba de las recompensas de obedecer lo que dice Santiago 1:27. «Esto es algo que jamás de los jamases pensé que haría —comentó Frank un día y luego dijo—: ¿Sabe? Cuando usted ve a una persona que no ha sonreído en seis meses, y que ahora le sonríe a usted, está sonriendo porque ve a Dios en usted, y eso es lo que se supone que seamos»[5]. Suena mucho como lo que vemos en Booz, ¿no es verdad?

EL DERECHO A REDIMIR

Entonces, ¿qué es lo que les está impidiendo a más iglesias unirse en esfuerzos concentrados para ayudar a los huérfanos y a las viudas? ¿Qué es lo que les está impidiendo a más creyentes ir contra la ola cultural de descuido y de abandono que existe en algunos hogares en este país y alrededor del mundo? Por cierto que este trabajo no está limitado a la iglesia, porque no es necesario que una persona sea creyente para ayudar a un huérfano o una viuda. Sin embargo, yo quiero decir que los hombres y las mujeres que creen en el evangelio tienen más motivación que cualquier otra persona del mundo para realizar esta obra. Considere los requisitos de un redentor y fíjese en la forma en que coinciden con las razones por las cuales los que han sido injertados en la familia de Dios se ven en la obligación de ayudar a los huérfanos y a las viudas.

En primer lugar, un redentor debe tener el derecho a redimir. En el Antiguo Testamento hemos visto que esto se refería principalmente al linaje familiar. Este derecho implicaba responsabilidad, porque los ascendientes cercanos estaban obligados a ayudar a los parientes que estaban pasando necesidad. Esto también es obvio en el Nuevo Testamento, donde se les ordena a los creyentes a cuidar de sus parientes cercanos. En palabras del apóstol Pablo: «Aquellos que se niegan a cuidar de sus familiares, especialmente los de su propia casa, han negado la fe verdadera y son peores que los incrédulos» (1 Timoteo 5:8).

Sin embargo, el Nuevo Testamento va mucho más allá de llamar simplemente a los creyentes para que ayuden a los miembros genealógicos de sus propias familias. Debido a que en Cristo, los creyentes han sido adoptados en una familia totalmente nueva que va mucho más allá de la genealogía. Ya no pensamos solamente en términos de nuestros antepasados biológicos, porque ahora en Cristo y debido a la sangre que él derramó por nuestros pecados, hemos sido unidos como hermanos y hermanas. Al dirigirse a los judíos y a los gentiles en el siglo I, Pablo les dice a los gentiles:

Ahora han sido unidos a Cristo Jesús. Antes estaban muy lejos de Dios, pero ahora fueron acercados por medio de la sangre de Cristo. Pues Cristo [...] derribó el muro de hostilidad que nos separaba [...] al crear de los dos grupos un nuevo pueblo en él. Cristo reconcilió a ambos grupos con Dios en un solo cuerpo por medio de su muerte en la cruz, y la hostilidad que había entre nosotros quedó destruida. [...] Ahora todos podemos tener acceso al Padre por medio del mismo Espíritu Santo gracias a lo que Cristo hizo por nosotros. Así que ahora ustedes, los gentiles, ya no son unos desconocidos ni extranjeros. Son ciudadanos junto con todo el pueblo santo de Dios. Son miembros de la familia de Dios.

EFESIOS 2:13-16, 18-19

La verdad del evangelio tiene enormes implicaciones en cuanto a la forma en que los seguidores de Cristo piensan y hablan sobre su familia. En nuestras familias debemos cesar de hablar en cuanto a «no querer adoptar hasta tener nuestros propios hijos» o en cuanto a «preguntarnos si podríamos amar a un hijo adoptado tanto como amaríamos a un hijo propio». Este tipo de conversaciones demuestra una total falta de comprensión de lo que significa «visitar a los huérfanos», hacernos responsables de su cuidado en la misma forma en que lo hacemos por nuestra propia familia. No hemos sido colocados en la tierra para preservar solamente nuestra genealogía. Hemos sido puestos en esta tierra para ser representantes del mensaje del evangelio, y ese mensaje del evangelio va más allá de las barreras físicas y transciende las genealogías.

Hace poco tiempo yo estaba predicando en una iglesia grande en un país del Asia. Mientras me presentaba a la gente, les hablé sobre la forma en que Dios nos había guiado a mi esposa y a mí a adoptar dos de nuestros hijos. Más tarde, un líder de la iglesia se acercó a mí y me dijo: —David, su historia en cuanto a adoptar niños no es nada común en nuestra iglesia. En nuestro país, preservar nuestra genealogía tiene importancia suprema. No tenemos una categoría en nuestra cultura que considere pensar en nuestra familia de manera que no involucre compartir la misma sangre.

De inmediato le formulé la pregunta: —¿Qué significa eso para los huérfanos en esta cultura?

Me respondió: —No adoptamos. Los huérfanos son colocados en instituciones bajo la supervisión de personas que los cuidan y allí se provee para sus necesidades. No obstante, hay un estigma de vergüenza en ellos porque no tienen familia. Lo que es más —me dijo—, cualquiera que adopte a un huérfano traería un estigma de vergüenza sobre su propia familia.

—¿Por qué es así? —le pregunté.

Me respondió: —Porque se comprometería la continuidad de la línea biológica de la familia.

Este comentario me llevó a un tema completamente diferente al que había planeado para mi predicación esa semana. Cuanto más hablaba con ese líder de la iglesia sobre la adopción, más me daba cuenta de que este era un asunto que debía tratarse en su iglesia. Él no solamente me permitió, sino que me alentó a predicar sobre el asunto de la adopción, así que en los dos días siguientes usé las Escrituras para demostrar el claro mandamiento de Dios de cuidar de los huérfanos y la figura clara de la adopción como una parte integral de entender lo que significa para cada uno de nosotros ser un hijo o una hija de Dios.

«Sé que la línea biológica es importante en la cultura de ustedes —les dije—, pero cuando usted acepta a Cristo, hay otra línea biológica que llega a ser mucho más importante. La sangre de Cristo en la cruz lo transforma en quién es, lo une a la iglesia y lo impulsa a que se arriesgue a que lo ridiculicen en su cultura si usted cuida de aquellos que no tienen familia».

Mientras predicaba, fue como si pudiera ver que los corazones se abrían en todo el auditorio. Al final de la conferencia, habían designado un lugar especial afuera del auditorio, donde los miembros de esta iglesia estaban firmando para comenzar el proceso de la adopción. El llamado de Cristo de ir en contra de la cultura en esta forma se les había hecho claro y los miembros de esta iglesia lo estaban aplicando a sus vidas.

LOS RECURSOS PARA REDIMIR

La iglesia no solo tiene el *derecho* (y la responsabilidad) de traspasar las líneas genealógicas familiares para cuidar de los que no tienen familia, sino que la iglesia también tiene los *recursos* para realizar esta obra. En el libro de Rut y a través de la Biblia hemos visto que Dios ha diseñado, en forma intencional, que su pueblo cuide de los huérfanos y de las viudas. Yo he visto esto en mi propia vida.

Nunca olvidaré el día en que volé a mi hogar después de haber predicado en una conferencia en el oeste de Estados Unidos. Cuando llegué a mi hogar en Nueva Orleáns, comencé a desempacar mis cosas y no mucho después de eso recibí una llamada telefónica de mi hermano menor que vive en Atlanta, donde vivían mis padres. Le temblaba la voz cuando me dijo: «David, se trata de Papá. Debes orar por Papá». Mi atención estaba totalmente enfocada en la voz temblorosa de mi hermano al otro lado de la línea telefónica. Mi papá era mi mejor amigo y, creo que podría decir, mi admirador más grande. Ahora los pensamientos me volaban en la mente mientras mi hermano continuaba hablando.

«David, no sé qué le pasa. La ambulancia está aquí y los médicos lo están poniendo en una camilla. No sé qué está pasando. Debes orar». Le dije que lo haría y mi hermano cortó la llamada.

De inmediato caí de rodillas y clamé a Dios con más intensidad y urgencia de lo que jamás había orado antes. Las lágrimas me rodaban por el rostro mientras le pedía a Dios por la vida de mi padre. Según sabía, su salud había sido muy buena en los últimos años y esto era algo totalmente inesperado. Sin saber o entender lo que estaba sucediendo, le rogué a Dios que sanara lo que fuera que estaba mal en mi papá.

La siguiente media hora se sintió como si fuera la mitad de un día, mientras esperaba y oraba con el teléfono en la mano. Finalmente sonó y esta vez era mi hermano mayor el que me llamaba. Él estaba en el hospital y todavía puedo escuchar el sonido de su voz. —David —me dijo.

—Sí —le respondí enseguida—. ¿Cómo está Papá?

Después de una larga pausa, mi fuerte hermano mayor habló con un llanto suave y tembloroso en su voz: —Ha fallecido.

Mientras escribo esto, no puedo contener las lágrimas ni reprimir el dolor que aún tengo en el corazón. Lloré desconsoladamente. Mi hermano me explicó que mientras Papá estaba recostado en el sofá aquella noche, de pronto comenzó a tener dificultad para respirar y para cuando la ambulancia llegó unos pocos minutos después, él ya había muerto de un ataque fatal al corazón.

Todavía recuerdo el dolor que sufrí aquella noche y cómo progresó en los días siguientes, un dolor que todavía me vuelve en forma periódica, de una manera que no sé si alguna vez podré superar. Sin embargo, en medio del tremendo dolor de esos momentos, también experimenté el sereno consuelo de la presencia de Dios. Porque los hijos de Dios de inmediato rodearon a mis hermanos, a mi hermana y a mi mamá de formas conmovedoras y poderosas. Todavía puedo recordar en forma específica a algunas personas que me abrazaron, oraron por mí, me llevaron en automóvil a Atlanta, vinieron a visitar a mi familia y se sacrificaron para poder asistir al funeral. Aún hoy, años más tarde, todavía recibo mensajes de texto, correos electrónicos y llamadas telefónicas de personas que se toman el tiempo para orar por mí y para alentarme de maneras en que lo hubiera hecho mi papá. Mi familia y yo siempre comentamos: «No nos podemos imaginar pasar por este tipo de dolor sin el apoyo de la iglesia». Esto es parte del diseño de Dios de cuidar de las viudas y de los huérfanos usando a la iglesia y estoy profundamente agradecido por eso.

He visto esta misma realidad desplegada en la iglesia cuando observo a los miembros servir a los huérfanos que se encuentran a su alrededor. Mientras que algunos han adoptado o cuidado temporalmente a niños de nuestra comunidad y de otras naciones, he visto a personas que no solamente les ministran a estos niños, sino también a las familias de dichos niños, apoyándolas y ayudándolas de incontables maneras. Dios ha llamado a algunas familias a adoptar o para cuidar de niños en forma temporal, y él ha llamado a otras familias para transportar a algunos niños en cuidado temporal a diferentes lugares, a otras familias para cocinar para las familias que adoptan y a otras familias para cuidar a los niños adoptados para que sus padres puedan tener tiempo a solas. En todas estas formas y en más, he observado cómo la iglesia tiene los recursos para cuidar tanto de los huérfanos como de las viudas, y cómo una persona cristiana tiene una variedad de recursos para explorar y considerar cómo se podría ver ese ministerio en su vida.

En mi propia trayectoria, como mencioné antes, cuando mi esposa y yo regresamos de Kazajstán, supimos que queríamos adoptar de nuevo. Así que comenzamos a formularnos todas las preguntas. ¿Niños de nuestro país o del extranjero? Si iban a ser del extranjero, ¿de qué país? ¿Con cuál agencia de adopción trabajaríamos? ¿Cómo financiaríamos todo? Mientras formulábamos todas estas preguntas, sentimos que el Señor nos estaba guiando a adoptar en el extranjero, específicamente en Nepal.

La mortalidad infantil en Nepal es alarmante, predomina la

pobreza espantosamente y el número de niñas pequeñas que son vendidas para el tráfico sexual es devastador. Después de haber estado cerrado para la adopción por años, Nepal estaba volviendo a abrir las puertas con algunos reglamentos singulares. Por ejemplo, para adoptar niños de Nepal, una familia no debía tener niños o sus hijos debían de ser del mismo sexo, en cuyo caso una familia podía adoptar un niño del sexo opuesto. Así que, puesto que nosotros teníamos dos hijos varones, éramos elegibles para adoptar a una niñita de dicho país. Nos dijeron que todo el proceso duraría cerca de un año, así que comenzamos de inmediato.

Después de un año de papeleo, huellas digitales, exámenes médicos, estudios en casa, mudarnos a otro lugar y más papeleo, por fin habíamos completado todo lo necesario para adoptar a una niñita de Nepal. El paso siguiente era encontrar a una niñita.

Entre tanto, debido a una variedad de factores asociados con la inestabilidad y los constantes cambios gubernamentales, pronto Nepal estuvo totalmente cerrado a las adopciones. Yo estaba predicando en una conferencia sobre adopciones unos dos años después de haber comenzado nuestro proceso de adopción, cuando me encontré con un oficial del Departamento de Estado de Estados Unidos, quien, cuando se enteró de que estábamos adoptando a una niña de Nepal, de inmediato nos dijo que termináramos el proceso. Él nos dijo a mi esposa y a mí: «No hay esperanza de que puedan adoptar de Nepal».

Se nos rompió el corazón. Con lágrimas, recuerdo haber orado con Heather en aquella conferencia, preguntándonos qué debíamos hacer a continuación. Habíamos orado con nuestros dos hijos durante casi dos años, «por su hermanita en Nepal». Sabíamos que hay incontables niños en Nepal sin madre, sin padre o sin personas que los puedan cuidar en forma temporal, entonces, ¿por qué Dios, el Padre de los huérfanos, estaba cerrando esta puerta?

Sin embargo, en ese entonces no sabíamos que, aunque Dios

estaba cerrando la puerta de adopción en Nepal, él estaba abriendo la puerta de adopción en China. Aunque dirigimos toda nuestra energía en esta nueva dirección, ni Heather ni yo podíamos negar que una parte de nuestro corazón estaba todavía en Nepal. Sabíamos que Dios había puesto en nuestro corazón a los huérfanos de ese país por alguna razón, así que aunque comenzamos a orar por un hermanito o una hermanita en China, continuamos orando por una niñita en Nepal.

No mucho después de eso, conocí a un hombre llamado Jack quien dirige un ministerio de niños en las montañas de Nepal. Yo había escuchado acerca de las formas maravillosas en que Jack y su ministerio estaban tratando asuntos de salud, educación y tráfico entre los niños de las montañas, todo eso aunado a predicar el evangelio y a plantar iglesias como la parte central de lo que hacen. Así que hablé con él y compartí la carga particular de mi familia por Nepal. Esa conversación abrió la puerta para lo que ahora es una amistad y una asociación de nuestra familia con el ministerio que dirige Jack. Por la gracia de Dios, ahora estamos involucrados en dar y en servir, no solamente a una preciosa niñita en Nepal, sino a multitudes de niños en Nepal que tienen necesidades mucho mayores de lo que yo jamás podría haber imaginado.

Comparto esto para recordarle simplemente que la adopción es solamente una ruta que Dios podría guiarlo a tomar, pero que hay muchas otras rutas mediante las cuales usted puede poner en práctica en su vida la prioridad de Dios para los huérfanos. De manera similar, Dios puede llamarlo a comenzar un ministerio para ayudar a las viudas, similar al ministerio que dirige Frank o hay muchas otras formas en las cuales usted puede servir a las viudas en su iglesia, en su comunicad y alrededor del mundo. Sin embargo, el punto fundamental es que Dios está llamando a *cada uno* de sus hijos e hijas para cuidar de los huérfanos y de las viudas de una forma específica. Sin considerar lo que esto signifique en cada una de nuestras vidas, como personas que hemos sido cautivadas por el amor del Padre en el cielo, estamos obligados a demostrar su amor ante aquellos que no tienen familia en esta tierra.

LA RESOLUCIÓN DE REDIMIR

Esto nos lleva al último requisito del Antiguo Testamento sobre redimir. Un redentor podía tener el *derecho* y los *recursos* —la responsabilidad y la capacidad— para hacerse cargo de una persona destituida, pero finalmente el redentor también necesitaba la *resolución* de hacer algo por esa persona. Ese tipo de resolución no se puede manufacturar por simples números, estadísticas, historias o necesidad. La única fuente por la cual puede fluir tal resolución es la fuente del amor de Dios revelada en el evangelio.

Recuerde que la historia de Rut es en realidad *nuestra* historia. Una vez también fuimos rebeldes en nuestro pecado, caminando sin rumbo en la vida y no hacíamos nada para que el Señor de la cosecha se acercara a nosotros. En realidad, todo estaba en contra nuestra. Éramos pecadores perdidos, rebeldes, apartados de Dios y en necesidad desesperada de recibir su favor. Sin embargo, él nos buscó para que fuéramos parte de su familia. Nos eligió y vino directamente a nosotros, haciéndose humano y derramando su sangre por nosotros. El apóstol Pablo escribe en el libro a los Efesios:

> Alabado sea Dios, Padre de nuestro Señor Jesucristo, que nos ha bendecido en las regiones celestiales con toda bendición espiritual en Cristo. Dios nos escogió en él antes de la creación del mundo, para que seamos santos y sin mancha delante de él. En amor nos predestinó para ser adoptados como hijos suyos por medio de Jesucristo, según el buen propósito de su voluntad, para alabanza de su gloriosa gracia, que nos concedió en su

Amado. En él tenemos la redención mediante su sangre, el perdón de nuestros pecados, conforme a las riquezas de la gracia que Dios nos dio en abundancia con toda sabiduría y entendimiento. EFESIOS 1:3-8, NVI

¡Qué buena noticia, que el Dios del universo dejara su trono para venir a buscarnos por su gracia! Fue su amor el que lo llevó a adoptarnos como hijos suyos.

No solamente nos ha buscado como parte de su familia, sino que nos ha salvado de todo mal. Nos ha llevado a sí mismo, cobijándonos debajo de la sombra de sus alas, así que aun cuando la tormenta ruja alrededor nuestro y nos lleguen dificultades, él es «nuestro amparo y nuestra fortaleza, nuestra ayuda segura en momentos de angustia» (Salmo 46:1, NVI).

Lo que es más, el Señor de la cosecha nos ha invitado a comer con él a su mesa. No solamente eso, sino que él se ha rebajado para servirnos allí. Asombrándonos con su misericordia, Dios nos ha hablado al corazón y ha satisfecho nuestros deseos de modo que no tenemos necesidad de correr a ningún otro campo para sentirnos satisfechos.

Por último, el Señor de la cosecha ha derramado su gracia sobre nosotros. Jesús es nuestro pariente más cercano, el redentor con el *derecho* a redimirnos, quien ha sido hecho como nosotros, pero sin pecado (vea Hebreos 4:15). Él tiene los *recursos* para redimirnos, porque posee toda la autoridad sobre la naturaleza y las naciones, la enfermedad y los demonios, el pecado y Satanás, el sufrimiento y la muerte. Finalmente, él ha tomado la *determinación* de redimirnos. Su determinación lo llevó a aceptar la responsabilidad por nuestro pecado, sufriendo la ira de Dios que nosotros merecemos, para que por medio de la fe en él, ya no seamos marginados, separados de Dios, sino que en cambio podamos ser llamados hijas e hijos de Dios.

Cuando nos damos cuenta de lo que Dios ha hecho por nosotros tal como se muestra en el evangelio, reconocemos que Dios quiere esta misma acción de parte nuestra para beneficio de los huérfanos y de las viudas. Porque no somos *rescatadores* que dan su vida y su familia para salvar a los huérfanos y a las viudas que están en necesidad; en cambio, somos los que han sido *rescatados* y cuyas vidas han sido transformadas en el punto de mayor necesidad. Así que tiene sentido que ahora nosotros, los hombres y las mujeres que hemos sido cautivados por el misterio de la misericordia de Dios, seamos impulsados a entregarnos totalmente al ministerio de la misericordia de Dios. Que nos sintamos impulsados a cuidar de los huérfanos y de las viudas en nuestra iglesia y alrededor del mundo usando una variedad de medios diferentes. Al igual que los lectores del libro de Rut no tenían ni idea de la forma en que Dios estaba usando ese relato en la historia de Israel, usted y yo tal vez nunca nos podamos imaginar los caminos inmensurables que Dios puede usar en nuestro cuidado de los huérfanos y de las viudas en su insuperable plan de redención.

MARA RUTH

Casi siete meses después de haber comenzado el proceso de adopción en China, nos informaron que tenían una preciosa niñita para nosotros. Tan pronto como escuchamos su historia, supimos de inmediato el nombre que le íbamos a poner.

Mara Ruth.

Mara, que significa amargura, no porque creyéramos que sería una bebé amargada, sino porque desde los primeros instantes de su vida, parecía que la tragedia la acompañaba. Como dije antes, ella fue abandonada en una caja de cartón color café a la puerta de un orfanatorio. Aun para mi esposa y para mí, después de años de infertilidad en nuestro matrimonio, en algún momento nos pareció que teníamos la palabra infertilidad escrita sobre nosotros. Sin embargo, nuestro Padre en el cielo sabe exactamente lo que él está haciendo en la tierra. Al igual que Noemí no tenía ni idea de cómo Dios usaría a Rut para cambiar su terrible historia de tragedia en una de triunfo sorprendente, nuestra hija, mi esposa y yo no teníamos idea de cómo Dios uniría nuestras historias de acuerdo a su diseño soberano. Dios iba a tomar a esa niña abandonada y la iba a convertir en nuestra hija adoptiva y al mismo tiempo él iba a tomar a una mujer infértil y a convertirla en una madre bendecida.

Al fin de cuentas, Dios se deleita en desplegar su majestuosa misericordia en lo que parecen ser situaciones desesperadas en las que se encuentran los que parecen personas destituidas. ¿Quién puede medir la inmensa posdata que se podría escribir en las páginas de la historia humana cuando se hayan contado todas las historias de cómo los hijos de Dios han mostrado la compasión de Dios con los huérfanos y con las viudas del mundo? ¿Y quién puede imaginarse la miríada de maneras en las que él puede usarnos a usted y a mí para escribirla?

LOS PRIMEROS PASOS PARA IR CONTRA LA CULTURA

Ore
Pídale a Dios que:
- Le abra los ojos para ver a los huérfanos y a las viudas a su alrededor y que le dé un corazón compasivo para cuidarlos.
- Provea lo que necesitan los creyentes alrededor del mundo para proteger a los más vulnerables.
- Le recuerde la forma en que Dios lo ha adoptado a usted como su hijo en Cristo.

Participe

En oración, considere dar los siguientes pasos:

- Comience el proceso de cuidar de niños temporalmente, o el proceso de adopción o busque formas factibles de ayudar a las familias que cuidan de niños en forma temporal o que han adoptado niños.
- Ya sea solo o con su familia, considere ayudar, pasar tiempo con y servir a un huérfano específico o a una viuda en su iglesia o en su vecindario.
- Patrocine a un huérfano o a una viuda en otro país a través de un ministerio cristiano que sea fiel al evangelio, y que mantenga contacto con la persona que usted está patrocinando.

Proclame

Considere las siguientes verdades de las Escrituras:

- Salmo 68:5-6, NVI: «Padre de los huérfanos y defensor de las viudas es Dios en su morada santa. Dios da un hogar a los desamparados».
- Gálatas 4:4-5: «Cuando se cumplió el tiempo establecido, Dios envió a su Hijo, nacido de una mujer y sujeto a la ley. Dios lo envió para que comprara la libertad de los que éramos esclavos de la ley, a fin de poder adoptarnos como sus propios hijos».
- Santiago 1:27 (RVR60): «La religión pura y sin mácula delante de Dios el Padre es esta: Visitar a los huérfanos y a las viudas en sus tribulaciones, y guardarse sin mancha del mundo».

Para más sugerencias (y más específicas), visite CounterCultureBook.com /OrphansandWidows.

CAPÍTULO 5

UNA GUERRA CONTRA LAS MUJERES: EL EVANGELIO Y LA ESCLAVITUD SEXUAL

Quiero que conozca a Maliha.

El nombre Maliha significa «hermosa». Ella nació en la parte norte de Nepal, un lugar muy alto de las montañas del Himalaya. Desde el instante en que llegó al mundo, Maliha y su familia lucharon para sobrevivir; no tenían agua potable, tampoco comida suficiente, ni atención médica básica.

Imagínese la esperanza de su madre, cuando un hombre joven pasó por la villa y vio a Maliha afuera, lavando la ropa de la familia, en el grifo de agua local. Ella tenía nueve años de edad, aunque parecía menor que su edad. El hombre sabía dónde vivía Maliha, así que fue a su casa y se presentó ante la madre de ella.

«*Tashi delek*», le dijo al tiempo que inclinaba la cabeza y unía las manos. Este es un saludo budista del Tibet que significa: «Bendiciones y que le sonría la fortuna».

La madre se sorprendió, y le respondió de la misma forma al hombre: «*Tashi delek*».

Entonces el hombre comenzó a hablar en nupri, que es el dialecto local de esa región de Nepal. —He notado que su hija es muy hermosa —le dijo.

—Sí, lo es —respondió la orgullosa madre—. Es también muy trabajadora. Cuida de sus hermanitos menores y me ayuda con cualquier cosa que yo necesite.

Maliha nunca había asistido a la escuela. El hecho era que no existía ninguna escuela a menos de un día de camino y, de haber existido, a Maliha le hubiera sido imposible asistir a esa escuela. Su padre había abandonado a su madre hacía algunos años, y Maliha tenía una hermana y un hermano menor a quienes cuidaba. Esto no le molestaba a Maliha, porque ella amaba profundamente a su familia y se sentía orgullosa de ayudar y de proveer para ellos. Un año antes, el hermano menor de Maliha se enfermó de gravedad con una simple infección estomacal por beber agua impura. La madre de Maliha había hecho un viaje montaña abajo y Maliha tuvo la responsabilidad de cuidar de su hermanito para que mejorara, en lo cual tuvo éxito. Mientras su madre y sus hermanos tuvieran buena salud, Maliha era feliz.

—Sí —le dijo el hombre—, he notado que su esposo se ha ido y que usted sola tiene tres hijos para criar. Me gustaría ayudar a proveer para su familia.

La madre de Maliha se sintió intrigada. —¿Qué es lo que usted puede hacer? —le preguntó.

El hombre le dijo: —Hay una oportunidad de trabajo en Kathmandu, la ciudad grande que se encuentra al pie de estas montañas. Allí hay muchos trabajos que pueden proveer mucho dinero para familias como la suya en estas montañas.

La madre de Maliha se inclinó hacia él y ahora escuchaba con mucha intensidad. El hombre le dijo: —Sé que usted se debe quedar aquí para proveer para sus otros dos hijos y atender su tierra. Pero yo estaría dispuesto a llevar a su hija conmigo hasta la ciudad. Allí ella podría hacer algunos de los trabajos que ahora hace aquí en esta villa y podría ganar mucho más dinero. Entonces ella podría mandar el dinero para el sustento de usted, de su hermano y de su hermana. Al mismo tiempo —continuó el hombre—, ella sería muy bien cuidada con mucha agua y comida en una casa buena con otras niñas de su edad.

Sin duda alguna este hombre consiguió la atención de la madre de Maliha. Mientras escuchaba, ella pensó: *¿Puede ser cierto esto? ¿Podría ser ésta la respuesta a lo que más necesita mi familia? ¿Para que yo, mi hijito y mi hijita tuviéramos la provisión necesaria y todo eso mientras este amable hombre de la ciudad cuida a mi hija mayor?* Sin embargo, mientras estas preguntas le daban vuelta en la mente, de inmediato pensó: *No, no puedo estar separada de mi preciosa hija. Ella significa mucho para mí.*

Cuando el hombre terminó de expresar su propuesta, la madre de Maliha lo miró y le dijo: —Muchas gracias por su amable oferta para nuestra familia. Sin embargo, no la puedo aceptar. Mi hija debe estar conmigo.

El hombre se veía muy desilusionado, pero dijo: —Realmente la quiero ayudar a usted y a su familia. Yo cuidaría bien de su hija. ¿Por qué no piensa sobre esto un poco más y yo puedo volver otro día para hablarle sobre esto de nuevo?

La madre de Maliha dudó en cuanto a ponerse de acuerdo con este pedido, pero no quiso herir a este hombre, y en forma cortés le dijo eso estaría bien y se despidió de él.

En los siguientes días, por más que la madre de Maliha trató, no pudo sacarse de la mente la oferta de aquel hombre. Ella miraba a su bella y trabajadora hija y pensaba: *Creo que a Maliha le gustaría ir con ese hombre, sabiendo que podría proveer aún más para nuestra familia. Y el hombre parece ser una persona buena.*

Creo que a Maliha le gustaría estar al lado de él. Tal vez un hombre como ese se podría casar con ella algún día. Sin embargo, ella todavía no podía soportar el pensamiento de dejar ir a su hija tan lejos cuando era una niña tan pequeña.

Hasta que un día, el hombre volvió al hogar de Maliha y de nuevo fue cuando Maliha estaba trabajando afuera. Él se acercó a la madre de Maliha con una gran sonrisa y la saludó. Luego le dijo: —He estado pensando más acerca de nuestra conversación de hace unos pocos días y entiendo que usted tenga reparos en cuanto a enviar a su hija a la ciudad conmigo. Pero hoy he venido a usted con una promesa que espero que le demuestre mi deseo de proveer para ustedes.

La madre de Maliha se sentó frente al hombre. —Como una garantía de mi promesa a usted aquí y a su hija en la ciudad —le dijo el hombre—, quiero darle a usted diez mil rupias.

De inmediato, los ojos de la madre de Maliha mostraron su sorpresa. Diez mil rupias equivalía a aproximadamente medio año de trabajo para ella. *¡Este hombre es más generoso que cualquier otro hombre que yo haya conocido en toda mi vida!,* pensó ella.

—Además —le dijo el hombre—, le prometo traer a su hija a estas montañas una vez al año para que la vea a usted y pase tiempo con su hermano y su hermana. Sé que esto es importante para usted y para ella.

En ese momento, Maliha regresó a su hogar y vio al hombre hablando con su madre. Su madre la miró, y después de una larga pausa, le pidió a Maliha que se sentara sobre sus rodillas. Le dijo: —Maliha, este hombre ha venido a ayudarte a ti y a nuestra familia.

Maliha sonrió tímidamente mientras su madre continuaba: —Él está dispuesto a llevarte a Kathmandu, la ciudad grande al pie de estas montañas. Allí, tú podrás vivir y trabajar con otras niñas de tu edad. Tendrás toda la comida y el agua que quieras, y

EL EVANGELIO Y LA ESCLAVITUD SEXUAL

vivirás en un lugar agradable, donde este hombre te va a cuidar. Harás la misma clase de trabajo que haces aquí, pero la diferencia es que podrás ganar mucho dinero que puedes enviarnos acá para ayudar a tu hermana, a tu hermano y a mí. Luego, después de que hayas trabajado por algún tiempo, este hombre te traerá de nuevo a esta montaña para que nos puedas visitar y ver todas las formas en que nos has ayudado.

Mientras su madre hablaba, a Maliha se le llenaron los ojos de lágrimas. De inmediato ella pensó: *No, no puedo dejar a mi familia.* No obstante, cuanto más hablaba su madre, más se dio cuenta ella de que esta era una oportunidad maravillosa para ayudar a las personas que más amaba. Por supuesto que había un riesgo. Maliha jamás había salido de estas montañas. Pero aun si las cosas no resultaban, ella podría regresar a su villa pronto y vivir de nuevo con su familia.

La madre de Maliha miró a su hija, mientras las dos lloraban, y le dijo: —Creo que lo mejor para ti y para nuestra familia es que vayas con este amable hombre.

Maliha miró a su madre a los ojos, sabía que su madre la amaba y que sabía lo que era mejor para ella. Ella dijo: —Haré lo que tú quieras para proveer para ti, para mi hermana y hermano.

El hombre puso un brazo alrededor del hombro de Maliha y dijo: —Prometo cuidarte muy bien.

En los dos días siguientes se hicieron los arreglos necesarios y el hombre volvió con las diez mil rupias que había prometido. Fue una despedida llena de lágrimas cuando Maliha abrazó a su madre, a su hermanita y a su hermano, y luego comenzó a caminar el sendero cuesta abajo con el hombre.

Mientras caminaban juntos los siguientes días, el hombre le dio instrucciones a Maliha sobre lo que sucedería cuando estuvieran cerca de la ciudad. —Habrá lugares en los cuales la policía va a pedir identificación —le dijo—. No queremos que la policía hable con nosotros, así que será necesario que te escondas lo mejor posible entre un grupo de personas. Esto nos ayudará a llegar a la ciudad con más rapidez.

Eso fue lo que hizo Maliha. En cada puesto de control, sin llamar la atención, ella se unió a otro grupo de personas para así pasar sin que la notaran los oficiales, los cuales no eran muy diligentes en cuanto a su trabajo. El hombre había hecho esto en el pasado y de todas formas conocía a la mayoría de los oficiales de policía.

Llegaron casi al anochecer y de inmediato fueron a un restaurante para comer. Sin embargo, este restaurante era diferente de otros restaurantes. Estaba en una hilera de restaurantes donde iban a comer las familias, pero los asientos eran diferentes. Parecían cabinas separadas por armazones de madera que iban desde el piso hasta el techo, así que nadie podía ver ni hacia adentro ni hacia fuera de cada cabina. Había una pequeña mesa en medio de cada una de ellas, con un banco que la rodeaba. Otras niñas, todas ellas mayores que Maliha, estaban sentadas en la parte del frente del restaurante. Ella asumió que estaban descansando después de un largo día de trabajo y les sonrió al pasar al lado de ellas.

El hombre guió a Maliha a una de esas cabinas. Ella se sentó y pronto le pusieron enfrente un plato grande lleno de comida. El viaje le había dado mucha hambre y en realidad, nunca antes había visto esa cantidad de comida en un solo plato. Se la comió toda y entonces el hombre la llevó al que sería su cuarto en el segundo piso. Era un cuarto pequeño, con un catre en un rincón. Una sábana manchada cubría el delgado colchón, y el hombre le dijo: —Me puedes dar tu bolsa. Te voy a comprar ropa nueva para que la uses mañana. Mientras tanto, duerme bien esta noche y te veré mañana en la mañana.

Maliha hizo tal como le dijo el hombre. Estaba cansada, muy

cansada, y aunque extrañaba a su familia, estaba agradecida de que finalmente había llegado al lugar donde iba a trabajar y proveer para ellos. Ella pensó: *Debo descansar bien esta noche para poder trabajar duro mañana al igual que esas otras niñas antes de regresar a este lugar para cenar.* Con este pensamiento, ella se durmió, sin imaginarse que esa sería la última noche que pasaría tranquila por los próximos años.

A la mañana siguiente la voz del hombre despertó a Maliha. Él entró al cuarto y traía en sus brazos mucha ropa nueva, bonita y ceñida, para que ella usara. La alentó para que se lavara, se vistiera y luego fuera al restaurante abajo, en donde hablarían acerca del trabajo que ella iba a hacer. Ella obedeció de inmediato y fue abajo a una de las cabinas, donde el hombre estaba sentado esperándola. Maliha se sentó enfrente del hombre y él comenzó a darle instrucciones.

—Bueno, para que proveas para tu mamá, tu hermana y tu hermano allá en tu casa, todo lo que debes hacer es lo que yo te diga que hagas. Ya le ha pagado a tu familia mucho dinero, así que tienes que empezar a trabajar hoy para pagar esa deuda. Entonces, cuando hayas ganado más dinero, yo se lo puedo mandar a tu familia —le dijo él.

Maliha asintió y le preguntó: —¿Qué es lo que quiere que haga?

Al formular esa pregunta, Maliha nunca se podría haber imaginado lo que implicaría la respuesta del hombre. Comenzaría esa noche en la cena con el hombre, quien le dio una bebida alcohólica para beber durante la comida. Luego él llevó a esa niña de nueve años de edad al segundo piso —ella estaba con los sentidos afectados por el alcohol—, donde le quitó la linda ropa, mancilló su inocencia y la violó en su dormitorio.

La dejó allí aquella noche y regresó a la mañana siguiente para preguntarle a Maliha si quería desayunar. La niña estaba asustada e insegura en cuanto a lo que le había sucedido el día anterior, pero sabía que su cuerpo había sido herido en la noche de formas en que ella nunca había experimentado antes, pero siguió al hombre al piso de abajo para desayunar. Él le dijo que ella había hecho un buen trabajo la noche anterior ganando dinero, pero que necesitaba trabajar más si su familia iba a tener lo que necesitaban para sobrevivir. Maliha se puso a llorar porque no quería hacer más trabajo como el que había hecho la noche anterior. Pero el hombre la amenazó y le dijo: —Es mejor que no llores, o no podrás ganar el dinero que necesitas ganar. Si quieres proveer para tu familia, harás lo que te digo y no debes llorar.

En los siguientes días, el hombre violó a Maliha en forma repetida y algunas veces más de una vez al día. Cada episodio iba acompañado de bebidas alcohólicas y en las semanas siguientes se agregaron las drogas. Al principio, Maliha trató de luchar. Ella no quería hacer lo que el hombre quería que hiciera; lo que quería hacer era regresar a su hogar. No obstante. la enorme fuerza del hombre vencía la fragilidad del cuerpo de la niña, y día tras día, semana tras semana, ella era golpeada para que se sometiera. No tomó mucho tiempo, solamente un par de meses, para que su espíritu estuviera totalmente quebrantado.

Ahora había llegado el momento de involucrar a otros hombres. Ellos irían al restaurante, donde encontrarían a Maliha, la bella niñita sentada cerca de la entrada, mirando hacia el piso, con una hilera de condones que colgaban del techo sobre su cabeza. Un hombre la tomaba de la mano y ella quietamente lo seguía hasta una de las cabinas. Allí, él comería, bebería y luego o llevaba a Maliha arriba a su cuarto o se quedaba allí en la cabina y la forzaba a hacer lo que él quisiera. Después de que él terminaba, ella salía y esperaba a que llegara otro hombre y luego otro más. A veces, en una noche muy concurrida, quince o veinte clientes diferentes estarían haciendo con Maliha lo que se les antojara hacer con ella.

Esta era la vida de Maliha y no había escapatoria posible. El hombre que aquella vez le había sonreído en la villa meses antes se había ido a buscar otras niñas y Maliha ahora trabajaba para otros hombres. Ellos le dijeron que si ella trataba de dejar de trabajar en el restaurante, ellos irían a su villa y traerían a su hermanita para que tomara su lugar. Le aseguraron que su trabajo estaba proveyendo para su familia en su hogar. Ella no sabía que su familia nunca más recibió otra rupia. Entre tanto, lo que su madre, su hermanito y su hermanita pensaban era que Maliha los había olvidado por completo cuando llegó a la gran ciudad.

Aun si Maliha hubiera podido escapar, ¿a dónde iría? No tenía idea de dónde estaba y no sabía cómo regresar a su hogar. No conocía a nadie más sino a los hombres a los cuales pertenecía. No tenía nada que le perteneciera. Lo único que tenía era su vergüenza; claramente ella era una mujer maldita en una cultura que cree que el lugar en que una persona está en el presente en la vida es el lugar que merece, con base a la forma en que se ha comportado en una vida pasada. *Ke garne,* pensaba ella sobre sí misma durante muchos días, usando una frase nepalí común que significa: «La vida es lo que es y uno tiene que lidiar con ella». Así que ella se resignó, convirtiéndose finalmente en una adolescente, ahora exitosa en su trabajo, pero en alguien que había perdido toda su esperanza.

MÁS CERCA DE NUESTRO HOGAR

La historia de Maliha tal vez le parezca de otro mundo hasta que conozca a Hannah, cuya experiencia nos toca más de cerca. Hannah tiene un poco más de veinte años ahora, pero nació en un ambiente muy diferente del de Maliha. Hannah nació en medio de lo que llamamos «el cinturón bíblico de Estados Unidos», en la ciudad de Birmingham, Alabama. Su familia tenía una buena posición y sus padres le podían proveer todo lo que ella necesitaba y todo lo que quisiera. Cuando cumplió dieciséis años, su mamá y su papá le compraron un automóvil, y con ese auto ella tuvo más libertad y nuevas oportunidades. Podía salir con sus amigos cuando quisiera.

O eso es lo que ella pensó. Durante el siguiente año, los padres de Hannah vieron que su hija abusaba de la confianza que ellos habían puesto en ella y al poco tiempo le impusieron reglas en cuanto a dónde podía ir y cuándo podía ir a ese lugar. Asimismo, también le impusieron reglas más estrictas en cuanto a la ropa que podía usar. Sus faldas se habían vuelto cada vez más cortas y el escote era cada vez más bajo, y sus padres decidieron que ya no le permitirían usar la ropa que ella había elegido.

A estas alturas fue cuando Hannah conoció a Molly, una nueva amiga de su colegio. A diferencia de Hannah, Molly no tenía reglas en cuanto a la ropa que podía usar, adónde podía ir y las personas con las cuales podía entablar amistad. Hannah quería ser como Molly y con rapidez se hicieron amigas íntimas. En una oportunidad, Hannah le confió a Molly que estaba pasando dificultades para ganar suficiente dinero y pagar el seguro de su auto; además, también quería más dinero para comprarse ropa y poder cambiarse en el colegio, lejos del constante escrutinio de sus padres.

Molly estaba feliz de ayudar a Hannah. Ella le presentó a Mark, quien introdujo a Hannah en un mundo completamente nuevo. Hannah salió una vez con Mark, quien la trató como si fuera una reina. Mark le dijo a Hannah que era muy hermosa, halagándola con conversaciones en cuanto a que ella debía de ser modelo. Hannah se sintió como si estuviera en la cima del mundo y parecía que Mark tenía mucho para darle a ella. Él la colmó de regalos, bonita ropa nueva, perfumes y joyas, cualquier cosa que ella quisiera. Al poco tiempo, Hannah se enamoró. Sabía que Mark era el hombre para ella. Cuando Mark la alentó a que se fuera a vivir con él en los suburbios de la ciudad, tuvo sentido para ella. Ahora Hannah tenía edad suficiente para tomar esa clase de decisión por sí misma, así que, un par de semanas más tarde, a media noche Hannah se fue de su hogar, sin que sus padres tuvieran idea de adónde se había ido.

Muy pronto Mark comenzó a hablar de llevar a Hannah a una ciudad como Los Ángeles, donde podrían vivir juntos y ella podría ser modelo. *¿Podría realmente ser modelo en California?* se preguntaba Hannah a sí misma, idealizando cómo podría ser ese estilo de vida. Mark le dijo que todo lo que tenía que hacer era vender su automóvil y participar en algunas sesiones de fotos con sus amigos en Birmingham. Eso les ayudaría a ahorrar suficiente dinero para ir a Los Ángeles y también ayudaría a Hannah para comenzar su cartera de modelaje.

Hannah estuvo de acuerdo. Ella comenzó a trabajar de modelo y le gustaba mucho, hasta que un día Mark le sugirió que posara desnuda para algunas de las fotos. Al principio Hannah tuvo reparos, pero Mark le dijo que ella era muy hermosa y que eso garantizaría que ganaría mucho más dinero y así podrían ir a California. Con renuencia, Hannah accedió.

Sin embargo, no tomó mucho tiempo para que estas sesiones de fotografía llegaran a ser mucho más de lo que Hannah se había imaginado. Mark la llevaba para que sus amigos le tomaran fotos, y cuando él se iba, esos amigos le pedían no solamente que se sacara fotos desnuda, sino que representara actos sexuales frente a la cámara. Cuando Mark regresó para llevarla a casa, Hannah le dijo que no quería seguir haciendo eso. Mark se enojó e insistió que si ella lo amaba, seguiría con esas sesiones de fotos. Le recordó todas las cosas que le había regalado e insistió en que ella debía comenzar a ganar más dinero para los dos.

Hannah consintió y las sesiones de fotos se pusieron cada vez peor en los días siguientes. Mientras más se resistía a representar lo que Mark y sus amigos querían que ella hiciera delante de la cámara, más insistía Mark en que lo hiciera. Él comenzó a golpearla y eventualmente acabó con su sentido de dignidad. Le dijo que era preciso que ella ganara más dinero y fue entonces cuando las sesiones de fotos diurnas llevaron a citas personales nocturnas. Mark recogía a Hannah después de la sesión de fotos en la casa de sus amigos y la llevaba a una parada de camioneros en la ruta interestatal 20. Allí comían algo y luego se sentaban en el automóvil afuera hasta que llegaban los camioneros. Mark mandaba a Hannah a un semirremolque, donde ella le ofrecía al conductor una variedad de placeres sexuales. El conductor le pagaba por sus servicios y ella le daba el dinero a Mark. En unos cuantos meses, el prometedor novio de Hannah se había convertido en su proxeneta.

LA ESCLAVITUD MODERNA

Me da vergüenza confesar que no fue sino hasta hace poco tiempo que me di cuenta de la gravedad del tráfico sexual en el mundo que me rodea. Por mucho tiempo, la idea de la esclavitud me pareció un asunto de la época pasada, siglos antes de mi tiempo. Nunca me hubiera imaginado que hay más esclavos hoy de los que se trajeron del África en cuatro siglos de tráfico de esclavos a través del Atlántico[1]. Nunca hubiera podido darme cuenta de que veintisiete millones de personas viven en esclavitud hoy —mucho más que en cualquier otra época de la historia[2]. Jamás hubiera pensado que muchos de estos millones de personas están siendo compradas, vendidas y explotadas para el tráfico sexual en lo que ha llegado a ser una de las industrias de más rápido crecimiento del mundo[3].

No obstante, cuando escuché estas cifras, todavía me parecían algo distante. Mientras fueran números en una página, yo podía alejarme y aislarme de ellos. Con toda honestidad, yo podía vivir como si no existieran, tanto los números como las personas que representaban.

Todo esto cambió cuando caminé por la villa de Maliha en Nupri, que es un valle de Nepal. Por primera vez en mi vida, me enfrenté con la horrible realidad de lo que sucede en estas montañas. Escuché una historia tras otra de niña tras niña, y cuando llegué a la gran ciudad de Kathmandu, caminé y pasé un restaurante tras otro con esclavas que esperaban afuera para proveer servicios en las cabinas de adentro. Vi donde había vivido Maliha una vez y donde trabaja ahora y, sin importar lo mucho que trato, no me puedo sacar esos lugares de la mente.

Cuando regresé de Nepal, mi avión aterrizó en Atlanta y conduje mi automóvil hasta mi hogar en Birmingham por la carretera interestatal 20. Crecí cruzando esta carretera de un lado a otro, que va hasta el oeste de Texas, y no tenía ni idea de que es la «supercarretera de tráfico sexual» de Estados Unidos. Este mismo camino que representa libertad todos los años para los diez millones de viajeros, refleja esclavitud para incontables muchachas todas las noches[4]. Su perspectiva cambia cuando se da cuenta de que el hombre y la joven mujer de la mesa al lado de la suya tal vez no sean lo que usted pensó que eran.

Todavía existe la esclavitud. Sin embargo, ahora que sé que existe, no tengo otra alternativa que hacer algo en cuanto a eso. Lo que es más, ahora *usted* sabe que existe y no tiene otra alternativa que hacer algo al respecto.

CREADOS IGUAL

No obstante, ¿cómo luchamos contra la esclavitud? Se podría escribir mucho (y ha sido escrito) en respuesta a esta pregunta desde una variedad de perspectivas. De ninguna manera afirmo ser un experto en cuanto a cómo detener la esclavitud que existe en el mundo que nos rodea. Cuanto más me involucro en este asunto, más cuenta me doy de lo complejo que es. Aun este capítulo se limita al enfoque del tráfico sexual de mujeres, y no explora las formas en que este horror atroz afecta también a los muchachos, ni tampoco a varias otras formas de esclavitud que hay en el mundo. No hay respuestas fáciles en cuanto a la esclavitud, y no existen soluciones simples para este problema epidémico.

Sin embargo, estoy profundamente convencido de que solamente el evangelio provee la profunda perspectiva capaz de cambiar y de transformar el corazón que es necesaria para erradicar la esclavitud. Sé que esta es una declaración audaz, pero la hago con la humilde confianza en la verdad del evangelio para cambiar las mentes y en el poder que tiene el Espíritu de Dios para cambiar los corazones. Permítame explicarlo.

El evangelio comienza con Dios, quien es el único Dios que tiene autoridad para gobernar y reinar como Dueño y Señor en el universo. Él es el único dueño de todos nosotros (vea Salmo 24:1). Esto no excluye las relaciones personales que están marcadas por la autoridad amorosa y la sumisión de buena voluntad, tal como vemos en el diseño de Dios de un buen padre que cuida de sus hijos pequeños. No obstante, aun en este caso, un padre no es el *dueño* de sus hijos y tampoco esos hijos le pertenecen realmente a su padre. El Dueño por excelencia, a quien en realidad pertenecemos todos, es Dios. Cuando las Escrituras en forma específica tratan sobre la esclavitud en el primer siglo, les recuerda a los que se llaman a sí mismos «amos» que su «Amo» está en el cielo (vea Efesios 6:9), y que él es el único que gobierna sobre ellos.

Esto nos lleva a un segundo componente fundamental del evangelio y es el siguiente: Dios, el Dueño de todas las cosas, ha creado a toda la gente en todos los lugares a su imagen. Por eso, todas las personas en todos los lugares tienen igual valor para él y los unos con los otros. Ningún hombre o mujer es superior a otro hombre o mujer y ningún hombre es inferior a otro hombre o mujer. «Hace ocho décadas y siete años, nuestros padres iniciaron en este continente una nación nueva, concebida en la libertad y dedicada a la proposición de que "todos los hombres han sido creados iguales"»[5]. Estas palabras comienzan uno de los discursos más famosos de toda la historia de Estados Unidos, el Discurso de Gettysburg, pronunciado por el entonces presidente Abraham Lincoln, el 19 de noviembre de 1863. Sin embargo, Lincoln no fue el que tuvo la idea de que todos los hombres son creados iguales; fue Dios.

El primer capítulo de la Biblia nos dice que «Dios creó a los seres humanos a su propia imagen. A imagen de Dios los creó; hombre y mujer los creó» (Génesis 1:27). Job implica esto cuando habla de que rehúsa maltratar a sus siervos. Él dice: «Dios me creó tanto a mí como a mis siervos; nos formó a ambos en el vientre» (Job 31:15). Esta dignidad equitativa ante Dios también es evidente en el Nuevo Testamento donde Pablo escribe: «Ya no hay judío ni griego, esclavo ni libre, hombre ni mujer, sino que todos ustedes son uno solo en Cristo Jesús» (Gálatas 3:28, NVI). En otras palabras, aun cuando tenemos diferencias, todos tenemos la misma dignidad ante Dios y, en forma específica, todos los seguidores de Cristo tenemos una posición igual en Cristo. Esta dignidad equitativa es la base que usa Santiago para debatir en contra del favoritismo en la iglesia (vea Santiago 2:1-9).

A la luz de la dignidad equitativa que comparten todas las

personas, Dios denuncia el abuso físico en forma especial en lo que se relaciona a la esclavitud (vea Éxodo 21:20-27). Además, Dios condena todo tipo de tráfico humano. El rapto de una persona se condena con la pena de muerte, un castigo que se aplica tanto al que vende al esclavo como al que lo compra (vea Éxodo 21:16). Pablo censura el pecado del tráfico humano al mismo tiempo que habla del asesinato y de la inmoralidad sexual. La palabra «traficantes» en 1 Timoteo 1:10 significa literalmente alguien que «roba a un hombre» o que «trafica con esclavos»[6]. Los que raptan a personas para venderlas como esclavas son «desobedientes y rebeldes [...] impíos y pecadores [...] irreverentes y profanos» (1 Timoteo 1:9, NVI)[7].

Huelga decir (pero es importante reconocer), que si los creyentes en los siglos XVIII y XIX hubieran reconocido y obedecido esta verdad bíblica, el tráfico de esclavos africanos en Europa y en Estados Unidos no habría ocurrido. Millones de hombres y mujeres fueron transportados en condiciones crueles y espantosas. Muchos de ellos murieron antes de llegar a su destino. Después de haber sido vendidos, los esclavos estuvieron sujetos a duras condiciones de trabajo así como también al abuso físico, abuso sexual y tortura. Frederick Douglass, un líder del movimiento abolicionista del siglo XIX, escribió lo siguiente acerca de su primer amo, el Capitán Anthony:

> Él era un hombre cruel, endurecido por una larga vida de tener esclavos. A veces parecía sentir gran placer en azotar a un esclavo. A menudo, al amanecer, me despertaban los gritos más desgarradores imaginables de una tía mía, a quien él solía atar a una viga y azotar [...] hasta que ella estaba literalmente cubierta de sangre. Ninguna clase de palabras, ni lágrimas, ni oración, de su víctima

sangrienta parecía mover su corazón de hierro de su horrendo propósito[8].

Relatos como este nos recuerdan los horrores de la esclavitud, horrores que Dios condena en forma explícita. No hay duda alguna de que, en la época anterior a la Guerra Civil de Estados Unidos, los pastores y los miembros de las iglesias que usaron la Palabra de Dios para justificar la práctica de la esclavitud estaban pecando. Ya sea en aquel entonces u hoy, las Escrituras claramente consideran cualquier clase de esclavitud que denigra el valor y la dignidad de cualquier persona como una rebelión a la soberanía de Dios, una violación a la ley de Dios y una negación del amor de Dios por cada una de las personas creadas a su imagen.

Sin embargo, muchas culturas en el mundo no creen que Dios creó a toda la gente con igual dignidad. Por ejemplo, una cantidad de culturas musulmanas, hindúes, budistas, animistas y ateas en todo el mundo niegan el valor de las mujeres de muchas maneras diferentes. Al igual que la opresión de mujeres en el Medio Oriente o el aborto de niñas en el Asia comienzan con la devaluación de la vida de una mujer, la esclavitud sexual comienza de la misma forma. Una vez que una mujer parece menos importante, menos digna o de menor valor que un hombre, es mucho más fácil descartarla y considerarla un objeto para ser usado o abusado, y los oficiales de dicho país prácticamente pasan por alto su grave situación.

Pienso en una calle de una ciudad del sur del Asia, llena de miles de adoradores hindúes que se habían congregado para celebrar al supremo dios Shiva, quien tuvo relaciones sexuales con muchas mujeres. Para algunos seguidores del hinduismo, el acto sexual es una forma de adorar a Shiva, inclusive un requisito para agradar y aplacar a ese y a otros dioses. Algunas de estas familias dan a sus hijas al templo a los doce años de edad como ofrenda a los dioses y para ser usadas sexualmente. No debe sorprender, entonces, que esta cosmovisión lleve a cientos de miles de niñas a trabajar en los prostíbulos de las enormes ciudades de la India tales como Mumbai, Nueva Delhi y Calcuta.

LA ESCLAVITUD Y LA PORNOGRAFÍA

Por cierto que la cultura norteamericana no es inmune a esa cosmovisión, porque la adoración del sexo en nuestra cultura ha llevado a la devaluación de las mujeres. Esto se ve claro en las industrias de la prostitución y de la pornografía, y es evidente no solamente en la cultura que nos rodea, sino aun entre nosotros, en la iglesia, donde los creyentes están imitando la cultura en lugar de ir en contra de ella. Las encuestas demuestran en forma consecuente que más de la mitad de los hombres y un número cada vez mayor de mujeres en las iglesias miran pornografía en forma rutinaria. Es notable (pero cuando lo pensamos, no resulta sorprendente) que las estadísticas sean similares para los pastores que dirigen estas iglesias[9].

La pornografía es un problema grave en muchos niveles, pero no pase por alto su conexión con el tráfico sexual. En forma continua la investigación demuestra una conexión clara entre el tráfico sexual y la producción de material pornográfico[10]. La legislación federal ha reconocido esto[11], lo han confirmado los que participan en la producción de pornografía[12] y, mientras que los porcentajes exactos son difíciles de conseguir, un centro contra el tráfico sexual informa que por lo menos la tercera parte de las víctimas del tráfico sexual es usada para la producción de pornografía[13]. Otro estudio sobre la relación entre la prostitución, la pornografía y el tráfico sexual encontró que casi la mitad de novecientas prostitutas en nueve países diferentes informaron que las usaban para crear pornografía mientras trabajaban en la prostitución[14]. Cuando escuchamos de tales investigaciones, no debemos pasar por alto la conexión. Los hombres y las mujeres que consumen pornografía crean la demanda de más prostitutas y, a su vez, fomentan la industria del tráfico sexual.

Sin embargo, el ciclo es todavía más vicioso que eso. Debido a que cuanto más miren pornografía las personas, más desearán la satisfacción sexual por medio de la prostitución[15]. Ese deseo lleva a los hombres (y a las mujeres) a participar físicamente en la prostitución o aun en la prostitución virtual porque «cada computadora en el hogar [se convierte] en un posible distrito de luz roja»[16]. Es así como la pornografía impulsa la prostitución, lo cual aumenta la demanda del tráfico sexual.

¿Nos damos cuenta de lo que estamos haciendo aquí? Cada vez que un hombre o que una mujer «consume» pornografía en Internet está contribuyendo a la esclavitud sexual desde la privacidad de su computadora personal. Estamos alimentando una industria que esclaviza a la gente a la prostitución para satisfacer placeres egoístas en nuestra sala de estar, nuestra oficina o nuestros teléfonos celulares.

¿Vemos la profundidad de la ironía aquí? Una rápida encuesta al panorama de las universidades en nuestra cultura revela un activismo real a favor de los esclavos alrededor del mundo. Los estudiantes miran documentales, escuchan a oradores, hacen caminatas y carreras para recolectar dinero a favor de las víctimas del tráfico sexual. Al mismo tiempo, casi 90 por ciento de los hombres universitarios y más de 30 por ciento de las mujeres universitarias miran pornografía en sus dormitorios o departamentos y por sus teléfonos móviles[17]. Esto no se limita a universidades que no son cristianas o a activistas que no son cristianos. Según un estudio reciente de universidades evangélicas, casi 80 por ciento de los estudiantes varones de esas instituciones han mirado pornografía en Internet durante el año pasado y más de

60 por ciento la miran cada semana[18]. La hipocresía es cada vez mayor y la conclusión es clara. Sin importar cuántas «X» rojas nos dibujemos en las manos para terminar con la esclavitud, mientras sigamos haciendo «clic» en los sitios Internet pornográficos con esas mismas manos, buscando fotos y videos sexuales, nuestra hipocresía nos llega hasta los huesos.

Cada vez que sucumbimos a mirar pornografía, negamos la preciosa verdad del evangelio de que cada hombre y cada mujer poseen dignidad inherente, que no debe ser solicitada y vendida para actividades sexuales, sino que debe ser valorada y apreciada al máximo como excelente ante los ojos de Dios. Las personas no son objetos inferiores para ser usadas para el placer sexual egoísta y sensual; han sido creadas a la imagen del Dios que las ama y las cuida. Tal vez nos escandalicemos por la forma en que los que asistían a la iglesia en la época previa a la Guerra Civil justificaban tener esclavos en sus patios, pero ¿no somos peligrosamente similares a ellos cuando participamos en la pornografía (y promovemos la esclavitud sexual a la que está intrínsecamente ligada) en nuestro propio hogar?

LUCHANDO CON EL EVANGELIO

La lucha contra la esclavitud comienza con creer en el evangelio, cuando reconocemos que solamente el Dios Creador, santo y amoroso es el único Dueño de toda la gente. La lucha contra la esclavitud continúa con aplicar el evangelio, es decir, cuando vivimos la verdad de que toda la gente ha sido creada a la imagen de Dios y, por lo tanto, debe ser estimada y jamás esclavizada. Luchar contra la esclavitud requiere que proclamemos el evangelio; que hagamos todo lo posible para compartir con los que no tienen esperanza que la esperanza mayor se encuentra en Jesucristo.

Esto nos lleva a la manera impactante en que el evangelio trata con la esclavitud. Porque en las Escrituras, Dios toma a la esclavitud, un producto claro del pecado en el mundo, y la convierte en una poderosa imagen de su salvación para el mundo. El centro del evangelio es la persona de Jesucristo, quien aunque es totalmente divino: «renunció a sus privilegios divinos; adoptó la humilde *posición de un esclavo* y nació como un ser humano» (Filipenses 2:7, énfasis mío). La palabra *esclavo* aquí (*doulos*) viene de la misma raíz de la palabra que en otro lugar del Nuevo Testamento se usa para referirse a esclavos que tenían amos. En forma literal, la Biblia dice que Jesús se hizo esclavo de la humanidad para salvar a la humanidad. Cuando usted lee estas palabras, no puede sino imaginarse a Jesús, justo antes de ir a la cruz, atándose una toalla a la cintura, arrodillándose y lavándoles los pies a sus discípulos (vea Juan 13). Es casi seguro que las palabras que les dirigió a sus discípulos todavía les resonaban en la mente: «ni aun el Hijo del Hombre vino para que le sirvan, sino para servir a otros y para dar su vida en rescate por muchos» (Marcos 10:45).

Esta es la esencia del evangelio. El clímax del mensaje cristiano está en que el Dueño del mundo se ha hecho un siervo del mundo. Dios ha venido a nosotros en la carne, como un hombre, hecho como nosotros en toda forma (excepto que él no tiene pecado). Él ha caminado entre nosotros en este mundo de pecado y de sufrimiento, y él ha sufrido por nosotros. Ha muerto en la cruz en nuestro lugar por nuestro pecado y ha resucitado de la muerte con una oferta de vida eterna para todos los que lo confiesan como Señor.

El evangelio cristiano no presenta a Dios como un Dueño que reparte una lista de exigencias que los hombres y las mujeres deben cumplir como esclavos para poder satisfacerlo o apaciguarlo. En cambio, el evangelio presenta a Dios como un Dueño que dice:

«Me encontraré contigo en el lugar donde tú estás, en la profundidad de tu pecado y sufrimiento, y yo te voy salvar. Te voy a redimir —te compraré con el sacrificio de mi vida— para que un día tú puedas estar libre de todo pecado y sufrimiento».

Este evangelio revela lo que (o más bien *a quien*) Maliha y Hannah necesitan por sobre todas las cosas. En la cabina de aquel restaurante o al costado de la carretera, Maliha y Hannah no necesitan noticias de dioses que las condenen por su pecado y que les impongan requisitos para su salvación. Ellas y otras muchachas como ellas, para cuando lleguen a ser adultas, habrán sido violadas miles de veces. No necesitan de un Salvador que espera que ellas vayan a él. Ellas necesitan de un Salvador que vaya a ellas, como un pastor que deja noventa y nueve ovejas para ir a buscar una, al igual que una mujer que revuelve toda su casa buscando una moneda perdida, o como un padre que sale corriendo por un hijo descarriado (vea Lucas 15). En sus interminables sentimientos de inmundicia, necesitan de un Salvador que las mire con ojos compasivos y les diga: «¡Queda sana!» (vea Lucas 5:12-14). Con sentimientos de vergüenza y sin esperanza, necesitan de un Salvador que les restaure el honor en la tierra y que les renueve su esperanza por toda la eternidad.

Este es el mismo Salvador que también necesitan los traficantes. Los hombres y las mujeres detrás de la industria del tráfico humano necesitan ver la grave naturaleza de su pecado y el juicio venidero de Dios por ese pecado. Además, estos traficantes necesitan ver el sacrificio, lleno de gracia, que hizo Dios para rescatar sus almas. Necesitan de un Salvador que perdonará sus pecados y que transformará sus vidas, para no aprovecharse más de esas niñas, sino para defenderlas. Solamente el poder del evangelio puede lograr esta clase de cambio en estos malvados corazones. Lo mismo puede decirse de los hombres y de las mujeres que usan a esas jovencitas en la prostitución y las miran en la pornografía.

En realidad, usted, yo y todos nosotros necesitamos de este Salvador. Necesitamos que Dios, en su misericordia, nos provea de su salvación y nos cambie de adentro hacia afuera, para poder servirlo como el único Señor sobre todos y para poder amar a todas las personas que nos rodean, reconociendo la dignidad que él les ha conferido. Cuando este evangelio cambia nuestra vida, cambia la manera en que enfrentamos nuestra cultura. De esta forma, como lo expresa el erudito Murray J. Harris, el evangelio coloca «la carga explosiva [...] que [...] finalmente [...] lleva a la detonación y a la destrucción de la esclavitud» de una vez por todas[19].

LA ESPERANZA Y LA SANIDAD

Me he referido a Nepal varias veces en este libro y en el capítulo anterior mencioné a Jack, un amigo mío que vive en Nepal y que dirige un ministerio allí. La primera vez que Jack fue a Nepal, lo hizo en una expedición. Él estaba muy entusiasmado con escalar en el Himalaya y había pasado mucho tiempo invirtiendo dinero y preparándose para esa aventura. Cuando comenzó a subir las montañas, su primera parada de descanso lo puso en contacto con una variedad de excursionistas que iban subiendo o bajando de estas montañas. Vió a dos hombres que iban viajando con un grupo de muchachas jóvenes. Cuando Jack habló con ellos, sin reparos le contaron lo que estaban haciendo. Estaban llevando a estas niñas a la frontera, donde las entregarían para ser vendidas en una de las grandes ciudades de la India para trabajar como prostitutas.

Jack se quedó aturdido. Mientras miraba los rostros de estas niñas, no supo qué hacer. Él comenzó a llorar. En sus propias palabras: «No fue un tipo de llanto suave. Fue un llanto profundo, muy profundo, como un pozo al cual francamente todavía no le he encontrado el fondo». En aquel momento, se sintió más incapaz de lo que jamás se había sentido antes en su vida. Se dio cuenta de que no podía hacer nada por estas niñas, pero había algo que podía hacer por otras como ellas. En sus propias palabras: «Decidí que esas lágrimas se transformarían en tácticas».

De inmediato Jack empacó su maleta y bajó de la montaña. Eso sucedió hace más de diez años y en el tiempo transcurrido desde aquel día, Jack ha dedicado su vida a llevar la esperanza del evangelio a esas montañas en la zona del Himalaya. Entre otras cosas, el ministerio que dirige Jack trabaja con una coalición de más de cuarenta organizaciones cuya base es el evangelio, y todas estas organizaciones están trabajando juntas en Nepal para luchar contra el tráfico sexual de muchas formas diferentes, incluyendo la educación, la prevención, el rescate y la restauración. La guerra contra el tráfico sexual es extremadamente compleja y abrumadoramente difícil, pero no hay duda de que vale la pena para ayudar a lo que parecen incontables Malihas que necesitan la esperanza del evangelio.

Esta guerra también se está peleando para ayudar a incontables Hannahs en lugares como Birmingham. Pienso en Tajuan, una mujer que fue explotada sexualmente cuando tenía quince años de edad por su novio que se volvió proxeneta. Fue llevada por el tráfico sexual a Birmingham tantas veces que esa ciudad llegó a ser su hogar. Por la gracia de Dios, ella fue rescatada de la industria del tráfico sexual. Ahora, debido a la transformación que el evangelio hizo en su vida, Tajuan provee alojamiento y ayuda a mujeres que han sido explotadas sexualmente en Birmingham, las cuales no solamente están siendo rescatadas del tráfico sexual, sino que también experimentan la restauración por medio de la esperanza y la sanidad que solamente pueden encontrar en Cristo.

Para nosotros los creyentes, es el retrato de Cristo que se nos presenta en el evangelio lo que nos impulsa a luchar para lograr la destrucción y la erradicación de la esclavitud en el mundo. Él es el Salvador que nos busca y, como hombres y mujeres que estamos identificados con él, nosotros debemos buscar a los que están esclavizados. No podemos guardar silencio y no podemos quedarnos sin hacer nada. No tenemos esa elección. Estamos obligados a orar, a dar y a trabajar con el fin de que las personas que están en la esclavitud sexual sean libradas de sus captores y restauradas a una vida nueva. Cuando estemos orando, dando y trabajando, debemos proclamar a Cristo, que es el único que puede dar libertad completa. Nuestra obligación es luchar de todas estas formas con la verdad del evangelio en la mente, el poder del evangelio en el corazón y el amor del evangelio en las manos.

LOS PRIMEROS PASOS PARA IR CONTRA LA CULTURA

Ore
Pídale a Dios que:
- Intervenga y rescate a las personas alrededor del mundo que están siendo usadas como esclavas sexuales.
- Les abra los ojos a los creyentes y a las iglesias en cuanto a la gravedad de la esclavitud sexual.
- Rescate a los que auspician la esclavitud sexual o, de otra manera, que haga que la justicia los juzgue a la luz de su pecado.

Participe
En oración, considere dar los siguientes pasos:
- Apoye financieramente un ministerio que trabaje con el problema de la esclavitud sexual y considere algunas formas en las que pueda involucrarse en ese trabajo.

- Comparta con otros miembros y/o líderes de su iglesia este asunto para orar con ellos a favor de las víctimas de la esclavitud sexual y hacer planes para ayudarlas.
- Llame por teléfono y escríbales a sus representantes gubernamentales para que con urgencia se opongan al tráfico sexual así como también a la industria de la pornografía.

Proclame

Considere las siguientes verdades de las Escrituras:

- Salmo 24:1 (NVI): «Del SEÑOR es la tierra y todo cuanto hay en ella, el mundo y cuantos lo habitan».
- Salmo 82:4 «Rescaten al pobre y al indefenso; líbrenlos de las garras de los malvados».
- Salmo 7:11: «Dios es un juez honrado; todos los días se enoja con los malvados».

Para más sugerencias (y más específicas), visite CounterCultureBook.com /SexSlavery.

CAPÍTULO 6

UN MISTERIO PROFUNDO: EL EVANGELIO Y EL MATRIMONIO

La definición de las palabras es extremadamente importante.

Estaba predicando en Alemania un día, cuando un grupo de nuevos amigos me preguntó: «¿Quiere jugar al fútbol con nosotros esta tarde?».

Me gusta el fútbol americano, tanto mirarlo como jugarlo. Cuando asistía a la secundaria y a la universidad, mis amigos y yo solíamos pasar los fines de semana tirando la pelota en el campo y jugando partidos amistosos. «¡Cuenten conmigo!», dije.

Me llevé una enorme sorpresa, porque cuando llegué al campo, no encontré arcos altos de gol y una pelota color café con dos puntas. Me encontré con dos arcos con redes y una pelota redonda blanca y negra. Entonces fue cuando me acordé de que en Europa (y en el resto del mundo), la palabra fútbol tiene un significado diferente que en Estados Unidos. Yo llamo *soccer* a esa clase de fútbol.

Fútbol. Es un término parecido, pero la definición es diferente. Y las definiciones de los términos afectan las decisiones que tomamos. El ejemplo del fútbol es simple, relativamente inconsecuente (aunque si hubiera sabido que había aceptado jugar «*soccer*» con un grupo de amigos europeos que son expertos en este deporte, ¡tal vez hubiera llegado al campo de juego con menos entusiasmo!). No obstante, también hay otros ejemplos del asunto de las definiciones mucho más significativos, que tienen consecuencias extremas. Como vimos en el capítulo 3, la definición que tenga una persona de la palabra *humano* tiene enormes ramificaciones sobre cómo considera esa persona el asunto del aborto. La forma en que una cultura define términos como este determinará no solamente cómo la gente toma decisiones sino también cómo vive su vida en esa cultura.

Así que, ¿cuál es la definición de *matrimonio*?

Esta pregunta se encuentra en el corazón de la revolución moral de nuestro tiempo y cultura. Por miles de años, las civilizaciones han definido el matrimonio como la unión permanente y exclusiva entre un hombre y una mujer. Hace dos décadas que los políticos de todos los partidos en Estados Unidos votaron para defender esa definición del matrimonio en lo que se llama el Defense of Marriage Act (Decreto sobre la defensa del matrimonio). Sin embargo, en el mes de junio del 2013 la Corte Suprema de Estados Unidos anuló las provisiones clave de esa legislación, abriendo el camino para la completa redefinición de lo que es el matrimonio en nuestra cultura. En los siguientes días, los estados comenzaron a definir oficialmente lo que es un matrimonio usando términos diferentes y permitiendo ahora, abiertamente, que las relaciones entre personas del mismo sexo sean clasificadas en lo que llaman matrimonios.

Como si este fallo de la Corte Suprema no hubiera sido suficiente para un cambio paradigmático, la opinión de la mayoría que escribió el Juez Anthony Kennedy afirmó que los hombres y las mujeres que votaron a favor del Decreto sobre la defensa del matrimonio actuaron con la intención de causar daño. En sus opiniones minoritarias, los Jueces John Roberts y Antonin Scalia reconocieron que la mayoría de los miembros de la corte estaban describiendo a los que apoyan el matrimonio (como ha sido definido por miles de años), como «intolerantes» que buscaron «rebajar», «menospreciar», «humillar» e «injuriar» a las parejas del mismo sexo. En una decisión aplastante, la Corte Suprema de nuestro país redefinió «un aspecto del matrimonio que nunca antes había sido refutado en nuestra sociedad por la mayor parte de su existencia, y que por cierto no había sido refutado en virtualmente ninguna de las sociedades durante la historia de la humanidad», mientras que en forma simultánea definía a los que apoyan el matrimonio tradicional como «enemigos de la raza humana»[1].

La decisión de la corte en el año 2013 representa solo una parte de una tendencia mucho mayor de apartarse del matrimonio tradicional en nuestra cultura, tendencia que se ha ido desarrollando durante muchos años. Aunque es difícil obtener información precisa, los datos del censo proyectan que casi la mitad de los matrimonios terminará en divorcio[2]. Eso es si los hombres y las mujeres deciden casarse. El número de parejas que cohabitan en nuestra cultura casi se ha cuadruplicado en los últimos treinta años, a medida que más y más personas solteras posponen o deciden no casarse[3]. Claramente la unión matrimonial es cada vez menos frecuente. Según Mark Regnerus, en los últimos cuarenta años, «el número de hogares en los que hay una mujer independiente ha aumentado 65 por ciento en Estados Unidos, mientras que la cantidad de hogares en los que hay un hombre independiente ha crecido enormemente, elevándose en 120 por ciento. Como resultado, menos de la mitad de los hogares en Estados Unidos están formados por parejas casadas»[4].

Todas estas realidades nos llevan a considerar: *En primer lugar, ¿es realmente muy importante el matrimonio? ¿Y cuál es el problema con redefinirlo? ¿Vamos a decir realmente que está mal que dos hombres se casen el uno con el otro, o que dos mujeres se casen la una con la otra? ¿No es mucho peor (tal vez aun algo odioso) negarles a dos hombres o a dos mujeres el derecho de amarse de esta forma?* En las palabras de un líder «cristiano» que promueve la redefinición del matrimonio: «Dios [nos está] llevando a todos hacia adelante, a una realización mayor de que necesitamos más amor. [...] Necesitamos más personas que estén dedicadas la una a la otra. No es bueno que estemos solos. Así que este es un momento muy grande cuando creo que muchos de nosotros nos estamos dando cuenta de que la manera antigua de ver las cosas no funciona»[5].

Así que, ¿es el argumento del matrimonio en nuestra cultura simplemente un asunto de cambiar una «manera arcaica de ver las cosas» a una nueva manera de ver las cosas? ¿Es el matrimonio simplemente una tradición que está propensa a cambiar con el tiempo? ¿O es el matrimonio una institución que ha sido ordenada para permanecer consecuente a través del tiempo?

Más fundamental que cualquiera de estas preguntas es preguntarnos cómo se aplica el evangelio al matrimonio. ¿Qué ha dicho el Dios Creador acerca del matrimonio? ¿Nos hemos apartado de lo que él ha dicho? ¿Tiene algo que ver la muerte de Cristo en la cruz con la forma en que definimos el matrimonio? ¿Y qué significa para los seguidores de Cristo vivir en una cultura que a menudo define al matrimonio diferente de como lo define la Biblia? Si estamos dispuestos a formular estas preguntas con honestidad, debemos estar listos para respuestas sorprendentes. Lo que es más importante, debemos estar preparados para ir de forma significativa en contra de la cultura que nos rodea.

MUJER Y HOMBRE LOS CREÓ DIOS

La forma en que entendemos el matrimonio se basa en la forma en que entendemos la sexualidad. Según nuestra cultura, las diferencias sexuales son simples interpretaciones sociales. Por supuesto que los hombres y las mujeres tienen diferencias físicas, pero aun estas pueden ser alteradas, según nuestra predilección. Aparte de esto, los hombres y las mujeres son iguales, y por «iguales» queremos decir «idénticos». Por lo tanto, tiene sentido que un hombre se case con otro hombre o que una mujer se case con otra mujer, al igual que tiene sentido que un hombre se case con una mujer. No hay diferencia puesto que somos idénticos, según dice nuestra cultura.

Sin embargo, ¿qué es lo que dice Dios?

Los dos primeros capítulos de Génesis registran relatos complementarios de la creación humana. El primer capítulo de Génesis nos dice: «Dios creó a los seres humanos a su propia imagen. A imagen de Dios los creó; hombre y mujer los creó» (Génesis 1:27). La dignidad del hombre y de la mujer se ve claramente reflejada desde el principio. De nada más en la creación, ni siquiera el ángel más majestuoso, se dice que fue creado «a la imagen de Dios». Solamente los hombres y las mujeres son como Dios, pero no en el sentido de que compartimos todas sus cualidades. Dios es infinito; nosotros somos finitos. Él es divino; nosotros somos humanos. Él es espíritu; nosotros somos carne. No obstante, de una forma en que ninguna otra cosa en la creación puede hacerlo, el hombre y la mujer comparten con Dios ciertas capacidades morales, intelectuales y relacionales. Tenemos el poder de razonar, el deseo de amar, la habilidad de hablar y la facilidad de tomar decisiones morales. Aún más importante, los hombres y las mujeres tienen la oportunidad de relacionarse con Dios de una manera en que ni los perros ni los gatos, ni las montañas ni los mares, ni siquiera los ángeles ni los demonios pueden hacerlo. Tan pronto como Dios creó al hombre y a la mujer, de inmediato los bendijo, comenzando una relación con los únicos seres de toda la creación que se parecen a él.

Es aquí donde toda conversación bíblica informada debe comenzar: con el hombre y con la mujer habiendo sido creados *ambos* con igual dignidad delante de Dios y del uno ante el otro. En el capítulo 5 exploramos lo que significa esto en cuanto a la esclavitud, pero también debemos considerar lo que significa la igualdad en lo referente a la dignidad cuando tratamos de entender la sexualidad. *Ambos,* los hombres y las mujeres comparten el inexplicable valor de ser criaturas formadas a la imagen de Dios. Por eso, desde el principio Dios habla en forma muy clara en contra de cualquier clase de superioridad o de dominación masculina o femenina. Casi al final de las Escrituras, Dios se refiere a los hombres y a las mujeres cuando dice: «ambos son herederos del grato don de la vida» (1 Pedro 3:7, NVI). De acuerdo al diseño de Dios, nunca se debe ver a los hombres como mejores que las mujeres y las mujeres nunca deben ser vistas como mejores que los hombres. Dios aborrece que se trate a los hombres o a las mujeres como a objetos inferiores para ser usados o abusados. Por toda la eternidad, ningún género va a ser superior al otro. Nadie se debería sentir superior o inferior por el hecho de ser un hombre o una mujer. Ambos han sido maravillosa e igualmente creados a la imagen de Dios.

Sin embargo, no han sido creados *idénticamente*. La dignidad equivalente no excluye la diferencia. Génesis 1 deja bien claro que cuando Dios crea a los seres humanos, crea a un hombre y a una mujer, y lo hace por una razón. Justo después de que los bendice, les ordena: «Sean fructíferos y multiplíquense. Llenen la tierra» (Génesis 1:28). Este mandamiento solamente es posible debido a la diferencia que hay entre un hombre y una mujer. La multiplicación hubiera sido imposible si Dios hubiera creado a un hombre y a otro hombre, o a una mujer y a otra mujer. El diseño único y extraordinario de Dios los capacitó para cumplir su mandamiento.

Además, este diseño divino involucra mucho más que la capacidad de reproducción (por importante que sea ella). Aquí sucede algo mucho más grande que el simple accidente biológico o la adaptación evolutiva. Dios crea al hombre y a la mujer para que aprecien la igualdad que comparten al mismo tiempo que complementan sus variadas diferencias.

Génesis 2 provee una descripción más detallada de la forma en que Dios creó al hombre. Dios lo forma del polvo de la tierra, sopla en él hálito de vida y lo coloca en el Huerto del Edén. Dios le muestra al hombre a todos los animales y le da la tarea de ponerle nombre a cada uno de ellos. El motivo de esto es aclararle al hombre que está solo, que no hay nadie más como él. Cuando el hombre mira a cada animal, considerando los nombres que podrían hacer juego con su naturaleza, se da cuenta de lo siguiente: *Ninguno de estos hace juego con mi naturaleza,* y por primera vez en la Biblia leemos que: «No es bueno» (Génesis 2:18).

Recuerde que esto sucede antes de que el pecado entre al mundo. A través de Génesis 1, hay un intercambio constante entre la creación terrenal y la declaración celestial. Dios crea la luz y declara que la luz es buena. Dios crea la tierra y el agua, y declara que son buenas. Dios crea el cielo y los planetas, los animales y las plantas, y declara todo eso bueno. No obstante, hay algo que no es bueno y es que el hombre esté solo.

Así que Dios dice: «Voy a hacerle una ayuda adecuada». Cuando el hombre se duerme, Dios hace la primera cirugía, sacándole una costilla al hombre. Es obvio que Dios no precisaba hacer esto. Al igual que había creado al hombre del polvo de la tierra, podría haber creado a la mujer de la misma forma. Sin embargo, no lo hizo. En cambio, Dios saca una costilla del costado del hombre y forma a la mujer. Cuando el hombre abre los ojos, se queda asombrado, por no decir más. Las primeras palabras registradas del hombre son poéticas, porque el hombre dice:

> «¡Al fin! —exclamó el hombre—.
> ¡Esta es hueso de mis huesos
>   y carne de mi carne!
> Ella será llamada "mujer"
>   porque fue tomada del hombre». GÉNESIS 2:23

No pase por alto la magnificencia de esta escena. Dios hace que el hombre se dé cuenta de que necesita a alguien igual a él, alguien de la misma naturaleza que él posee, pero diferente de él, para ayudarlo a hacer las cosas que jamás podría hacer solo. Esto es precisamente lo que Dios le da al hombre en una mujer y aquí se presenta el escenario para la institución del matrimonio. En el versículo siguiente leemos: «Esto explica por qué el hombre deja a su padre y a su madre, y se une a su esposa, y los dos se convierten en uno solo» (Génesis 2:24).

Contemple aquí la belleza del diseño de Dios para el hombre, la mujer y el matrimonio. Dos personas majestuosas, ambas creadas a la imagen de su Hacedor. Dos personas distintas, diseñadas en forma perfecta para complementarse el uno a la otra. Un hombre y una mujer creados por Dios para ser una misma carne, un vínculo físico entre dos cuerpos donde la unión más profunda se encuentra en el punto más intenso de diferencia. Un matrimonio marcado por la unidad en la diversidad, la igualdad en la variedad y la satisfacción personal a través de la consumación compartida.

CRISTO Y LA IGLESIA

Nada de esto fue producto de la casualidad. Desde el inicio mismo del tiempo, Dios diseñó el matrimonio de esta forma con un propósito. El propósito no fue totalmente revelado hasta que Jesús murió en la cruz, resucitó de los muertos e instituyó la iglesia. Después de todo esto, la Biblia mira retrospectivamente la institución del matrimonio y afirma: «Eso es un gran misterio, pero ilustra la manera en que Cristo y la iglesia son uno» (Efesios 5:32). Cuando Dios creó al hombre y luego a la mujer, y después los unió en una relación que se llama matrimonio, no estaba simplemente rodando dados, viendo quién obtenía la cañita más larga o tirando una moneda al aire. Él estaba pintando un cuadro. Desde el principio tuvo la intención de ilustrar su amor por la gente.

Esta revelación sorprendió totalmente a las personas del primer siglo y debería dejarnos estupefactos en el siglo xxi. Además, es oportuna para la forma en que la gente entiende el matrimonio en cualquier cultura. Ya fueran los ciudadanos grecorromanos de aquel entonces o los ciudadanos norteamericanos de hoy en día, la mayor parte de la gente ve al matrimonio como un medio para lograr la realización personal acompañado de la satisfacción sexual. La meta de un hombre o de una mujer es encontrar un compañero o compañera que lo o la complete. En este punto de vista, el matrimonio es un fin en sí mismo y la consumación sexual es una celebración de haber alcanzado tal fin.

Sin embargo, la Biblia enseña que Dios creó el matrimonio no como un fin sino como una forma de llegar a un fin. Mientras que el disfrute personal y el placer sexual son parte del plan de Dios para el matrimonio, el propósito de Dios no termina allí. Dios creó la relación matrimonial para señalar una realidad más grande. Desde el momento en que se instituyó el matrimonio, la meta de Dios fue darle al mundo una ilustración del evangelio. Al igual que una fotografía representa a una persona o a un acontecimiento en un punto particular de la historia, el matrimonio fue diseñado por Dios para reflejar a una persona y a un acontecimiento en el punto más significativo de la historia. El matrimonio, según Efesios 5, es una figura de Cristo y la iglesia. Es un cuadro vivo pintado por el Pintor Divino que quiere que todas las personas en el mundo sepan que él las ama tanto que envió a su Hijo a morir por los pecados de ellas. En esta figura del matrimonio, la intención de Dios es pintar el amor de Cristo por la iglesia y el amor de la iglesia por Cristo, en el lienzo de la cultura humana.

Así que, ¿cómo podemos ver representado este cuadro? La Biblia lo explica diciendo lo siguiente: «el marido es la cabeza de su esposa como Cristo es cabeza de la iglesia. Él es el Salvador de su cuerpo, que es la iglesia». Y agrega: «Así como la iglesia se somete a Cristo, de igual manera la esposa debe someterse en todo a su marido» (Efesios 5:23-24). En otras palabras, Dios ha diseñado al esposo para que sea un reflejo del amor de Cristo por la iglesia en la forma en que ese esposo se relaciona con su esposa y Dios ha diseñado a la esposa para ser un reflejo del amor de la iglesia por Cristo en la forma en que ella se relaciona con su esposo.

¡Esto sí que va contra la cultura! O para decirlo en términos más modernos, ¡esto sí que no es políticamente correcto! *¿El esposo es la cabeza de su esposa? ¿Y la esposa se debe someter a su esposo? ¿Está hablando en serio?*

Dios habla en serio y Dios es bueno. Con nuestro entendimiento limitado, escuchamos palabras y frases como las que se encuentran en Efesios 5 y sentimos disgusto. No obstante, si nos tomamos un momento para considerar el cuadro del matrimonio desde la perspectiva del evangelio, tal vez nuestra reacción sea diferente.

Cuando la Biblia dice que «el marido es la cabeza de su esposa como Cristo es cabeza de la iglesia», de inmediato sentimos la necesidad de formular la pregunta: «¿Qué significa eso de que Cristo es la cabeza de la iglesia?». La Biblia responde esa pregunta diciendo: «Cristo amó a la iglesia y se entregó por ella para hacerla santa. Él la purificó, lavándola con agua mediante la palabra, para presentársela a sí mismo como una iglesia radiante, sin mancha ni arruga ni ninguna otra imperfección, sino santa e intachable» (Efesios 5:25-27, NVI).

¡Qué cuadro tan asombroso! Para ser cabeza de la iglesia, Cristo tuvo que dar todo lo que tenía por la iglesia. Cristo asume sobre sí la responsabilidad por la belleza de su esposa (la iglesia), listo para dejar de lado sus derechos y dispuesto, por su propia voluntad, a dar su vida por el esplendor de ella.

Así que Dios ha diseñado cómo debe ser un esposo: un hombre que da todo lo que tiene en beneficio de su esposa. Un hombre que asume la responsabilidad por la belleza de su novia, listo para dejar de lado sus derechos y dispuesto a dar su vida por ella. Dios ha diseñado que el esposo sea la cabeza de su esposa, para que así, en el amor del esposo por su esposa, el mundo pueda ver una figura del amor de Cristo por su iglesia.

Estoy pensando en Don, un esposo a quien he visto servir a su esposa, Gwen, quien tenía una forma de cáncer incurable. En los años previos a que le dieran ese diagnóstico a Gwen, estaba muy claro que Don amaba a su esposa. No obstante, cuando Gwen comenzó una trayectoria de trece meses que finalmente terminó en su muerte, observé a Don ofrecer su vida, de todas las formas en que pudo, para servir a su esposa. Caminó al lado de ella, la cuidó, la llevó a sus citas médicas y cuidó de cada una de las necesidades de Gwen. Él se puso a sí mismo de lado, dándole prioridad a su esposa más que a su propia vida, de una forma que demostraba poderosamente la manera en que Cristo ofreció su vida misma en la cruz, dándole prioridad a la iglesia más que a su propia vida[6].

De igual manera, «Así como la iglesia se somete a Cristo, de igual manera la esposa debe someterse en todo a su marido» (Efesios 5:24). Tan pronto como escuchamos la palabra *sumisión* junto a la figura anterior de *liderazgo*, de inmediato pensamos en términos de inferioridad y de superioridad, de subordinación y de dominación. Sin embargo, eso ni siquiera se acerca a lo que la Biblia quiere decir con estos términos. Como ya hemos visto, desde el principio Dios aclaró muy bien que los hombres y las mujeres son iguales en dignidad, valor y mérito. La sumisión no implica denigrar el valor de otra vida. En cambio, esta palabra en la Biblia significa someterse en amor a otra persona.

Esta sumisión a través de toda la Escritura es un componente maravilloso, si no inevitable, de todas las relaciones humanas. Por ejemplo, yo soy padre y tengo cuatro hijos. Ellos están en una posición de sumisión en su relación conmigo (¡aunque desafortunadamente no siempre lo reconocen!), pero esta es una posición buena para ellos porque yo los amo, los guío, los sirvo, los protejo y proveo para ellos. La sumisión de ellos hacia mí de ninguna forma implica que yo soy superior a ellos. En cambio, la sumisión de ellos demuestra que confían en mi amor por ellos.

Este tipo de sumisión no está limitada a las relaciones humanas solamente; es también cierta en cuanto a Dios. La Biblia describe a un Dios revelado en tres personas: Dios el Padre, Dios el Hijo y Dios el Espíritu Santo. Estas tres personas de la Trinidad son igualmente divinas. El Padre es totalmente Dios, el Hijo es totalmente Dios y el Espíritu es totalmente Dios. Todas son dignas de adoración eterna y ninguna persona en Dios es superior a otra. Sin embargo, el Hijo se somete al Padre. Jesús dijo: «Mi alimento consiste en hacer la voluntad de Dios, quien me envió, y en terminar su obra» (Juan 4:34). Cuando enfrentó la cruz, Jesús exclamó: «Padre, si quieres, te pido que quites esta copa de sufrimiento de mí», pero enseguida oró: «Sin embargo, quiero que se haga tu voluntad, no la mía» (Lucas 22:42).

Es significativo que en otra instancia cuando se describe al esposo como cabeza de su esposa, también se describe al Padre como cabeza de su Hijo: «la cabeza de todo hombre es Cristo, la cabeza de la mujer es el hombre, y la cabeza de Cristo es Dios» (1 Corintios 11:3). Por cierto que esto no significa que Dios el Padre sea dominante y que Dios el Hijo se vea cruelmente forzado a aceptar una dominación obligatoria. En cambio, el hijo se somete al Padre de buena voluntad en el contexto de una relación íntima.

Entonces, esto es lo que quiere decir la Biblia cuando habla de que la iglesia se someta a Cristo. Como seguidores de Cristo en la iglesia, estamos en una posición de sumisión ante Cristo. ¿Es malo esto? Por supuesto que no. ¡Es maravilloso! Cristo nos ama, nos guía, nos sirve, nos protege y provee para nosotros, y con un corazón alegre nos sometemos a él en el contexto de una relación íntima con él.

Dios ha diseñado el matrimonio para que exhiba esta relación. Dios quiere que la gente sepa que seguirlo a él no es un asunto de subordinación de mala gana a una deidad dominante. Dios quiere que la gente sepa que seguirlo es un asunto de someterse con alegría a un Señor que nos ama. Así que él le pide a la esposa que se someta a la amorosa guía de su esposo, quien pone su vida por el bien de ella. En la medida que esta figura del matrimonio sea vista en todo el mundo, Dios demostrará a los hombres y a las mujeres que pueden confiar en que él los guiará con amor.

Pienso en Clint y Katie, amigos nuestros quienes hace poco se mudaron a otra ciudad. Clint es médico, y se le presentó la oportunidad de unir su práctica a la de un antiguo colega en un lugar totalmente diferente. Cuando le mencionó esa idea a Katie por primera vez, ella tuvo dudas. Había muchas cosas que la preocupaban y tenía una lista de preguntas en cuanto a si debían ir allí o no. Clint escuchó a su esposa, se compenetró con las preocupaciones de ella y respondió a sus preguntas con sabiduría y amor. Después de muchas conversaciones y de mucha oración, Clint sintió que Dios los estaba guiando a mudarse a ese lugar y Katie apoyó la decisión de él. Pero eso no fue porque ella quisiera mudarse a ese lugar. En realidad, Katie sentía indecisión porque todavía tenía algunas preocupaciones y preguntas acerca de lo desconocido, y si hubiera dependido solamente de ella, no se habría mudado. No obstante, ella confiaba en el liderazgo amoroso de Clint para ella y para su familia y con alegría se mudó adonde él los estaba guiando. En nuestra cultura, muchas personas dirían que Katie fue débil y algunos tal vez dirían que ella debería haberse quedado, con o sin Clint. Sin embargo, Katie sabe que Dios fue el que diseñó su matrimonio para que sea una figura de lo que es que la gente confíe en su amoroso liderazgo, y que de buena voluntad vaya adonde Dios guía, sin tener en cuenta si entiende completamente lo que él está haciendo. A la vez, ella sabe que Clint continuará amándola y sirviéndola en medio de los desafíos de adaptarse a un lugar nuevo y que al hacerlo, él demostrará la forma en que Cristo ama a su pueblo.

Es por esto que vale la pena defender el matrimonio bíblico ante la redefinición cultural y es por esto también que vale la pena demostrar al mundo el matrimonio bíblico, aunque signifique una confrontación cultural. Dios estableció el matrimonio al principio de la creación como uno de los medios principales para ilustrar el evangelio a un mundo expectante. Cuando el esposo sacrifica su vida por su esposa —amándola, guiándola, sirviéndola, protegiéndola y proveyendo para ella— el mundo tendrá un vistazo de la gracia de Dios. Los pecadores verán que Cristo ha ido a la cruz donde ha sufrido, se ha desangrado y ha muerto por todos ellos, para que puedan experimentar la salvación eterna cuando se sometan a él.

El mundo verá también en la relación de una esposa con su marido que esa sumisión no es una carga difícil de soportar. Los que están observando verán que la esposa con gozo experimenta el amor sacrificial de su esposo en forma continua, y que luego, con alegría y en forma espontánea, se somete a él con un amor genuino y desinteresado. En esta representación visible del evangelio, el mundo se dará cuenta de que seguir a Cristo no es un asunto de obligación. En cambio, es un asunto de deleite, completo, absoluto y eterno.

LA DISTORSIÓN DEL DISEÑO DE DIOS

Desafortunadamente, esta no es la representación del matrimonio que con más frecuencia percibe el mundo. La razón principal no son las leyes de los diferentes estados de nuestra nación, ni la decisión de la Corte Suprema. La razón principal por la cual el evangelio no se ve claramente representado en el matrimonio en nuestra cultura es que el evangelio no se ha visto representado con claridad en el matrimonio a través de la iglesia.

No estoy hablando aquí solamente acerca del promedio de divorcios y de los patrones de concubinato entre algunos que se llaman cristianos. Las estadísticas de estas realidades son muy difíciles de obtener por una variedad de razones[7], pero en realidad estos números no proporcionarían las historias completas que se encuentran debajo de la superficie; historias de cómo el plan y el diseño de Dios para que el matrimonio represente al evangelio ha sido negado, distorsionado y menospreciado en la vida de aquellos que afirman seguir a Cristo. En las palabras de Francis Schaeffer:

El evangelicalismo está infiltrado profundamente con el espíritu mundano de nuestra época en lo que respecta al matrimonio y a la moralidad sexual. [...] Hay algunos que se llaman a sí mismos evangélicos, que tienen posiciones de liderazgo, que se cuentan entre los líderes evangélicos y que niegan totalmente el modelo bíblico de la relación entre un hombre y una mujer en el hogar y en la iglesia. Hay muchos que aceptan la idea de la igualdad sin hacer distinciones y en forma deliberada dejan de lado lo que enseñan las Escrituras sobre este asunto[8].

Sin embargo, esto no debería sorprendernos mucho si nos fijamos en los primeros capítulos de la Biblia. Debido a que el primer pecado no ocurrió como una reacción ante una tentación general, sino en respuesta ante una prueba específica al género. El diseño de la serpiente para engañar a la pareja en Génesis 3 fue una subversión deliberada al diseño de Dios al crear a la pareja.

En Génesis 2, aun antes de crear a la mujer, Dios le dice al hombre que no coma del fruto del árbol del conocimiento del bien y del mal (vea Génesis 2:16-17). De esta forma Dios le da al hombre la responsabilidad de cumplir el mandamiento divino. No obstante, en Génesis 3. la serpiente no se acerca al hombre sino a la mujer. La serpiente conversa con la mujer mientras que el hombre no hace nada (vea Génesis 3:1-6). En lugar de asumir la responsabilidad de protegerse a sí mismo y a su esposa de la tentación, el hombre se queda en silencio, como un pusilánime. Luego, cuando Dios lo confronta con su pecado, el hombre tiene la audacia de culpar a su esposa (vea Génesis 3:12). En todo esto, el mundo es testigo de la primera abdicación de la responsabilidad de un hombre de amar, servir, proteger y cuidar a su esposa.

Las historias de abdicaciones pusilánimes como esta son muy

comunes entre hombres que se dicen ser cristianos y que, hoy en día en sus matrimonios se niegan a asumir la responsabilidad de amar, servir, proteger y proveer para sus esposas, de toda forma posible. Es cierto que mediante un trabajo, el esposo tiene el derecho y la responsabilidad de proveer para las necesidades físicas de su esposa, pero si no tiene cuidado, ese mismo trabajo a menudo le impide proveer para ella en lo que respecta a sus necesidades espirituales, emocionales y relacionales. El esposo que cuando llega al hogar no puede dejar de usar el teléfono ni el correo electrónico. Enciende el televisor, pasa tiempo en sitios de Internet o se va al garaje a «arreglar» algo; lo que sea, mantiene su presencia en la casa mientras que crea distancia emocional con su esposa. Nunca le pregunta a su esposa cómo se siente y no sabe lo que ella tiene en el corazón. Tal vez él piense que es un hombre debido a los logros en su trabajo o a las metas que ha logrado en la vida, pero en realidad está actuando como una persona pusilánime que ha abdicado su responsabilidad más importante en el mundo: el liderazgo espiritual de su esposa.

Esta es la historia de muchos hombres que han decidido casarse, por no mencionar a otros que han descartado totalmente el matrimonio. No estoy hablando aquí de los hombres que Dios ha llamado al celibato para usar su soltería en favor de predicar el evangelio (vea 1 Corintios 7), sobre lo cual voy a hablar dentro de un momento. Aquí estoy hablando de hombres de unos veinte, treinta y casi cuarenta años, que viven en una perpetua adolescencia que gira solamente y egoístamente alrededor de *ellos* y de lo que *ellos* quieren hacer. Tal vez sea el hombre que hace diez años está estudiando y que todavía no se ha graduado o que no se ha casado porque no tiene ni idea de adónde llevaría a una esposa. O tal vez sea el hombre que trabaja medio tiempo, juega videos el resto del día y se apoya en sus padres o en otros en la iglesia para que lo ayuden a pagar sus cuentas. Este hombre está tratando de «encontrarse a sí mismo», lo que quiere decir que no asume la responsabilidad por sí mismo y, por cierto, que no está dispuesto a asumir la responsabilidad por ninguna otra persona. O tal vez es el hombre que trabaja duro en su ocupación para poder avanzar en el mundo, pero nunca toma tiempo para considerar cómo podría negarse a sí mismo para darle su vida a una esposa. En todos estos intentos por obtener éxito de acuerdo a nuestra cultura, el hombre fracasa en cuanto a considerar cómo Dios lo puede estar guiando para no invertir tanto tiempo en una carrera sino más bien en un matrimonio. Estos conceptos distorsionados en cuanto a la soltería son todavía más evidentes entre los hombres que han abdicado la responsabilidad que Dios les ha dado de amar a su esposa de tal forma que demuestren el amor de Cristo por la iglesia.

Sin embargo, el péndulo puede girar desde la abdicación total de la responsabilidad que tiene un hombre con su esposa hacia un abuso egoísta de su autoridad sobre ella. Uno de los efectos del pecado en Génesis 3 es la tendencia que puede tener un hombre de gobernar a su esposa por la fuerza y en forma abusiva, denigrando la dignidad equivalente que la mujer tiene con él. Esto es como que el hombre dijera: «Está bien, no voy a ser débil; en cambio, voy a ser *dominante* en mi matrimonio».

Esta es una de las razones principales del por qué la *sumisión* y el *liderazgo* son términos muy poco populares e incómodos para nosotros hoy, ya que hemos visto la forma peligrosa en que estos conceptos han sido malinterpretados y aplicados. En forma particular en lo que respecta al matrimonio, pensamos en aquellos hombres que maltratan a su esposa emocional, verbal y aun físicamente, para demostrar que están en control; hombres que con egoísmo usan a su esposa para conseguir lo que quieren, sin que les importe cómo pueda sentirse su esposa o cómo pueda ser afectada. Esta, por supuesto, no es la forma en que Cristo ama a la iglesia y está muy lejos de lo que quiere decir la Biblia al hablar de sumisión y de liderazgo. Sin embargo, esto es exactamente lo que muchos hombres están comunicándole al mundo acerca de la sumisión y del liderazgo.

Los efectos correspondientes son claros en la vida de estas mujeres, y las esposas se encuentran susceptibles a una distorsión pecaminosa del diseño de Dios para la mujer. Cuando la mujer recibe el castigo por su pecado en Génesis 3:16, Dios le dice que no solamente su esposo estará tentado a sojuzgarla, sino que ella tenderá a oponérsele, es decir, a ir en contra de él y del papel que él tiene en el matrimonio. La esposa también tendrá la tendencia de hacer lo que quiera y cuando quiera hacerlo, sin tener en cuenta lo que diga o haga el esposo. *Él no es el que manda; soy yo,* piensa ella, mientras desafía no solamente a su esposo sino finalmente a su Dios.

¿Se da cuenta de cómo la obra de Satanás en Génesis 3 es un ataque fundamental, no solamente a la humanidad en general, sino en forma específica a los hombres, a las mujeres y al matrimonio? Usted casi se puede imaginar al adversario riéndose mientras piensa: *Ahora he creado tal confusión que para siempre va a perjudicar a los matrimonios;* esta es una confusión que despiadadamente también va a tergiversar el evangelio. Los esposos continuarán oscilando entre abdicar su responsabilidad de amar y abusar de la autoridad que tienen para liderar. En respuesta, la esposa va a desconfiar de ese amor y desafiará ese liderazgo. En el proceso, los dos van a desvirtuar completamente el sacrificio lleno de gracia de Cristo en la cruz que nos impulsa a someternos de buena voluntad en la iglesia.

EL MATRIMONIO QUE VA CONTRA LA CULTURA

Así que, ¿cómo es para los creyentes ir en contra de la cultura en el matrimonio? De seguro que la acción personal y no la acción política es el punto principal para comenzar. Queda sentado que ninguno de nosotros, y aquí me incluyo, tiene el matrimonio perfecto y que todos hemos distorsionado de alguna forma el diseño de Dios, ya sea en un matrimonio presente o pasado, o al pecar como solteros. No obstante, el evangelio es la Buena Noticia para todos.

Pienso en Bob y en Margaret, quienes se casaron de jóvenes con otras parejas, se divorciaron pronto y después se encontraron juntos en un segundo matrimonio que estaba a punto de terminar. Sin embargo, por la gracia de Dios, entendieron el evangelio y se dieron cuenta de que el rol matrimonial ilustra ese evangelio. Cuarenta años más tarde, años largos, difíciles y buenos, ellos todavía lo están ilustrando. Pienso en Andre, quien continuó amando a su esposa Emily aun cuando ella cometió adulterio; por medio de su perdón y de su paciencia a imitación de Cristo, ellos (y sus hijos) ahora disfrutan de su relación juntos en una familia libre de resentimiento que refleja la gloria de Dios. Aunque nuestra cultura no fomenta ni alienta tales enfoques del matrimonio saturados de gracia y centrados en el evangelio, estos hombres y mujeres saben (y demuestran) que Dios puede redimir y reconciliar esta importantísima relación, y que él está dispuesto a fortalecer y a sostener a todos los que confían en sus caminos y que viven de acuerdo a su Palabra.

Hemos visto el claro mandamiento de Dios para los maridos: «ame cada uno a su esposa tal como Cristo amó a la iglesia. Él entregó su vida por ella» (Efesios 5:25). Esta es la primera de cuatro veces, en nueve versículos en Efesios 5, que se les ordena a los esposos a que amen a sus esposas. La Biblia dice que el amor del esposo hacia su esposa debe ser sin egoísmo. Nuestra cultura nos dice que debemos defendernos a nosotros mismos, imponer nuestros derechos y llamar la atención hacia nosotros mismos, pero Cristo nos impulsa a sacrificarnos por nuestra esposa. El liderazgo no es una oportunidad para controlar a nuestra esposa; es una responsabilidad de poner nuestra vida por ella.

Esposos, esto significa que usted y yo no amamos a nuestra esposa por lo que podemos conseguir de ella. Esa es la manera en que el mundo define el amor en el matrimonio. El mundo le dice que usted ama a su esposa por los atributos atractivos y las características irresistibles de ella. No obstante, este es un amor peligroso e inconsecuente, porque tan pronto se desvanece alguno de los atributos de ella, el amor se acaba. Esposo, no ame a su esposa por quien es *ella*, sino ámela por quien es *Cristo*. Él la ama profundamente y nuestra responsabilidad es reflejar ese amor.

Es obvio que nosotros no hacemos todo lo que ha hecho Cristo; por ejemplo, no morimos por los pecados de nuestra esposa. Sin embargo, vivimos para servirla, para ver que ella crezca en sus atributos y que cada vez se parezca más a Cristo. Somos responsables de amar a nuestra esposa de tal manera que ella pueda crecer en amor. Al igual que Cristo asume responsabilidad por la salud espiritual de su iglesia, nosotros somos responsables por la salud espiritual de nuestra esposa y de nuestro matrimonio.

Imagínese que el capitán de una nave de la marina se duerme mientras está de guardia. Mientras está dormido, un marinero rebelde hace encallar el barco. ¿Es culpable el marinero? Claro que sí. ¿Es responsable el capitán? Sin duda. De forma similar, la Biblia no dice que una esposa no sea culpable de los pecados que hay en su vida. Sin embargo, la Biblia dice que el esposo es responsable del cuidado espiritual de su esposa. Cuando ella lucha contra el pecado o cuando hay riñas en el matrimonio, el esposo es el que tiene la responsabilidad en última instancia.

Por esta razón, Dios llama al hombre a «alimentar» y a «cuidar» de su esposa, «tal como Cristo lo hace por la iglesia» (Efesios 5:29). El lenguaje que usa aquí la Biblia es evocador. El esposo debe atesorar, alentar, animar y confortar a su esposa. Él debe tomar la iniciativa en atender a su esposa y no esperar a que ella se dirija a él y le diga: «Hay algunos problemas en nuestro matrimonio sobre los cuales debemos hablar». En cambio, él debe ir a su esposa y decirle: «¿En qué forma puedo expresar mejor mi amor por ti, y cómo puedo ser un mejor líder en nuestro matrimonio?». En forma regular le hago esas preguntas a mi esposa, y por lo general, ella me contesta sin titubeos. Comparto esto para dejar claro que en todo lo que digo acerca del matrimonio, yo tengo mucho por aprender. Quiero hacerlo, no solamente porque amo a mi esposa, sino porque quiero demostrar en forma correcta el lugar que ocupa Cristo en nuestra cultura.

Esposo, quiero que se dé cuenta de lo que está en juego aquí: usted y yo estamos representando a Cristo en un mundo que nos observa para ver la forma en que amamos a nuestra esposa. Si somos duros con nuestra esposa, le mostraremos al mundo que Cristo es cruel con la gente. Si pasamos por alto a nuestra esposa, le mostraremos al mundo que Cristo no quiere tener nada que ver con su pueblo. Si abandonamos a nuestra esposa, le mostramos al mundo que Cristo abandona a los suyos. ¿Qué imágenes le está presentando nuestro matrimonio al mundo sobre la relación de Cristo con su iglesia?

De manera similar, la esposa debe honrar a Cristo por la forma en que respeta a su esposo. Escuche la sabiduría de Dios en el último versículo de Efesios 5: «cada hombre debe amar a su esposa como se ama a sí mismo, y la esposa debe respetar a su marido» (versículo 33). Fíjese en la forma en que se le ordena al esposo que ame a su esposa, pero a la esposa se le ordena respetar a su esposo. Es obvio que esto no significa que el amor y el respeto no deberían ser expresados por los dos, el esposo y la esposa, pero la Palabra de Dios con sutileza, y a la vez con claridad, señala que Dios ha creado a la mujer con una necesidad particular de ser amada y al hombre con una necesidad particular de ser respetado.

A menudo a las mujeres les resulta más fácil amar al esposo que respetarlo. Una mujer puede hablar con otras mujeres acerca de su esposo en forma irrespetuosa, pero luego con toda tranquilidad regresa a su hogar y suple las necesidades de su esposo. ¿Por qué? Porque lo ama. No obstante, la pregunta más importante es: ¿lo respeta? Así también cuando una esposa está tratando de resolver los problemas de un matrimonio difícil, tal vez le diga a su esposo que lo ama, que es lo que a ella le gustaría escuchar. Sin embargo, de nuevo, ¿respeta ella a su esposo y le dice que lo respeta?

Tal vez una esposa piense: *Bueno, mi esposo no trabaja lo suficientemente duro como para ganarse mi respeto.* ¿Será posible que esa esposa esté creyendo en algo que no es bíblico, una mentira basada totalmente en el rendimiento? De la misma forma en que el amor incondicional del esposo está basado en el mandamiento de Dios para él, ¿no está basado el respeto desinteresado de la esposa en el mandamiento de Dios para ella?

Así que, esposa, véase a sí misma en una relación complementaria y no competitiva con su esposo. Sométase al liderazgo de él en amor, sabiendo que usted está representando la relación de la iglesia con Cristo. Si es irrespetuosa con su esposo, le estará mostrando al mundo que la iglesia no respeta a Cristo. Si no sigue a su esposo, le estará mostrando al mundo que no vale la pena seguir a Cristo. Si le es infiel a su esposo, le mostrará al mundo que Cristo no provee la satisfacción que necesitan los suyos.

Hablando de eso, si usted es soltero o soltera, obedezca lo que dice el evangelio y no sostenga relaciones sexuales con otra persona que no sea su esposa o esposo. En el próximo capítulo hablaremos sobre el claro mandamiento para las hermanas y los hermanos solteros de huir de la actividad sexual fuera del matrimonio. Por ahora baste con decir que horroriza ver a jóvenes evangélicos solteros, apasionados por asuntos sociales como la pobreza y la esclavitud, pero que en forma simultánea socavan la esencia social del matrimonio al sostener relaciones sexuales sin estar casados. Según «un estudio a nivel nacional sobre los jóvenes adultos» cerca de «80 por ciento de protestantes conservadores solteros que asisten a la iglesia participan en alguna clase de actividad sexual»[9]. Si usted se ve incluido aquí, le ruego que se detenga y considere que Dios, en forma misteriosa, ha diseñado la unión matrimonial de una sola carne, para demostrar el amor de Cristo por la iglesia. Si no deja de hacer esto, aun con todas sus acciones en favor de los pobres y de los esclavizados, va a perjudicar el evangelio en el que afirma creer, al mismo tiempo que se estará burlando del corazón del Dios que afirma adorar. Como he dicho a través de este libro, no podemos elegir cómo ni dónde obedecer a Dios.

Las Escrituras hablan claramente a las mujeres y a los hombres solteros sobre este tema. A todos los que tienen un fuerte deseo sexual por el matrimonio, la Palabra de Dios exhorta a las mujeres y a los hombres solteros a que se casen (vea 1 Corintios 7:2). La responsabilidad aquí es particularmente para los hombres, a quienes Dios ha designado para tomar la iniciativa en la relación matrimonial. Sin duda alguna, este llamado a buscar una esposa va en contra de las tendencias culturales actuales que reducen al mínimo la importancia del matrimonio. Sin embargo, parte del por qué Dios nos hizo mujer y hombre es para que nos casemos, lo cual tiene prioridad sobre las comodidades que ofrece el mundo y sobre nuestras profesiones en este mundo.

Al mismo tiempo, las Escrituras también contienen exhortaciones para los solteros, tanto para los hombres como para las mujeres, que están esperando un cónyuge, así como también para los hombres y las mujeres que han sido llamados a la soltería. El apóstol Pablo se pone a sí mismo en esta última categoría cuando dice: «quisiera que todos fueran solteros, igual que yo» (1 Corintios 7:7). «A causa de la crisis actual» —la persecución y la perversión que rodearon a Pablo en la cultura del primer siglo— él recomendó la soltería y el vivir «plenamente dedicados al Señor» (1 Corintios 7:26, 35, NVI). La Biblia anima a todo hombre soltero y a toda mujer soltera, que mientras estén solteros usen al máximo su potencial, comprometiéndose a trabajar en favor de Cristo y de su comisión en la cultura que nos rodea.

Todo esto es bueno para nosotros. Es bueno que el esposo ponga su vida por su esposa y que, al perder su vida, la encontrará, tal como prometió Jesús (vea Mateo 10:38-39). Además, es bueno que la esposa reciba este amor y que respete a su esposo. Todavía no he conocido a una esposa que no quiera seguir a un esposo que la ama y que la sirve sacrificialmente. Finalmente, es bueno que un hombre soltero y una mujer soltera se unan en la unión sobrenatural que Dios diseñó para satisfacer a ambos. No obstante, mientras permanecen solteros (lo cual podría ser por toda su vida, como lo fue para Cristo y lo ha sido para muchos creyentes a través de la historia), es bueno aprovechar la soltería manteniéndose puros ante Dios y difundiendo apasionadamente el evangelio.

En última instancia, todo esto glorifica a Dios. Él ha enviado a su Hijo para morir por los pecadores y ha diseñado el matrimonio para que refleje esa realidad. Cuando entendemos esto, nos damos cuenta de que el matrimonio existe más para Dios que para nosotros. El diseño supremo de Dios al crear el matrimonio no fue satisfacer nuestras necesidades sino desplegar su gloria en el evangelio. Cuando nos damos cuenta de esto, reconocemos que si queremos difundir el evangelio, debemos defender la institución del matrimonio.

DE UNA VEZ POR TODAS

Por estas razones, tenemos todo el derecho de afligirnos por la redefinición del matrimonio en nuestra cultura. El llamado «matrimonio entre personas del mismo sexo» es ahora reconocido como una entidad legítima ante nuestro gobierno. Sin embargo, esa definición hecha por el gobierno no cambia la definición que Dios ha establecido. A los ojos de Dios, el único matrimonio verdadero sigue siendo la unión exclusiva y permanente de un hombre con una mujer, aun cuando nuestra Corte Suprema y las legislaturas estatales en forma deliberada desafíen esta realidad. Sin duda alguna, estamos viviendo tiempos trascendentales, aunque trascendentalmente devastadores.

Sin embargo, no todo está perdido. La oportunidad para dar testimonio del evangelio en nuestra cultura contemporánea es mucho mayor ahora que hace dos años. Aun cuando la figura bíblica del matrimonio está siendo devorada por la oscuridad espiritual de nuestra cultura, la luz espiritual resplandecerá con mayor fuerza en la figura de un esposo que da su vida por su esposa y de una esposa que sigue el liderazgo amoroso de su esposo. Tenga por seguro lo siguiente: el diseño de Dios para el matrimonio es mucho más maravilloso y satisfactorio que ninguna otra cosa que podamos crear por nuestra cuenta. Cuanto más manipulen los hombres y las mujeres la institución del matrimonio, tanto más descubriremos que «esta clase de matrimonio» o «aquella clase de matrimonio» no nos brindará satisfacción, porque solamente el Rey que ha diseñado el matrimonio puede finalmente (y eternamente) satisfacernos plenamente.

Lo que es más, tenemos muchas razones para confiar en la resilencia del matrimonio tal como Dios lo ha definido. Después de todo, ha existido desde que comenzó el tiempo (vea Génesis 2:24-25). Jesús mismo afirmó la realidad fundamental del matrimonio en la naturaleza de la creación de Dios (vea Mateo 19:1-12). Además, el matrimonio existirá cuando termine el tiempo. Claro que no será igual que ahora, porque esta sombra terrestre desaparecerá un día para ceder lugar a la sustancia eterna. En aquel día, Cristo será unido completamente con su iglesia y todo el cielo exclamará: «¡Alabado sea el Señor! Pues el Señor nuestro Dios, el Todopoderoso, reina. Alegrémonos y llenémonos de gozo y démosle honor a él, porque el tiempo ha llegado para la boda del Cordero, y su novia se ha preparado» (Apocalipsis 19:6-7). Juan escribe en el libro de Apocalipsis: «Y el ángel me dijo: "Escribe esto: 'Benditos son los que están invitados a la cena de la boda del Cordero'". Y añadió: "Estas son palabras verdaderas que provienen de Dios"» (versículo 9)[10].

Basándonos en estas «palabras verdaderas de Dios», no debemos preocuparnos de que el matrimonio vaya a sobrevivir. Finalmente, no nos fijamos en ninguna corte o gobierno para que defina lo que es un matrimonio. Dios ya lo ha hecho y su definición no puede ser erradicada por el voto de algunos legisladores o por las opiniones de los jueces de la Corte Suprema. El Juez Supremo de la creación ya ha definido este término de una vez por todas. *Matrimonio* no cambia a través de la cultura de la forma en que lo hace *fútbol*, porque *matrimonio* es un término que trasciende la cultura, que representa una verdad eterna en cuanto a quién es Dios y cómo nos ama Dios. El llamado y el desafío para nosotros es vivir de acuerdo a esa verdad en el tiempo y en la cultura en los que él nos ha colocado.

LOS PRIMEROS PASOS PARA IR CONTRA LA CULTURA

Ore

Pídale a Dios que:
- Le dé poder para ser puro, fiel y generoso en su matrimonio o en su soltería.
- Fortalezca el testimonio de su iglesia recalcando la belleza del evangelio y el modelo bíblico del matrimonio.

- Cambie el corazón y la mente de los legisladores y del poder judicial sobre el asunto del llamado «matrimonio entre personas del mismo sexo».

Participe
En oración, considere dar los siguientes pasos:
- Con humildad pídales a los dirigentes de su iglesia que traten el tema del matrimonio por medio de la predicación y/o en los ministerios de enseñanza de la iglesia.
- Ofrézcase para dar charlas, para orar con otros o para reunirse con personas que usted conoce (de su mismo género) que tienen luchas en sus matrimonios.
- Vote por los candidatos políticos que apoyan el punto de vista bíblico del matrimonio y en forma activa aliéntelos para que continúen con ese apoyo.

Proclame
Considere las siguientes verdades de las Escrituras:
- Génesis 2:24: «Esto explica por qué el hombre deja a su padre y a su madre, y se une a su esposa, y los dos se convierten en uno solo».
- Efesios 5:22, 25: «Para las esposas, eso significa: sométase cada una a su marido como al Señor. [...] Para los maridos, eso significa: ame cada uno a su esposa tal como Cristo amó a la iglesia. Él entregó su vida por ella».
- Hebreos 13:4: «Honren el matrimonio, y los casados manténganse fieles el uno al otro. Con toda seguridad, Dios juzgará a los que cometen inmoralidades sexuales y a los que cometen adulterio».

Para más sugerencias (y más específicas), visite CounterCultureBook.com /Marriage.

CAPÍTULO 7

COMPRADO POR UN PRECIO: EL EVANGELIO Y LA MORALIDAD SEXUAL

Recuerdo la conversación como si hubiera sido ayer.

Me iba a casar ese fin de semana y muchos de mis parientes habían viajado a la ciudad para asistir a la boda. Cuando yo era niño, mi familia pasaba tiempo con nuestros parientes todos los años, aun cuando vivíamos en diferentes estados del país. Trabajábamos mucho para evitar que la distancia geográfica interfiriera en nuestras relaciones familiares con ellos y, como resultado, nos manteníamos en contacto los unos con los otros. No obstante, ahora que muchos de nosotros nos habíamos mudado a localidades diferentes y estábamos comenzando nuestras propias familias, era raro que todos estuviéramos en el mismo lugar al mismo tiempo. Así que mi matrimonio sirvió como una clase de reunión familiar. Hablamos, comimos, nos divertimos y nos reímos hasta llorar mientras recordábamos antiguas historias y compartíamos las nuevas.

La noche anterior a mi matrimonio, me encontré llevando en mi automóvil a un miembro de la familia, a quien estimo muchísimo, de regreso a su hotel. Conversamos sobre muchas cosas de nuestras vidas y fue muy bueno ponernos al día. Cuando estaba a punto de bajarse del automóvil enfrente de su hotel, se volvió a mí y me dijo: —David, quiero compartir algo contigo.

—Está bien —le contesté.

Él me dijo: —Quiero que sepas que soy gay.

El silencio invadió el interior de mi automóvil porque yo no sabía cómo responderle. Los pensamientos se agolpaban en mi mente y yo no estaba seguro qué hacer con ellos.

Él continuó: —Quiero que sepas que desde hace mucho tiempo he lidiado con estos deseos y que ahora he optado por vivirlos en un estilo de vida homosexual.

Lamentablemente, el silencio continuó llenando mi espacio. Al recordar ese momento, quisiera haber dicho muchas cosas distintas. Quisiera haberle dado gracias por su honestidad, sinceridad y vulnerabilidad en confiar en mí. Quisiera haberle asegurado que esa revelación no iba a cambiar en nada mis sentimientos hacia él. Quisiera haberle formulado preguntas sinceras que me hubieran permitido entenderlo mejor: ¿Cómo había llegado a esa conclusión? ¿Con quién más había conversado sobre esto y qué tan difíciles habían sido para él esas revelaciones? ¿Cuáles habían sido los mayores altibajos que había experimentado como resultado de sus deseos y de esta decisión?

Desafortunadamente, no dije una palabra. Él se bajó del auto, y yo le dije que me alegraba mucho de verlo nuevamente, pero nuestra conversación quedó truncada.

Mis pensamientos sí que fueron mucho más lejos. Me encontré conduciendo mi automóvil de regreso a mi hogar, la víspera de mi matrimonio, con un sinnúmero de interrogantes revoloteándome en la mente. ¿Por qué tengo yo deseos sexuales por una mujer mientras que él los tiene por un hombre? ¿Aprendimos estos deseos en el transcurso de la vida o nacimos con ellos? ¿Fue una elección de mi pariente o Dios lo hizo de esa forma? ¿Por qué ante los ojos del mundo es correcto (y se celebra) que yo satisfaga mis deseos mientras que es incorrecto (y mucha gente condena) que él satisfaga los suyos? ¿Por qué no puede él amar a un hombre de la misma manera en que yo amo a una mujer?

Estas interrogantes me llevaron por un camino que fue mucho más lejos que aquella noche. Desde entonces, he compartido la vida con otros miembros de mi familia, con amistades, hombres y mujeres en mi iglesia y en mi ciudad que se sienten atraídos hacia personas de su mismo sexo. Estas relaciones cercanas en mi vida, combinadas con las tendencias actuales en la cultura, me han llevado a explorar qué luz, si es que existe alguna, muestra el evangelio sobre la homosexualidad. Sin embargo, en mi investigación, he encontrado que la luz del evangelio no está limitada a la homosexualidad, porque la luz del evangelio ilumina *todas* las fases de la sexualidad. La persona de Dios y lo que Cristo hizo en la cruz tiene enormes implicaciones en cuanto a quiénes somos como personas y lo que deseamos sexualmente. Estas implicaciones tienen ramificaciones inevitables en cuanto a cómo enfrentamos la cultura que nos rodea.

LÍMITES IMPUESTOS CON AMOR

Como ya hemos visto, Dios nos creó como seres sexuales. Somos hombres y mujeres con cuerpos distintos que han sido creados a la imagen de Dios. La Biblia pone énfasis en la importancia de nuestro cuerpo, cuando dice que el cuerpo «fue creado para el Señor, y al Señor le importa nuestro cuerpo» (1 Corintios 6:13). Esa frase sencilla es un punto de inicial indispensable para entender el diseño de Dios en nuestros cuerpos. Nuestros cuerpos han sido creados no solamente *por* Dios, sino también *para* Dios.

Este es un punto inicial muy diferente del que tiene la mayor parte de la gente en nuestra cultura. Hoy en día somos impulsados por todo aquello que le brinda la mayor satisfacción a nuestro cuerpo. ¿Qué es lo que podemos comer, tocar, mirar, hacer o escuchar, para satisfacer los antojos de nuestro cuerpo? Nadamos en un océano cultural que con cada ola nos grita: «¡Sacia tu cuerpo!».

No obstante, ¿qué si nuestro cuerpo no ha sido creado para darnos placer solamente? ¿Qué si nuestro cuerpo ha sido creado para glorificar a *Dios*? Aún mejor, ¿qué si glorificar a Dios es realmente la manera de experimentar la mayor satisfacción de nuestro cuerpo?

Fíjese de nuevo en la frase de 1 Corintios: dice que el cuerpo «fue creado para el Señor, y al Señor le importa nuestro cuerpo». No solamente ha sido nuestro cuerpo diseñado por Dios, sino que a Dios le importa nuestro cuerpo. Literalmente, Dios es *para* su cuerpo. Dios quiere que usted experimente el gozo máximo para el cual ha sido creado su cuerpo y, como el Creador de nuestro cuerpo, él sabe lo que le brindará el mayor placer. Esto nos lleva de vuelta a una de las verdades centrales del evangelio, la realidad de que Dios nos ama y que él está de nuestra parte, no contra nosotros. Dios quiere lo mejor para nosotros y ha diseñado nuestro cuerpo no solamente para su gloria sino también para nuestro bien.

Es por eso que en su amor Dios nos da límites para nuestro cuerpo: él nos ama y sabe lo que es mejor para nosotros. Él nos protege de las cosas que nos dañan y nos provee algo mejor de lo que podemos ver. Cada vez que Dios nos da un mandamiento negativo, siempre nos da dos cosas positivas: nos provee de algo mejor mientras que también nos protege de algo peor.

Considere un ejemplo de la vida diaria. Cuando les digo a mis hijos que permanezcan en nuestro jardín y que no corran por la calle, les estoy diciendo esto para su bien. Sé lo que puede suceder cuando un auto pasa a alta velocidad por la calle, así que con toda razón les impongo esa restricción, porque sé lo que es mejor para ellos. Los quiero proteger de daños mientras que también los proveo de un ambiente seguro en el cual pueden crecer y desarrollarse. De una forma mucho más grande, el Dios que diseñó nuestro cuerpo sabe lo que es mejor para que prosperen.

Estas simples verdades nos ayudan a ver con más claridad lo que estamos haciendo cuando pasamos por alto las instrucciones de Dios. A través de toda la Biblia él nos da límites en cuanto a cómo debemos usar nuestro cuerpo. Pero cuando no hacemos caso de esos límites, es como si le estuviéramos diciendo a Dios: «Tú no sabes cómo se debe usar este cuerpo. Yo sé más que tú». Parece algo arrogante, ¿no es verdad? Como si mi hijo de cuatro años de edad me dijera que no sé lo que digo cuando se trata de los automóviles que pasan por la calle enfrente de mi casa.

Debido a que nos ama, Dios nos ha dicho cuál es la mejor manera de usar nuestro cuerpo y ha sido específico en lo concerniente a nuestra sexualidad. Como hemos visto desde el principio de la Biblia, Dios diseñó a un hombre y a una mujer para que se unan como «una sola carne» en el matrimonio (Génesis 2:24, RVR60). La expresión «una sola carne» señala la naturaleza personal de esta unión. La relación sexual no es un acto mecánico entre dos objetos; es un vínculo recíproco entre dos personas. No solamente dos personas cualesquiera. Esta unión física ha sido diseñada por Dios para un hombre y una mujer que han comprometido sus vidas en una relación de pacto el uno con la otra (vea Proverbios 5:3-20; Malaquías 2:14). Ni una sola vez en toda la Palabra de Dios encontrará que Dios aprueba o celebra las relaciones sexuales fuera de la relación matrimonial entre un hombre y su esposa. No hay ni una.

De acuerdo a Dios, entonces, esta es una zona de seguridad en la cual se deben disfrutar las relaciones sexuales. Dios en su amor crea estos límites para que disfrutemos al máximo de la experiencia sexual en sus significados más profundos. Lo que es más, esta es la razón por la cual la Biblia está llena de prohibiciones acerca de cualquiera y de toda actividad sexual fuera del matrimonio entre un hombre y una mujer. Por ejemplo, Dios prohíbe la prostitución sexual (vea Levítico 19:29; Deuteronomio 23:18; Proverbios 6:25-26) y toda violencia sexual (vea Deuteronomio 22:25-27). El mandamiento de Dios es que no debemos tener trato sexual con ningún animal (vea Levítico 18:23; 20:15-16) o con algún pariente (vea Levítico 18:6; 1 Corintios 5:1-2). La mayor parte de la gente en nuestra cultura (por lo menos por ahora) está de acuerdo con estos límites, pero estos no son los únicos límites que se incluyen en la Biblia.

Con el mismo grado de autoridad, Dios prohíbe también las relaciones sexuales entre un hombre y una mujer que no son esposo y esposa. La Biblia llama adulterio a este tipo de relación y está prohibido en los diez mandamientos (vea Éxodo 20:14; vea también Levítico 20:10; Proverbios 6:28-32). Sin embargo, el adulterio no es solamente un mandamiento del Antiguo Testamento. Jesús y los escritores del Nuevo Testamento reiteran esta restricción (vea Mateo 19:7-9; Romanos 13:9; Hebreos 13:4). De acuerdo a Dios, las relaciones sexuales con alguien que no sea el cónyuge (esposo o esposa) son pecado, ya sea que sucedan antes del matrimonio, durante el matrimonio o después del matrimonio.

Como ya hemos visto en el diseño complementario de Dios para el matrimonio entre un hombre y una mujer (capítulo 6), esta prohibición también incluye las relaciones sexuales entre un hombre y otro hombre, y entre una mujer y otra mujer. Sobre esto la Biblia es explícita. Justo antes de prohibir las relaciones sexuales con los animales, el Antiguo Testamento dice: «No te acostarás con un hombre como quien se acuesta con una mujer. Eso es una abominación» (Levítico 18:22, NVI). Alguien podría decir: «Pero eso es simplemente la ley del Antiguo Testamento, que también incluye la prohibición de comer carne de cerdo (vea Levítico 11:7). ¿Quiere decir eso que la barbacoa que se come en el sur de nuestro país también es pecado?».

Esto podría sonar como un buen argumento hasta que nos damos cuenta de las distinciones claras y críticas entre diferentes tipos de ley en Levítico. Algunas de las leyes son de naturaleza civil y corresponden específicamente al gobierno del Israel antiguo, de una forma en que no necesariamente se aplican al gobierno de hoy en día. Otras leyes son ceremoniales, reglamentando sacrificios particulares, ofrendas y festivales para el pueblo de Dios bajo el antiguo pacto. Estas leyes civiles y ceremoniales se aplican específicamente al pueblo judío del Antiguo Testamento y lo sabemos porque estas leyes no conciernen a todo el pueblo en el Nuevo Testamento. Sin embargo, varias leyes morales (por ejemplo, la prohibición en cuanto a robar y a mentir) son recalcadas específicamente en el Nuevo Testamento[1]. Estas leyes, basadas en el carácter de Dios, claramente se aplican a toda la gente en todos los tiempos[2].

Sabemos que las leyes morales incluyen prohibiciones no solamente en cuanto a robar y a mentir, sino también en cuanto a la actividad homosexual, porque cuando llegamos al Nuevo Testamento, Jesús mismo enseña que la única alternativa que honra a Dios fuera del matrimonio entre un hombre y una mujer es quedarse soltero o soltera (vea Mateo 19:10-12). Además, el Nuevo Testamento describe las «pasiones vergonzosas» con el ejemplo de mujeres que «se rebelaron contra la forma natural de tener relaciones sexuales» y de los hombres que «en lugar de tener relaciones sexuales normales, con la mujer, ardieron en pasiones unos con otros. [...] Hicieron cosas vergonzosas con otros hombres y, como consecuencia de ese pecado, sufrieron dentro de sí el castigo que merecían» (Romanos 1:26-27). Dios explica bien claro en su Palabra que la actividad homosexual está prohibida[3].

En la mentalidad de muchas personas, ya hemos ido muy lejos en este punto, pero en realidad solamente estamos comenzando a considerar y a entender los límites protectores y las prohibiciones sexuales en las Escrituras. Para protegernos de la lujuria, la codicia, los deseos y las tentaciones que nos llevan al pecado, la Biblia también prohíbe que miremos y pensemos en asuntos sexuales fuera del matrimonio entre un esposo y su esposa. Estas son las palabras de Jesús: «Pero yo digo que el que mira con pasión sexual a una mujer ya ha cometido adulterio con ella en el corazón» (Mateo 5:28). Según Cristo, es pecado inclusive *mirar* a alguien que no sea su cónyuge y abrigar pensamientos sexuales acerca de esa persona (vea también 2 Pedro 2:14).

No solamente es contrario al deseo perfecto de Dios y por lo tanto erróneo tener y cultivar deseos sexuales *por* otras personas fuera del matrimonio, también es incorrecto provocar deseos sexuales *en* otros fuera del matrimonio. Dios prohíbe la ropa indecorosa (vea 1 Timoteo 2:9-10) y nos advierte firmemente en cuanto a palabras que seducen (vea Proverbios 5:1-23; 7:1-27). Aún más, Dios prohíbe *toda* clase de palabras crudas, humor o entretenimientos que inclusive giren remotamente en torno a la inmoralidad sexual. En las palabras de Efesios 5, «Que no haya ninguna inmoralidad sexual, impureza ni avaricia entre ustedes. [...] Los cuentos obscenos, las conversaciones necias y los chistes groseros no son para ustedes. [...] Pueden estar seguros de que ninguna persona inmoral, impura o avara heredará el reino de Cristo y de Dios» (versículos 3-5). Tratando el tema de la inmoralidad sexual desenfrenada en la cultura que rodeaba a la iglesia del siglo I, la Biblia dice: «Es vergonzoso siquiera hablar de las cosas que la gente malvada hace en secreto» (Efesios 5:12).

Estas palabras llegan hasta la médula de la iglesia del siglo XXI porque muy a menudo estamos coludiéndonos en lugar de ir contra la cultura de inmoralidad sexual que nos rodea. Aun los creyentes que rehúsan participar personalmente en actividades sexuales inmorales a menudo miran películas y programas, leen libros y artículos, y visitan sitios en Internet que destacan, muestran, promueven o restan importancia a la inmoralidad sexual. Es como si le dijéramos al mundo: «Nosotros no vamos a hacer lo que hacen ustedes, pero con mucho gusto nos vamos a entretener observándolos»[4]. Es morbosa, ¿no lo cree?, esta tendencia que nos deleita cuando observamos a otros en pecado sexual.

Finalmente, Dios prohíbe la idolatría sexual, es decir, hacer ídolos de las relaciones sexuales y vivir obsesionados con la actividad sexual como un medio fundamental del logro personal. A través de todas las Escrituras y de la historia, la gente ha cometido el error de caer en la trampa de creer que el placer que Dios ha creado en el sexo y la sexualidad nos traerá satisfacción total (vea Éxodo 32:2-6; Deuteronomio 23:17; Proverbios 7:1-27; 1 Corintios 10:8). Es triste, pero no somos diferentes actualmente. A través de nuestra cultura, la gente piensa: «Si tan solo tuviera libertad sexual de esta o de esta otra manera, entonces sería feliz». Sin embargo, esto no es verdad. Las relaciones sexuales son buenas, pero no son Dios. Jamás lo harán sentirse realizado. Al igual que cualquier otra cosa que llega a ser un ídolo, siempre exigirá más de lo que brinda, al mismo tiempo que aparta el corazón humano del Único que puede dar gozo supremo.

Cada una de las prohibiciones sexuales de la Biblia está encerrada en el mandamiento que lo dice todo: «¡Huyan del pecado sexual!» (1 Corintios 6:18). Estas palabras fueron escritas a la iglesia de Corinto, una ciudad desenfrenada sexualmente, en la cual las personas solteras practicaban las relaciones sexuales antes del matrimonio y tanto los esposos como las esposas estaban involucrados sexualmente fuera del matrimonio, donde se aprobaba la homosexualidad y la prostitución era común. (Las cosas no han cambiado mucho en dos mil años). Así que a la iglesia en aquella cultura y a la iglesia en la nuestra, Dios dice: «Huyan de la inmoralidad sexual, de cualesquiera y de todas las formas sexuales de pensar, mirar, desear, tocar, hablar y actuar fuera del matrimonio entre un hombre y una mujer. No lo racionalicen y no razonen en cuanto a eso; *apártense de eso*. Huyan lo más rápido que puedan».

Dios nos dice esto para su gloria.

Y Dios lo dice para nuestro bien.

NACIDOS DE ESTA FORMA

Sin embargo, no le creemos a Dios sobre esto. Ninguno de nosotros le cree. A estas alturas, este punto debería estar claro, pues la Biblia no habla solamente en contra del adulterio y de la homosexualidad, sino en contra de las múltiples manifestaciones de inmoralidad sexual en cada una de nuestras vidas.

Permítame confesar lo obvio antes de seguir adelante. Yo represento a la clase de personas responsables por la gran mayoría de inmoralidad sexual en el mundo de hoy: los hombres heterosexuales. Son los hombres heterosexuales los que financian las industrias de la pornografía y de la prostitución en el mundo, y estoy convencido de que es la falta de liderazgo amoroso y de sacrificio verdadero de los esposos y de los padres heterosexuales lo que ha causado la mayor parte de confusión sexual que existe en nuestra cultura.

Pongo énfasis en esto porque cuando mis primeras preguntas acerca de mi pariente homosexual me llevaron al evangelio, de inmediato sentí la convicción de pecado sexual no en *su* vida, sino de pecado sexual en *mi* vida. Mi propósito al tratar el asunto de la inmoralidad sexual no es hablar en contra del dominio del pecado sexual en la cultura que nos rodea, sino exponer el pecado sexual que se encuentra dentro de nosotros mismos. Yo y cada uno de los lectores de este libro somos culpables de múltiples niveles de pensamientos y deseos sexuales, de formas sexuales de hablar y de formas sexuales de actuar que están fuera del matrimonio entre un esposo y su esposa. Ninguno de nosotros puede decir que es inocente en cuanto a la inmoralidad sexual y ninguno de nosotros está inmune a ella.

El evangelio nos dice por qué esto es así. Todos tenemos un corazón lleno de orgullo que está inclinado a apartarse de Dios (vea Génesis 8:21). Uno de los pasajes más significativos de la Biblia en cuanto a la inmoralidad sexual comienza así: «Es cierto, ellos conocieron a Dios pero no quisieron adorarlo como Dios ni darle gracias. En cambio, comenzaron a inventar ideas necias sobre Dios. Como resultado, la mente les quedó en oscuridad y confusión. [...] Entonces Dios los abandonó para que hicieran las cosas vergonzosas que deseaban en su corazón. Como resultado, usaron sus cuerpos para hacerse cosas viles y degradantes entre sí» (Romanos 1:21, 24). Estos poderosos versículos diagnostican a los corazones oscurecidos como la raíz de los deseos pecaminosos. Todos tenemos en nuestro corazón la tendencia pecaminosa de apartarnos de los caminos de Dios y de hacer lo que nos venga en gana. Esta tendencia tiene un efecto inevitable en nuestra sexualidad. Fíjese en la fascinante conexión que se hace entre estos versículos. Cuando dejamos de alabar a Dios en nuestro corazón, tendemos a la impureza sexual en nuestra vida.

Para empeorar las cosas, nacimos de esta forma. Desde que Adán y Eva pecaron en el Huerto del Edén, cada una de las personas que ha nacido de un hombre y de una mujer ha heredado este corazón pecaminoso. Podemos tener diferentes herencias biológicas, pero todos compartimos una herencia espiritual común: el pecado (vea Salmo 51; Romanos 5:12-21). Es importante recordar esto, porque ninguno de nosotros puede o debería decir: «Dios no permitiría que yo (u otra persona) naciera con una inclinación a un pecado sexual particular». No obstante, la Biblia es clara: Cada uno de nosotros ha nacido con una inclinación hacia el pecado sexual.

Sin embargo, solamente por el hecho de tener esa inclinación no quiere decir que debamos seguirla. Vivimos en una cultura que asume que una explicación natural implica una obligación moral. Si usted nació con un deseo, entonces es esencial para su naturaleza llevarlo a cabo. Esta es una de las razones por la cual nuestra discusión contemporánea sobre la sexualidad ha sido enmarcada en forma incorrecta como un asunto de derechos civiles. Aun en la ausencia de evidencia virtual que pruebe que los deseos homosexuales están ligados a nuestro ADN, la moralidad cultural actual está dispuesta a elevar los deseos personales al nivel más alto de autoridad moral de tal forma que la gente tiene el «derecho» de satisfacer sus deseos sexuales como prefiera hacerlo. Lo que es más, ahora se sostiene que negarle a la gente ese «derecho» es una forma de racismo. De acuerdo a la opinión popular, de la misma forma que no debemos discriminar entre la gente blanca y la gente negra, no deberíamos hacer diferencias entre una persona de preferencia heterosexual y otra persona de preferencia homosexual. Vivimos en una época en que si decimos que la actividad heterosexual u homosexual es inmoral, es equivalente a decir que una persona blanca o negra es inferior.

No obstante, esta manera de pensar está totalmente equivocada, porque niega la distinción obvia entre la identidad étnica y la actividad sexual. La *identidad* étnica es un atributo moralmente neutro. El ser blanco o ser negro no es un asunto de lo correcto o de lo incorrecto, y nos deberíamos oponer a cualquier intento de decir una cosa diferente (como exploraremos en el próximo capítulo). Sin embargo, la *actividad* sexual es un comportamiento que elegimos. Podemos decir que de la misma forma en que tenemos distintos colores de piel, podemos albergar diferentes tendencias en el comportamiento sexual. Sin embargo, mientras que el grupo étnico al que pertenecemos no está determinado por una elección moral y no es contrario a un mandamiento moral, nuestro comportamiento sexual es una decisión moral, y solamente por estar inclinados hacia determinados comportamientos no hace que tales comportamientos sean correctos.

Fíjese, por ejemplo, en un reportaje de la revista *Time* que dice que la infidelidad podría estar en nuestros genes[5]. ¿Quiere decir esto que porque un hombre casado tiene un deseo innato de tener relaciones sexuales con una mujer que no es su esposa, debe satisfacer ese deseo para realizarse totalmente? Por supuesto que no. La simple presencia de un deseo no es una excusa para serle infiel a la esposa. Esto no es un asunto de cómo ha sido creado el hombre, es un asunto de sus principios morales. Su tendencia hacia cierto comportamiento no justifica dicho comportamiento. «Así es él» no significa «así es como debería actuar». El adulterio no es inevitable; es inmoral.

Esto se aplica a todos los comportamientos sexuales que se apartan del diseño de Dios. Cada uno de nosotros tiene un corazón que tiende hacia el pecado sexual. Estas tendencias producen tentaciones diferentes en cada una de nuestras vidas. Algunos de nosotros experimentamos deseos sexuales por personas de nuestro mismo sexo, y otros tenemos la tendencia de satisfacer nuestro deseo sexual con personas del sexo opuesto. Inclusive las formas en que anhelamos satisfacer esos deseos sexuales son distintas según las personas. Sin duda, parte de este misterio de un mundo caído incluye por qué ciertas personas tienen determinados deseos mientras que otras tienen otros deseos. No siempre elegimos nuestras tentaciones, pero sí podemos optar por la forma de reaccionar ante ellas.

«¿ES VERDAD QUE DIOS LES DIJO ...?»

Esto nos lleva de vuelta a la pregunta fundamental de lo que Dios *ha* dicho y a la primera pregunta de la Biblia, cuando el adversario le preguntó a la mujer: «¿Es verdad que Dios les dijo que no comieran de ningún árbol del jardín?» (Génesis 3:1, NVI). Ya hemos visto cómo comenzó el pecado cuando el mandamiento de Dios se redujo a una pregunta. En ese momento la fuerza espiritual más mortífera fue introducida en el mundo en forma disimulada: la presunción de que la Palabra de Dios está sujeta al juicio humano.

Esta fuerza espiritual no solamente está viva y activa en nuestra cultura, sino que también trata de debilitar paulatinamente a la iglesia. La actividad homosexual es solamente un ejemplo de la inmoralidad sexual. Vayamos un poco más profundo aquí y con honestidad formulemos la pregunta: ¿qué es lo que Dios dice en su Palabra sobre esto?

El diseño del matrimonio en Génesis 2 es suficiente para establecer el modelo de la unión sexual entre un hombre y una mujer. Sin embargo, no mucho después, en Génesis 19, también leemos acerca de la actividad homosexual como la causa principal del juicio de Dios sobre las ciudades de Sodoma y Gomorra. Algunos afirman que Sodoma y Gomorra fueron destruidas por otras razones, tales como la falta de cuidado de los pobres, lo cual también es cierto (vea Ezequiel 16:49). No obstante, en el Nuevo Testamento cuando Judas considera Génesis 19, no es esto lo que él señala. En cambio, cuando se refiere a lo que llevó al juicio de Dios, dice: «estaban llenas de inmoralidad y de toda clase de perversión sexual. [...] Esas ciudades fueron destruidas con fuego y sirven como advertencia del fuego eterno del juicio de Dios» (Judas 1:7).

Cuando Dios establece su ley entre la gente del Antiguo Testamento, como hemos visto, su mandamiento es: «No te acostarás con un hombre como quien se acuesta con una mujer. Eso es una abominación» (Levítico 18:22, NVI). Algunos sostienen que aquí se condena la actividad homosexual solamente debido a su asociación con la idolatría de aquel tiempo. Sin embargo, en estos pasajes se trata la actividad homosexual junto al adulterio, el incesto, la bestialidad y el sacrificio de niños. Por cierto que ninguna de estas cosas son permisibles y también deben evitarse en el contexto de la idolatría.

Lo que es más, Pablo usa el mismo término para «actividad homosexual» que se usa en Levítico 18 para referirse a la actividad sexual que deshonra a Dios, en 1 Corintios 6 y 1 Timoteo 1[6]. Él escribe: «¿No se dan cuenta de que los que hacen lo malo no heredarán el reino de Dios? No se engañen a sí mismos. Los que se entregan al pecado sexual o rinden culto a ídolos o cometen adulterio o son prostitutos o practican la homosexualidad o son ladrones o avaros o borrachos o insultan o estafan a la gente: ninguno de esos heredará el reino de Dios» (1 Corintios 6:9-10). En forma similar, incluye a «los que cometen inmoralidades sexuales» y a «los que practican la homosexualidad» en una lista de «rebeldes» que también incluye a los «que cometen […] homicidios, […] traficantes de esclavos [y] los mentirosos» (1 Timoteo 1:9-11). Esto corresponde con las palabras que ya hemos leído en Romanos que describen las «pasiones vergonzosas» en términos de que «las mujeres cambiaron las relaciones naturales por las que van contra la naturaleza», y a los hombres que «dejaron las relaciones naturales con la mujer y se encendieron en pasiones lujuriosas los unos con los otros» (Romanos 1:26-27, NVI). La Biblia es clara y consecuente, declarando unánimemente de tapa a tapa que la actividad homosexual es inmoralidad sexual ante Dios.

Al igual que Adán y Eva en el Huerto del Edén, tenemos la tendencia, no solamente en nuestra cultura sino también en la iglesia, de someter la Palabra de Dios a nuestro juicio. En lugar de obedecer lo que Dios ha dicho, nos preguntamos si en realidad Dios lo ha dicho. Escuche lo que dice William Kent, quien es miembro del United Methodist Committee to Study Homosexuality (Comité de la Iglesia Metodista Unida para el estudio de la homosexualidad). Al final de su estudio, él concluye: «Los textos de las Escrituras del Antiguo y del Nuevo Testamento que condenan la práctica de la homosexualidad no son ni inspirados por Dios ni [tienen] valor cristiano duradero»[7]. Por lo menos Kent es lo suficientemente honesto para admitir lo que afirman esos versículos, pero luego es lo suficientemente audaz como para decir que la Biblia no es la Palabra de Dios.

Escuche lo que dice Gary David Comstock, quien es el capellán protestante de Wesleyan University:

> Es peligroso no reconocer, criticar y condenar la comparación que hace Pablo de la impiedad con la homosexualidad. El permanecer en nuestras respectivas tradiciones cristianas y no poner en tela de juicio esos pasajes que degradan y destruyen es contribuir a nuestra propia opresión. [...] Esos pasajes van a ser citados y usados contra nosotros una y otra vez hasta que los cristianos exijan que sean retirados del canon de la Biblia o, por lo menos, que de manera formal se desacredite su autoridad para prescribir el comportamiento[8].

El reconocimiento de Comstock sobre lo que enseña la Biblia lo lleva a catalogar la Biblia como peligrosa y en necesidad de ser editada seriamente.

Luke Timothy Johnson, quien es profesor de Nuevo Testamento en el Candler School of Theology de Emory University, lleva esto un paso más adelante. Johnson acepta que «en ningún lugar la Biblia habla en forma positiva o inclusive en forma neutral sobre el amor entre dos personas del mismo sexo». No obstante, luego concluye:

> Creo que es importante afirmar claramente que nosotros, de hecho, rechazamos los simples mandamientos de las Escrituras y que, en cambio, apelamos a otra autoridad cuando declaramos que las uniones entre personas del mismo sexo pueden ser santas y buenas. ¿Y cuál es exactamente esa autoridad? Apelamos explícitamente a nuestra propia experiencia y a la experiencia de miles de otros que han sido testigos, lo que nos dice que afianzar nuestra propia orientación sexual es de hecho aceptar la forma en que Dios nos ha creado. Al hacerlo, en forma explícita rechazamos las premisas de las declaraciones culturales que condenan la homosexualidad, que afirman que es un vicio que se elige por voluntad propia, un síntoma de la corrupción humana y desobediencia al orden creado por Dios[9].

Johnson mismo no puede escapar a la pregunta más obvia que se encuentra detrás de lo que él dice. Si vamos a dejar de lado lo que dice la Palabra de Dios a favor de la experiencia humana, entonces, ¿en la experiencia de quién vamos a confiar? La respuesta obvia es en la experiencia de Johnson y de cualquier otra persona que esté de acuerdo con él.

Las citas anteriores dejan bien claro que si alguien quiere defender la actividad homosexual, él o ella debe mantener que la Biblia es irrelevante para la humanidad moderna, inconsistente con nuestra experiencia y, por lo tanto, insuficiente como una fuente de verdad y como guía para nuestra vida; que la Biblia no solamente es deficiente, sino totalmente peligrosa.

La realidad es que tan pronto como defendemos la actividad homosexual, estamos menoscabando la autoridad bíblica. Y en el proceso de menoscabar la autoridad de la Biblia, estamos socavando la autoridad del evangelio, porque si la Biblia está equivocada en ciertos asuntos, entonces, ¿quién es el que determina en qué otras cosas está equivocada? Es por esto que Daniel Heimbach escribe lo siguiente en su excelente libro titulado *True Sexual Morality* (La verdadera moralidad sexual):

> Lo que está en juego en el conflicto actual sobre las relaciones sexuales es mucho más crítico, más central y más esencial que cualquier otra controversia que la iglesia haya conocido jamás. Esta es una declaración transcendental, pero la hago con seriedad y sin exagerar. En estos días, el conflicto sobre las relaciones sexuales no es un simple desafío a una tradición, a la ortodoxia y al respeto por la autoridad en esferas tales como la ordenación de ministros, el matrimonio y los roles asumidos por los géneros. No solamente afecta doctrinas importantes como la santidad de la vida humana, la autoridad y calidad de inerrable de las Escrituras, la Trinidad y la reencarnación de Cristo. Más bien, la guerra que hay entre los creyentes sobre las relaciones sexuales está ahora rugiendo sobre asuntos totalmente esenciales de la fe sin los cuales nadie puede ser un creyente verdadero, asuntos tales como el pecado, la salvación, el evangelio y la identidad de Dios mismo[10].

Sin tener en cuenta en qué lugar considera usted la controversia actual sobre la inmoralidad sexual, está claro que las preguntas más fundamentales acerca de lo que significa ser un creyente en Cristo y si nos debemos someter a la Palabra de Dios están en la balanza en este asunto.

CORAZONES ENTENEBRECIDOS, MENTES DESORIENTADAS

Esto no nos debería sorprender, porque el evangelio explica reiteradamente por qué hay tanto en juego en cuanto a nuestra posición sobre la moralidad sexual. La Biblia conecta nuestros corazones entenebrecidos a mentes desorientadas. Como resultado de la rebelión en nuestro corazón, nuestros pensamientos se vuelven «necios». Permítame hacer una paráfrasis de Romanos 1 para hacerlo más personal: «Aunque afirmamos ser sabios, somos cretinos, porque hemos cambiado la verdad de Dios por una mentira, adorando y sirviendo a cosas creadas en lugar de al Creador» (versículos 22, 25).

En nuestra mentalidad, en realidad comenzamos a creer que nuestros caminos son mejores que los de Dios. Tomamos ese don creado llamado relaciones sexuales y lo usamos para poner en duda lo que dice Dios, el Creador, quien fue el que nos dio ese don en primer lugar. Reemplazamos las reglas de Dios con nuestras preferencias, cambiando lo que dice Dios sobre la sexualidad por lo que dice nuestra observación y experiencia al respecto. En realidad estamos ciegos a nuestra propia necedad. Es como si estuviéramos viviendo lo que dice Proverbios 14:12: «Delante de cada persona hay un camino que parece correcto, pero termina en muerte». El verdadero peligro aquí es el de creer que sabemos más que Dios en cuanto a lo que es mejor para nuestro cuerpo y que justificamos el pecado sexual como resultado.

Todos los pecados sexuales, incluyendo el pecado sexual más abominable, pueden ser justificados y racionalizados por los que cometen dichos pecados. Cuando pienso en el tráfico sexual de niñas, del que hemos hablado en el capítulo 5, o sobre los escándalos sexuales de líderes de iglesias que han manchado trágicamente el cristianismo en nuestros días, no me puedo imaginar siquiera cómo podrían explicarse esas acciones. Sin embargo, he escuchado palabras de los labios de algunos de ellos que son inquietantes, por decir lo mínimo.

Por ejemplo, he escuchado a hombres adultos alegar lo siguiente en respuesta al cargo de que han manipulado a jovencitas: «¿Quién puede definir lo que es manipular, después de todo? ¿Qué clase de expresión sexual no involucra la manipulación en alguna forma?». El resto de su argumento dice: ¿Por qué les daría Dios ese deseo si no hubieran sido diseñados para satisfacerlo? Dios tiene que haberlos hecho de esa forma. Además, Jesús nunca habló en contra de ello; por el contrario, Jesús permitía que los niños se acercaran a él.

Me siento enfermo cuando escribo estas palabras, pero en un sentido terriblemente similar, estoy convencido de que tal justificación y racionalización reflejan nuestros corazones y pensamientos más de lo que querríamos admitir. Ya sea que seamos hombres o mujeres y ya sea que sintamos atracciones heterosexuales u homosexuales, todos tenemos deseos sexuales pecaminosos. Todos tenemos corazones entenebrecidos que nos tientan a satisfacer esos deseos fuera del matrimonio entre una mujer y un hombre. Todos tenemos pensamientos desordenados que tienden a explicar y a disculpar la satisfacción de esos deseos, aun tergiversando la Palabra de Dios para hacerla decir lo que queremos que diga. Todos estamos personal, biológica, cultural y espiritualmente predispuestos hacia el pecado sexual, pero algunos de nosotros simplemente estamos predispuestos en formas que son más aceptadas por la cultura. Finalmente, cada uno de nosotros es un pecador sexual.

Lo que quiere decir que cada uno de nosotros necesita desesperadamente de un Salvador.

PORQUE TANTO AMÓ DIOS AL MUNDO ...

Este Salvador es exactamente a quien encontramos en el evangelio. Después de que escuchamos la exhortación de la Biblia que nos dice: «¡Huyan de la inmoralidad sexual!», Dios nos dice: «porque Dios los compró a un alto precio» (1 Corintios 6:18, 20). La Buena Noticia del evangelio es que Dios ama tanto a los pecadores sexuales —todos nosotros—, que envió a su Hijo a pagar el precio de nuestro pecado sexual. Pablo escribe: «Pues Dios hizo que Cristo, quien nunca pecó, fuera la ofrenda por nuestro pecado, para que nosotros pudiéramos estar en una relación correcta con Dios por medio de Cristo» (2 Corintios 5:21). Cuando Jesús estaba colgado en la cruz, él tomó todo nuestro pecado sobre sí mismo. En palabras de Martín Lutero:

> Nuestro Padre misericordioso [...] envió a su Hijo
> unigénito al mundo, y puso sobre él los pecados de
> todos los hombres, diciendo: sé tú Pedro, el negador;
> Pablo el perseguidor, blasfemo y cruel opresor; David
> el que adulteró; aquel pecador que comió la manzana
> en el paraíso; el ladrón colgado en aquella cruz; y
> para decirlo brevemente, sé tú el que ha cometido los
> pecados de todo el mundo; y por lo tanto, paga tú lo
> que ellos debían[11].

Ah, ¡solamente el pensar en esto! Que Jesús, Dios en la carne, tomó sobre sí el castigo por todo nuestro adulterio, toda nuestra pornografía y cada uno de los pecados de lujuria que hemos cometido o que cometeremos. Por cierto que Jesús ha pagado un precio muy alto por nuestro cuerpo.

A veces tenemos la idea de que a Dios solamente le importa lo que hay en nuestro corazón, o en nuestro espíritu, o en nuestra alma, y que nuestro cuerpo no es realmente tan importante para él. No obstante, nuestro cuerpo *es* importante para él, y lo sabemos no solamente por el precio que pagó en la cruz, sino por lo que sucedió en su cuerpo antes y después de ir a la cruz.

Jesús no solamente murió por nuestro cuerpo; él nació y vivió con un cuerpo. El misterio más grande del cristianismo es la encarnación, la realidad de que Dios ha venido a nosotros con un cuerpo. Jesús nació exactamente como nosotros y con una vida precisamente como la que tenemos nosotros. Tendemos a minimizar la importancia de la humanidad de Jesús, olvidando que él comió y bebió, caminó y durmió, se rió y lloró en un cuerpo físico como el suyo y el mío. Él no vino como un espíritu para morir por nuestros pecados, sino como un niño que crecería y viviría entre pecadores.

Jesús vivió también una vida completa, lo cual es muy importante de recordar. Algunas personas dicen: «Si no pienso y actúo según mis deseos sexuales, entonces estoy incompleto. No estoy siendo fiel a la manera en que Dios me creó». Sin embargo, Jesús rechaza este sentimiento completamente, porque él fue la persona más íntegramente humana y más completa que jamás haya vivido y él nunca se casó. Nunca participó en ninguna clase de inmoralidad sexual (vea Hebreos 4:15), en ninguna clase de pensamiento, palabra u obra sexual fuera del matrimonio entre un hombre y una mujer. Ser fiel a la manera en que Dios lo creó no significa entregarse a los deseos sexuales pecaminosos.

En este cuerpo totalmente humano, Jesús fue a la cruz y murió por nuestros pecados y luego, después de la cruz, Dios resucitó su cuerpo de la muerte. Esta no fue solamente una resurrección del espíritu o del alma de Jesús, sino también de su *cuerpo*, y las implicaciones inherentes son enormes en lo que concierne a nuestro cuerpo. La Biblia dice: «Dios nos levantará de los muertos con su poder, tal como levantó de los muertos a nuestro Señor» (1 Corintios 6:14; vea también 1 Corintios 15). Al igual que Dios resucitó el cuerpo de Jesús de los muertos, él resucitará nuestro cuerpo de los muertos. Cuando leemos esto nos damos cuenta de que Dios ha hecho una inversión eterna en nuestros cuerpos. Un día, Dios levantará nuestros cuerpos para que estén con él en un nuevo cielo y en una nueva tierra. Por lo tanto, nuestros cuerpos físicos en la tierra son importantes para Dios, porque van a existir para siempre con él en el cielo.

Cuando usted pone junto todo esto, la verdad es asombrosa. Dios se preocupa tanto por nuestros cuerpos que envió a su Hijo en la carne para vivir como nosotros y entre nosotros. Entonces, aunque Jesús no pecó de ninguna manera y aunque no merecía pagar por el pecado, este Hijo fue a la cruz donde todo el precio del pecado fue colocado sobre su cuerpo (vea Romanos 8:3). Jesús murió por nuestros pecados. Luego, tres días después, Jesús resucitó de los muertos en un cuerpo físico que durará para siempre y él ha prometido resucitar los cuerpos de todos los que se arrepientan de sus pecados y lo reciban como su Salvador (vea 1 Corintios 15:42-55).

Haga una pausa por un momento para dejar que esto le penetre en la mente. El Dios del universo lo ama a usted profundamente. Él ve su cuerpo como algo de valor incalculable, a lo que no se le puede poner precio: un tesoro eterno creado por él. Cuando usted ponga su fe en Cristo, sin importar los pecados sexuales que haya cometido con su cuerpo, puede estar seguro de que un día Dios resucitará su cuerpo enfermo de pecado, para que sea puro, santo, eterno y que viva con él para siempre.

Aun mientras me regocijo al escribir esto, al mismo tiempo pienso en las advertencias de las Escrituras para todos aquellos que deciden no confiar en Cristo, en todos los que rechazan la Palabra de Dios y persisten en no arrepentirse de su inmoralidad sexual. Dios ha hablado y es muy claro: «¿No se dan cuenta de que los que hacen lo malo no heredarán el reino de Dios? No se engañen a sí mismos. Los que se entregan al pecado sexual o rinden culto a ídolos o cometen adulterio o son prostitutos o practican la homosexualidad o son ladrones o avaros o borrachos o insultan o estafan a la gente: ninguno de esos heredará el reino de Dios» (1 Corintios 6:9-10; vea también Mateo 5:27-29; Gálatas 5:19-21; Efesios 5:5; Judas 1:7; Apocalipsis 21:8). Esto no quiere decir que si usted alguna vez ha cometido alguna inmoralidad sexual de cualquier clase que sea, entonces irá al infierno. La Biblia se refiere a aquellos que rehúsan apartarse de la inmoralidad sexual y confiar en Cristo. Según el evangelio de la gracia de Dios, los pecadores humildes que se arrepienten de sus pecados y se vuelven a Jesús entrarán al cielo. Sin embargo, el pecado sexual del cual una persona no se ha arrepentido, finalmente la llevará al infierno.

UNA IDENTIDAD NUEVA

El arrepentimiento como éste no quiere decir perfección total, pero sí significa una nueva dirección. Como hemos visto, todos tenemos inclinación hacia el pecado sexual y esa inclinación se ve diferente en cada una de nuestras vidas. Somos personas diferentes —hombres y mujeres, solteros y casados, con distintos deseos y con atracciones diferentes— sin embargo, el llamado del evangelio es idéntico para cada uno de nosotros. Jesús lo expresó así: «Si alguno de ustedes quiere ser mi seguidor, tiene que abandonar su manera egoísta de vivir, tomar su cruz cada día y seguirme» (Lucas 9:23). El arrepentimiento es un llamado costoso que implica decir no a quien es usted (en su pecado) para encontrar una identidad totalmente nueva en quién es él.

Esto es crucial en una cultura que virtualmente identifica la sexualidad con la identidad. Si nos sentimos atraídos al sexo opuesto, se nos dice que somos, en el fondo de nuestro ser, heterosexuales. De la misma forma, si nos sentimos atraídos por personas de nuestro sexo, se nos dice que somos, en el fondo de nuestro ser, homosexuales. Naturalmente, ésta llega a ser la forma en que nos percibimos y, por lo tanto, vemos todo en nuestra vida a través de este patrón.

Sin embargo, el evangelio nos despierta a un patrón totalmente nuevo. El evangelio nos abre los ojos a la verdad de que Dios es verdaderamente justo y bueno. Su carácter es santo y su Palabra es verdad, y en lo profundo de nuestro ser nos hemos apartado de él. En este sentido, nuestra identidad es pecaminosa. No obstante, Cristo ha venido para sufrir el castigo de nuestro pecado y a tomar nuestro lugar de pecadores. Al hacer esto por nosotros, nos ha ofrecido una identidad nueva: *su* identidad. Ya no estamos separados de Dios, sino que ahora estamos unidos a él. Ya no estamos manchados por el pecado, sino que hemos sido limpios de pecado. Ya no somos culpables ante Dios el Juez, sino que ahora Dios nos ama como nuestro Padre. Ya no merecemos la muerte eterna, sin poder alcanzar jamás todo lo que Dios nos ha creado para ser, sino que ahora tenemos vida eterna, en la cual experimentamos más y más lo que Dios nos ha creado para ser exactamente.

Es por eso que Pablo, cuando cuenta su conversión, escribe con gozo: «Mi antiguo yo ha sido crucificado con Cristo. Ya no vivo yo, sino que Cristo vive en mí. Así que vivo en este cuerpo terrenal confiando en el Hijo de Dios, quien me amó y se entregó a sí mismo por mí» (Gálatas 2:20). Aquí Pablo está diciendo que cuando usted se vuelve a Cristo, su identidad total es cambiada. Usted está en Cristo y Cristo está en usted. Su identidad ahora no radica en ser una persona heterosexual, homosexual, un adicto o un adúltero. En otro pasaje Pablo les escribe a personas que eran eso y mucho más: «Algunos de ustedes antes eran así; pero fueron limpiados; fueron hechos santos; fueron hechos justos ante Dios al invocar el nombre del Señor Jesucristo y por el Espíritu de nuestro Dios» (1 Corintios 6:11).

Rosaria Champagne Butterfield fue antes una erudita feminista que se deleitaba en desacreditar la Biblia y a todos los que creen en ella. «Estúpidos. Inservibles. Peligrosos», escribe ella. «Eso es lo que yo pensaba de los creyentes y de su dios Jesús, quien luce en los cuadros tan poderoso como una modelo de avisos para vender champú Breck». Ella describía su vida como «profesora lesbiana e izquierdista» en estas palabras: «Mi vida era feliz y significativa, y me sentía realizada. Mi compañera y yo compartíamos muchos intereses vitales: participábamos activamente en la lucha contra el sida, en campañas de salud y de la educación de niños, en el rescate de perros y en nuestra iglesia Unitaria Universalista, para nombrar unos pocos de nuestros intereses»[12].

Fue a través de la participación compasiva de un pastor, quien con gentileza respondió a un editorial de crítica que ella había escrito en un periódico local, que ella vió y escuchó el evangelio. Este pastor y su esposa le mostraron a ella el amor de Dios. Ella comenzó a leer la Biblia y a lidiar con la siguiente pregunta: «¿Quería yo en realidad entender la homosexualidad desde el punto de vista de Dios, o quería simplemente discutir con él?». Una noche, ella comenzó a orar y continuó orando sin parar hasta la mañana. Ella escribe: «Cuando me miré al espejo, me veía igual. Sin embargo, cuando miré dentro de mi corazón a través del lente de la Biblia, me pregunté: *¿Soy lesbiana, o ha sido esto un caso de confusión de identidad? Si Jesús pudiera partir el mundo en dos, separar la médula del alma, ¿podría hacer que prevaleciera mi verdadera identidad? ¿Quién soy yo? ¿Quién quiere Dios que yo sea?*»[13].

Esta crisis de fe la llevó a lo que ella describe como «un día común y corriente» cuando aceptó a Cristo. «En esta guerra de cosmovisiones», escribe ella, «Jesús triunfó. Yo era una persona destrozada y confundida. La conversión fue un choque de trenes. No quería perder todo lo que amaba. No obstante, la voz de Dios cantó una canción de amor optimista en los escombros de mi vida. Con muy pocas esperanzas creí que si Jesús podía conquistar la muerte, él podía enderezar mi mundo»[14].

Este testimonio no se limita a profesoras lesbianas e izquierdistas. Este mismo testimonio es una realidad resonante a través de las páginas de la historia de la humanidad en incontables hombres y mujeres con diferentes pecados e inclinaciones sexuales que han sido impulsados por la muerte redentora de Cristo a negarse gustosamente a sí mismos para poder experimentar una vida totalmente nueva en él. Esta es la esencia de lo que significa ser creyente en Cristo.

UN LLAMADO COSTOSO

Este evangelio no solamente es crucial en una cultura que virtualmente equipara identidad con sexualidad, sino que también es crítico en una iglesia que en forma continua reduce el cristianismo a consumismo. «Venga a Cristo —es el mensaje que comunican muchas iglesias— y tendrá todo lo que anhela en este mundo. Salud. Riquezas. Felicidad. Prosperidad».

Imagínese diciéndole esto a Rosaria Butterfield, una mujer

para quien el costo de seguir a Cristo fue considerable. Para ella aceptar a Cristo implicaba no solamente dejar a su amante sino todo su mismo estilo de vida. Tantos detalles de su vida giraban alrededor de su identidad como lesbiana que cambiar esa identidad significaba desentrañar cada detalle. Es por eso que escribió lo siguiente en cuanto a resistir el evangelio: «Luché con todo lo que tenía. No quería eso. […] Me fijé en lo que me costaría, y no me gustó el resultado al otro lado del signo de igual»[15]. El llamado de seguir a Cristo en la vida de Rosaria Butterfield no fue una invitación a recibir algo que ella quisiera en este mundo. Fue una convocación para dejar todo lo que tenía.

Por eso es que debemos tener cuidado en la iglesia de no menoscabar la magnitud de lo que significa seguir a Cristo. Sí, este es un evangelio que no solamente exige que una mujer lesbiana deje de acostarse con su compañera, pero también es un evangelio que apremia al hombre heterosexual a que deje de entregarse a la pornografía, a los hombres casados que dejen de abandonar a su esposa y a los solteros que eviten la actividad sexual hasta que se casen. Sí, el sacrificio puede ser grande para ciertos creyentes que se han comprometido a permanecer solteros, pero el costo también debe estar claro para nuestros compañeros creyentes que con alegría dejan los placeres y las posesiones mundanas para poder seguir y proclamar a Cristo en este mundo.

Como iglesia en nuestra cultura, debemos asegurarnos de no predicar un evangelio que presente a Cristo como un medio para lograr una versión cristiana casual, conservadora y cómoda del «sueño americano». Este evangelio no va a funcionar en las comunidades homosexuales y lesbianas, ni tampoco en cualquier otro lugar. El evangelio es un llamado para cada uno de nosotros a morir —morir al pecado y al yo—, y a vivir con una fe inquebrantable en Cristo, eligiendo seguir su Palabra aun a riesgo de tener que enfrentarnos con nuestra cultura en una clara posición de confrontación.

Esta clase de muerte al «yo» requiere que cada uno de nosotros examine su propia sexualidad. ¿De qué formas específicas se siente inclinado hacia la actividad sexual fuera del matrimonio entre un hombre y una mujer? ¿Tiene la tendencia a considerar pensamientos sexuales acerca de alguien además de su cónyuge? ¿Se siente tentado a actuar de alguna manera para seguir esos pensamientos? ¿Está llevando esos pensamientos a la acción, como persona soltera o casada, heterosexual u homosexual?

Examine lo que mira y la vestimenta que usa. ¿Usa ropa ajustada y escotes bajos para vestirse? ¿De qué forma está promoviendo un sistema de entretenimientos que le envenena el alma mientras que encuentra placer en ver a otras personas pecar sexualmente? ¿De qué manera le impiden acercarse más a Cristo estas cosas que son tan comunes en la cultura?

Dios no le ha ocultado lo que usted debe hacer. «¡Huye! —le dice él—. Deja de razonar con la inmoralidad sexual, deja de racionalizarla y huye de toda clase de inmoralidad sexual tan pronto como te sea posible».

Ninguno de nosotros está solo mientras huye. Cada uno es un pecador sexual en un mundo lleno de pecadores sexuales. Desafortunadamente, en la iglesia tenemos la tendencia obvia de aislar a cierta clase de pecadores que lucha contra determinada tentación sexual. Miramos a los adúlteros como a un grupo de infieles que merecen ser dejados solos. Percibimos a vecinos homosexuales y lesbianas como enemigos en una conspiración cultural que busca apoderarse del país. Vemos a los adictos a la pornografía como pervertidos, a las prostitutas como proyectos para evangelizar, y a los travestís como gente que nos contaminará si nos acercamos demasiado a ellos. Vemos a otras personas como diferentes de nosotros y, en algunos casos, inclusive como peligrosas para nosotros.

No obstante, la verdad es que son como nosotros y nosotros somos como esas personas. Cada uno está buscando un camino que nos parece derecho y que parece que nos va a traer satisfacción. La Palabra divina habla a un mundo divido de pecadores sexuales y nos dice que *todos* andábamos perdidos, como ovejas que no tienen pastor (vea Isaías 53:6). Ya sea usted hombre o mujer, casado o divorciado, soltero o con conviviente, heterosexual u homosexual, cada uno de nosotros sigue su propio camino. Sin embargo, la Buena Noticia es que Dios ha puesto el castigo por nuestro pecado sobre su Hijo. Y para todos aquellos que diariamente se apartan de sí mismos y confían en él, Dios ofrece la paz y la serenidad de Cristo en un mar cultural de confusión sexual.

Lo que es más, en esa cultura, Dios nos llama a proclamar el evangelio. A preocuparnos los unos por los otros, a exhortarnos los unos a los otros para huir de toda forma de inmoralidad sexual. No nos llama a observar sentados en silencio porque eso es más conveniente en la cultura (o inclusive en la iglesia). No nos llama a esperar que la gente venga a nosotros, sino a que vayamos a ellos, tal como Cristo ha venido a nosotros, en amor y humildad, con gentileza y paciencia, en el contexto de una amistad compasiva y de una relación de hermandad. Nos llama a compartir el evangelio y a demostrar el amor de Dios a toda clase de pecadores sexuales alrededor nuestro, sabiendo que lo que está en juego es la eternidad. Solamente cuando reconocemos que un cielo eterno y un infierno eterno están pendientes en la balanza, nos damos cuenta de que no es posible creer lo que dice el evangelio y permanecer en silencio sobre los asuntos de pecado sexual.

LOS PRIMEROS PASOS PARA IR CONTRA LA CULTURA

Ore
Pídale a Dios que:
- Traiga convicción y arrepentimiento a la vida de los creyentes (incluyéndose usted) que están involucrados en inmoralidad sexual.
- Les dé compasión, valor, sabiduría y humildad a los creyentes que están involucrados en intervenir en asuntos tales como la actividad homosexual, la pornografía y otras formas de pecado sexual.
- Abra los corazones de los no creyentes para que vean que Dios perdona y destruye el poder del pecado sexual, y que la verdadera libertad se encuentra en Jesucristo.

Participe
En oración, considere dar los siguientes pasos:
- Reúnase con un grupo pequeño de personas en su iglesia para exhortarse mutuamente a permanecer puros sexualmente y a ser fieles.
- Apoye o participe en un ministerio que se ocupe de asuntos de inmoralidad sexual en nuestra cultura.
- Póngase en contacto con oficiales del gobierno local y exhórtelos a promulgar leyes que prevengan la explotación de las mujeres en nuestra cultura a través de medios como la pornografía y la prostitución.

Proclame
Considere las siguientes verdades de las Escrituras:
- 1 Corintios 6:9-10: «¿No se dan cuenta de que los que hacen lo malo no heredarán el reino de Dios? No se engañen a sí mismos. Los que se entregan al pecado

sexual o rinden culto a ídolos o cometen adulterio o son prostitutos o practican la homosexualidad o son ladrones o avaros o borrachos o insultan o estafan a la gente: ninguno de esos heredará el reino de Dios».

- 1 Corintios 6:18-20: «¡Huyan del pecado sexual! Ningún otro pecado afecta tanto el cuerpo como este, porque la inmoralidad sexual es un pecado contra el propio cuerpo. ¿No se dan cuenta de que su cuerpo es el templo del Espíritu Santo, quien vive en ustedes y les fue dado por Dios? Ustedes no se pertenecen a sí mismos, porque Dios los compró a un alto precio. Por lo tanto, honren a Dios con su cuerpo».
- Isaías 1:18: «Vengan ahora. Vamos a resolver este asunto —dice el SEÑOR—. Aunque sus pecados sean como la escarlata, yo los haré tan blancos como la nieve. Aunque sean rojos como el carmesí, yo los haré tan blancos como la lana».

Para más sugerencias (y más específicas), visite CounterCultureBook.com/SexualMorality.

CAPÍTULO 8

UNIDAD EN LA DIVERSIDAD: EL EVANGELIO Y EL ORIGEN ÉTNICO

Addie Mae Collins, Cynthia Wesley, Carole Robertson y Denise McNair.

Estas cuatro jovencitas perdieron la vida en un instante, un domingo cuando explotó una bomba en una iglesia. Tal vez usted se pregunte: *¿Por qué pusieron una bomba en la iglesia de ellas?* Y la respuesta no tiene nada que ver con la clase de persecución que la gente enfrenta alrededor del mundo por tener fe en Cristo. No, la bomba fue puesta en esa iglesia porque era una iglesia de personas negras y los hombres que atacaron la iglesia eran supremacistas blancos.

Hace poco tiempo, tuve el honor de predicar junto con el pastor de Sixteenth Street Baptist Church en el mismo edificio que fue destrozado por esa bomba hace cincuenta años. Estuve en la plataforma con otros pastores de la ciudad, en un auditorio lleno de creyentes negros y blancos mientras juntos recordábamos aquel horrible hecho, tristemente una de las muchas atrocidades que ocurrieron en la ciudad de Birmingham (la cual en algún momento la llamaron «*Bombingham*») durante aquel tiempo, y renovamos nuestro compromiso en Cristo de trabajar juntos en favor del evangelio en nuestra ciudad.

Esa reunión tuvo lugar el viernes santo, el mismo día en que, cincuenta años atrás, Martin Luther King Jr. había guiado una marcha pacífica a través del centro de Birmingham, por lo que fue tomado preso y encarcelado. Mientras King enfrentaba condiciones inhóspitas en aislamiento en la prisión, alguien le llevó una carta publicada y firmada por ocho pastores blancos de Birmingham, en la cual lo criticaban por sus métodos y lo apremiaban a ser paciente al promover los derechos civiles. King escribió una carta en respuesta:

> Resulta fácil para los que nunca han sufrido el dolor de la
> segregación decirnos que esperemos. Pero cuando usted
> ha visto a una banda de malvados linchar a su madre y a
> su padre, porque les dio la gana de hacerlo, y de ahogar a
> sus hermanos y hermanas por capricho; cuando ha visto
> a policías llenos de odio que maldicen, patean, tratan
> brutalmente e inclusive matan a sus hermanos y hermanas
> con impunidad; cuando ve a la gran mayoría de sus veinte
> millones de hermanos negros ahogarse en una jaula de
> pobreza en medio de una sociedad adinerada; cuando de
> pronto a usted se le traba la lengua y tartamudea tratando
> de explicarle a su hija de seis años por qué no puede ir
> al parque de diversiones que vio en un comercial de la
> televisión, cuando ve las lágrimas de ella en sus ojitos
> mientras le dice que Funtown está cerrado para los niños
> negros y ve las deprimentes nubes de inferioridad que
> se comienzan a formar en su pequeño cielo mental, y

cuando ve el comienzo de la distorsión de su pequeña personalidad que en forma inconsciente comienza a desarrollar amargura hacia la gente blanca; cuando tiene que confeccionar una respuesta para su hijo de cinco años que le pregunta en patetismo agonizante: «Papá, ¿por qué la gente blanca trata tan mal a la gente negra?»; cuando usted viaja por el país y encuentra que debe dormir noche tras noche en forma incómoda en su automóvil porque ningún motel lo acepta; cuando usted es humillado todos los días por carteles que hablan de «hombres blancos» y «gente de color»; cuando su nombre de pila es «negro», seguido de «muchacho» (sin importar para nada su edad) y su apellido se convierte en «John», y cuando ni a su esposa ni a su madre les dicen «señora»; cuando es acosado de día y perseguido de noche por el hecho de que es un Negro, viviendo en constante estado de vigilancia, sin saber qué esperar a continuación, y está lleno de temores internos y resentimientos externos; cuando usted está batallando contínuamente contra un sentido abrumador de ser «un don nadie», entonces entenderá por qué nos resulta difícil esperar. Llega un tiempo cuando se desborda la copa de resistencia y los hombres ya no están dispuestos a ser arrojados al abismo de la injusticia[1].

Entonces, siguiendo a la explicación de King en cuanto a su obligación de desobedecer una ley injusta del gobierno para obedecer la ley justa de Dios, en forma penetrante acusa a estos pastores con las siguientes palabras:

En medio de las evidentes injusticias que se han perpetrado contra los Negros, he visto a iglesias blancas permanecer en el banquillo y expresar simplemente irrelevancias piadosas y trivialidades santurronas. En medio de una lucha descomunal para librar a nuestra nación de las injusticias raciales y económicas, he escuchado a muchos ministros decir: «Esos son temas sociales que no son realmente asunto del evangelio»[2].

Luego él les rogó que aplicaran el evangelio a los asuntos sociales diciendo:

Hubo un tiempo cuando la iglesia era muy poderosa. Fue durante ese período cuando los primeros cristianos se regocijaban cuando eran considerados dignos de sufrir por sus creencias. En aquellos días la iglesia no era simplemente un termómetro que marcaba las ideas y los principios de la opinión popular; era un termostato que transformaba las tradiciones de la sociedad. [...]
Sin embargo, el juicio de Dios está sobre la iglesia como nunca antes. Si la iglesia de hoy no vuelve a capturar el espíritu de sacrificio de la primera iglesia, va a perder su sello de autenticidad, perderá la lealtad de millones y será descartada como un club social irrelevante y sin significado en el siglo xx.

Volví a leer estas palabras mientras preparaba mis comentarios para aquel viernes santo y volví a sentir dolor por las acciones contrarias al evangelio de mis antepasados durante aquella época.

No obstante, tenía que ser honesto. Tanto como me quería distanciar de aquellos ocho pastores de la década de 1960 en Birmingham, tuve que admitir que tengo las mismas tendencias a negar el evangelio que provocaron aquella carta. Porque tengo la tendencia de preferir a personas que son como yo en cuanto a color, cultura, antepasados e historia. Si entro solo a un lugar y veo dos mesas, una con un grupo de personas que son de mi grupo étnico y la otra mesa con un grupo étnico diferente al mío, en forma instintiva me dirijo al grupo que es como yo. Supongo que algo en mí me asegura que esos que son como yo son más seguros, que me voy a sentir más cómodo y por lo tanto que es mejor para mí. En forma similar, tengo la tendencia de actuar como si los que no son como yo me resultarán menos seguros, menos cómodos y me beneficiarán menos. Entonces, me parece que solamente hay una distancia corta entre esa simple preferencia a la clase de prejuicio pecaminoso que marcó a mis predecesores en el pastoreo. La diferencia entre ellos y yo es más en referencia al grado que a la clase[4].

Así que cuando prediqué mi sermón aquel viernes santo, tuve que confesar la tendencia pecaminosa de mi propio corazón de preferir a una persona por sobre otra, basándome en cosas particulares que nos son comunes. Lo que es más, aun cuando escribo estas palabras hoy, tengo que admitir que no he resistido esta tendencia en mi propio corazón y en mi iglesia con la intensidad con que debería de haberlo hecho. Me siento inadecuado para escribir este libro en muchos niveles, pero esa inadecuación se puede sentir más en este capítulo, porque aunque he buscado desarrollar amistades, fomentar asociaciones y forjar iniciativas que promuevan unidad a través de las líneas étnicas, sé que hay tanto más que necesita ser hecho en mi propia vida y en la vida de la iglesia de la cual soy parte.

Esto es mucho más evidente cuando el asunto de inmigración en nuestra cultura viene al caso. He vivido y trabajado en un estado en el que los legisladores han tratado de aplicar la legislación sobre inmigración más inflexible del país. Debates intensos sobre las leyes de Alabama han reflejado discusiones fervientes en todo Estados Unidos en cuanto a cómo tratar el asunto de los doce a quince millones de inmigrantes indocumentados que actualmente viven en nuestro país. Estos hombres, mujeres y niños viven en mi comunidad (y en la suya), representando variados grupos étnicos, hablando diferentes idiomas y procediendo de diferentes grupos culturales. La iglesia ha dado pequeños pasos para alcanzarlos por medio de ministerios específicos, pero en forma urgente debemos considerar cómo podemos (*y debemos*) evitar los pecados de nuestros antepasados en la época de los Derechos Civiles. La opresión de inmigrantes por la mayoría ciertamente no es mejor que la segregación que hicieron los blancos con los negros.

El evangelio nos obliga a tal acción. Por la gracia de Dios, debemos trabajar para vencer los prejuicios orgullosos en nuestra vida, familias e iglesias, un proceso que estoy convencido de que comienza con cambiar completamente la conversación sobre las razas. Lo que es más, con la sabiduría de Dios debemos trabajar como ciudadanos responsables para respetar las leyes de inmigración en nuestro país, al mismo tiempo que como creyentes compasivos tenemos que amar a las almas inmigrantes en nuestra comunidad. En un contexto en el que las minorías llegarán a ser las mayorías en el transcurso de los siguientes treinta años, debemos considerar cómo aplicar el evangelio en una multiplicidad de culturas para la gloria de Cristo.

LA RAZA HUMANA

Vivimos en una cultura en la cual en forma constante estamos sumergidos en discusiones sobre las razas y el racismo. Participamos en conversaciones y dirigimos seminarios, auspiciamos debates y promovemos diálogos, escribimos artículos y damos charlas acerca de cómo resolver la tensión racial en nuestra cultura. Sin embargo, ¿estamos tratando acaso de encontrar soluciones a un problema que hemos definido muy mal? ¿Qué si el evangelio no solamente va contra la cultura en este asunto, sino que reestructura totalmente el discurso sobre raza?

Considere el punto inicial del evangelio sobre muchos de los asuntos sociales que ya hemos tratado: la creación del hombre y de la mujer a la imagen de Dios, con igual dignidad ante Dios. Como ya hemos visto, esto quiere decir que ningún ser humano es más o menos humano que otro. Todos hemos sido creados a la imagen de Dios. Es la falta de confianza en esta verdad del evangelio lo que ha llevado a horrores indescriptibles en la historia humana. La esclavitud en Estados Unidos, el holocausto en Alemania, la masacre de armenios en Turquía, el genocidio en Ruanda y la masacre japonesa de seis millones de coreanos, chinos, indochinos y filipinos, todo como resultado del engaño satánico de líderes y ciudadanos quienes creyeron ser intrínsecamente superiores a otras razas. No obstante, desde el primer capítulo de la Biblia, lo siguiente es claro: todos los hombres y todas las mujeres han sido hechos a la imagen de Dios.

Génesis 1 sienta la base, pero Génesis 10 amplía el hecho al decirnos que después de la caída del hombre y del diluvio del mundo, los hombres fueron «identificados por clan, idioma, territorio e identidad nacional» (Génesis 10:31). Sin embargo, todas estas divisiones remontan el origen de sus familias a una familia —Noé y sus hijos— quienes llevan el origen de su familia hasta una pareja, Adán y Eva. Esto es precisamente a lo que se refiere el apóstol Pablo en el Nuevo Testamento cuando les dice a una cantidad de filósofos en Atenas: «De un solo hombre hizo todas las naciones para que habitaran toda la tierra; y determinó los períodos de su historia y las fronteras de sus territorios» (Hechos 17:26, NVI).

Por lo tanto, la línea histórica de la Biblia describe una unidad básica detrás de la diversidad del mundo. Desde el principio, Dios diseñó una familia humana que se originaría de un padre y de una madre. De esos antepasados comunes saldría una letanía diversa de clanes que vivirían en tierras lejanas y de esos clanes saldrían naciones nuevas. Antes de mucho, vemos en la Biblia a gente con distinto color de piel y con diferentes patrones culturales esparcidos por todo el paisaje humano.

Cuando consideramos esto, tal vez nos preguntemos: «Entonces, ¿de qué raza eran Adán y Eva?». La respuesta es a la vez obvia y simple: de la raza humana.

«No —tal vez digamos—, lo que yo quiero saber es de qué color era la piel de ellos».

Tan pronto como formulamos esta pregunta, nos damos cuenta de que el problema aquí tiene dos niveles. En primer lugar, no sabemos la respuesta a esta pregunta porque la Biblia no lo dice. Bueno, en la mayoría de las Biblias del oeste que contienen ilustraciones, hemos dibujado a Adán y a Eva como personas blancas, pero no tenemos base para esta suposición. En realidad, la primera pareja podría haber tenido cualquier color de piel, o colores diferentes. Tal vez la piel de Eva era del color de la tierra o del color de los huesos. En realidad, la genética señala la probabilidad de que nuestros primeros padres hayan tenido la piel más oscura, porque es el gene que predomina en el color de la piel. Sea lo que sea, nos encontramos pensando y hablando sobre la gente en términos que la Biblia ni siquiera usa.

En segundo lugar y lo que es más importante, la Palabra de Dios no nos dice de qué color era la piel de Adán y Eva porque Dios no compara la membresía en la raza humana con el color de la piel. Cualquiera que fuera el color de la piel de Adán y de Eva (y de sus hijos), ellos tenían el ADN diseñado por Dios que finalmente se convertiría en una familia de muchos colores en un mundo multicultural.

De esta forma, Dios nos recuerda que sin tener en cuenta el color de nuestra piel, todos tenemos las mismas raíces.

Fundamentalmente, todos somos parte de la misma raza. Es por eso que todos necesitamos del mismo evangelio.

UN PUNTO DE PARTIDA SIN EL EVANGELIO

Cuando entendemos esto, nos damos cuenta de que la mayoría de las discusiones en nuestra cultura en cuanto a la raza y al racismo comienzan en un punto en que no existe el evangelio. Porque en el proceso de hablar sobre nuestra diversidad en términos de «razas» diferentes, estamos rebajando nuestra unidad en la raza humana. Esto no es solamente un asunto de semántica. En nuestras conversaciones, estamos creando categorías para definirnos los unos a los otros que lamentablemente no solamente no sirven de nada sino que, en última instancia, resultan imposibles.

La categoría de «raza» tal como la usamos comúnmente no ayuda porque coloca la identidad en la apariencia física. Usted es negro; yo soy blanco. Estas declaraciones parecen simples, pero son más que simples indicadores del color de la piel. Llevan consigo una gran cantidad de suposiciones y de estereotipos que están basados totalmente en atributos biológicos. Simplemente porque el tono de la piel o la textura del cabello son de cierta forma, instintivamente asumimos ciertas características sobre otras personas, ya sean positivas o negativas (y más a menudo negativas).

Además, la categoría de «raza» como la usamos comúnmente se hace imposible cuando nos encontramos con alguien que no encaja perfectamente en la clasificación por color. Pienso en un buen amigo mío que se llama Deric. Cuando la madre de Deric tenía diecisiete años de edad, en un pueblo rural del noroeste de Alabama, descubrió que estaba embarazada. Ella era blanca y el padre del niño era negro. Sintió pánico y, sin saber qué hacer, luego de deliberaciones iniciales con algunos de sus amigos, decidió abortar. Después de todo, ¿qué pensaría la gente de la comunidad? El matrimonio de personas de razas diferentes fue ilegal en Alabama hasta el año 1967. (No fue sino hasta el año 2000 que los legisladores eliminaron las siguientes palabras de la constitución del estado: «La legislatura nunca pasará ninguna ley para autorizar o legalizar el matrimonio entre una persona blanca y un Negro, o el descendiente de un negro»).

Así que sus amigos la acompañaron a la clínica, donde la llevaron a la parte de atrás y la acostaron en una mesa. Después de darle sedativos, el doctor comenzó a formularle preguntas. El marcó pregunta tras pregunta, hasta que llegó a la última: «¿Todavía quiere que se le haga este procedimiento?». Ella pensó por un momento. Luego, aunque estaba bajo la influencia de los sedativos, para la sorpresa del doctor y de sus amigos, ella dijo «No». Se fue de la clínica y algunos meses después nació Deric.

Entonces, ¿de qué «raza» es Deric? ¿Es negro? ¿O es blanco? ¿Es de alguna forma de las dos razas? ¿En qué categoría debemos poner a Deric y con qué suposiciones debemos dirigirnos a él?

Tal categorización se hace imposible con la globalización de nuestras comunidades. Thabiti Anyabwile, un amigo mío que es pastor y que ha escrito extensamente sobre este tema, vivió en la isla Gran Caimán durante muchos años. Como hombre «negro», él explica la futilidad de usar la «raza» para distinguir a los hombres y a las mujeres:

Mi peluquero en el Caribe se parece a mí. Usted pensaría que es un norteamericano de raza africana hasta que abre la boca. Cuando habla, habla en el dialecto jamaiquino *patois*, así que queda claro que él no es un norteamericano de raza africana. Mi asistente administrativo está orgulloso de ser jamaiquino y su piel es muy blanca. La señora que trabaja en mi barbería se parece mucho a mi esposa. Usted pensaría que es norteamericana de ascendencia africana o inclusive del Gran Caimán. Ella nació en Honduras. Esta noción de imponer categorías a la gente en forma artificial según el color de su piel —biología—, es un total desatino. Es una imposibilidad. Es por eso que mucho del campo que estudia las razas y la etnicidad en gran parte ha abandonado el identificar a las personas de acuerdo a las categorías biológicas de raza[5].

Pienso en esta misma realidad cuando predico en lugares como Dubai. Nunca he estado en ningún otro lugar del mundo donde me haya sentido más como en el cielo que cuando estuve de pie frente a una iglesia evangélica de la cual es pastor un amigo mío en Dubai. Imagínese que está mirando a una multitud de personas y ve por lo menos setenta nacionalidades diferentes en un auditorio. Después de la reunión, cuando me quedé para hablar con algunos de los miembros de esa iglesia, no creo haber hablado con más de una persona de la misma nacionalidad. Eran de diferentes colores, de diversas culturas, hablaban con distintos acentos y tenían atributos peculiares. Sin embargo, mientras estaba entre ellos, me sentí extrañamente consciente de que ellos (o, mejor dicho, nosotros) éramos muy parecidos. Cada uno de nosotros tenía raíces que comenzaron en Adán y cada uno de nosotros fue creado a la imagen de Dios mismo.

Este punto de inicio contradice fundamentalmente el punto inicial que existe actualmente para entender y tratar este asunto social en nuestra cultura. Tampoco es esto solo un asunto de semántica que no está conectado a nuestra vida diaria. Aun mientras escribo estas líneas, estoy viendo estallidos sociales que están ocurriendo en Ferguson, Missouri, donde un joven adolescente «negro» murió en la calle después de que un oficial de policía «blanco», aparentemente sin justificación, le disparó. Para cuando este libro sea publicado, más detalles relativos a este caso serán de conocimiento público y pudiera ser que otros casos trágicos como este hayan tenido lugar. A pesar de todo, la realidad en nuestra cultura es clara: conversaciones sobre hechos como los ocurridos en Ferguson, o lo que sucedió en Florida con Trayvon Martin, comienzan desde un punto de división. Debido a que nosotros, en lugar de ayudar, nos categorizamos los unos a los otros en términos de razas diferentes, y debido a que inevitablemente nos llamamos los unos a los otros según el color de nuestra piel, con toda clase de estereotipos asociados con las expresiones «negro» y «blanco», perjudicamos inicialmente nuestra habilidad para hablar y para debatir acerca de las serias tensiones que existen sobre este asunto social. Hasta que no cambie ese punto de partida, clasificaciones como estas continuarán probando ser mortales. Sí, en realidad mortales.

Es obvio que no estoy tratando de negar las claras diferencias que existen entre diversos grupos de personas. Eso no se basa solo en principios bíblicos, sino en observaciones prácticas. En cambio, lo que quisiera que lográramos es una confesión sincera del evangelio que dice que somos una sola raza, porque cuando esa realidad se hace clara, estamos en un punto de partida mucho mejor en nuestra cultura para hablar sobre nuestras diferencias.

NUESTRA ETNIA

Esto nos lleva directamente al lugar en el que la Biblia nos da las bases para entender nuestra diversidad humana: nuestra etnia. Para usar el lenguaje de Génesis 10, pertenecemos a «clanes» en «naciones» separadas que hablan sus propios «idiomas» en diferentes «tierras». Actualmente, con la globalización del mundo y con la inmigración de hombres y mujeres a diferentes continentes y ciudades, estos clanes de naciones separadas con idiomas distintos a menudo viven ahora en la misma tierra.

Aquí es de inmensa ayuda el concepto de etnia, porque incluye todas estas consideraciones y más. En vez de estar estrictamente limitada a la biología, la etnia es algo mucho más fluido, porque incluye las características sociales, culturales, lingüísticas, históricas y aun las religiosas. Mientras que por lo regular reconocemos aproximadamente doscientas naciones en el mundo actual, los eruditos en antropología han identificado miles (algunos dicen más de once mil; otros dicen más de dieciséis mil) de grupos etnolingüísticos en el mundo. Estos grupos, a los que a menudo nos referimos como grupos de personas, poseen una identidad colectiva que es común con la historia, las costumbres, los patrones y las prácticas que se basan en dos características primarias: la etnicidad y el idioma[6].

Sin embargo, estas categorías no se reducen solamente a eso. Algunos grupos de personas hablan varios idiomas diferentes, sin embargo se consideran a sí mismos como un solo grupo étnico. Por ejemplo, en la parte sur del Sudán he visitado a los dinka. Hablan en varios dialectos diferentes que incluyen cinco idiomas separados, pero se identifican a sí mismos como un solo grupo. En forma similar, otros grupos de personas tal vez hablen el mismo lenguaje, pero se consideran de grupos étnicos diferentes. Un ejemplo de esto son los grupos tutsi y hutu del este del África central. Ambos tienen un idioma común y una cultura común, pero han mantenido identidades sociales diferentes por los últimos dos mil años[7].

Cuando aplicamos esto a Estados Unidos, entonces no tiene sentido categorizar a nuestro propio país como una nación de negros, blancos, mestizos u otras «razas». En cambio, somos una nación de grupos diversos que siguen aumentando. Somos angloamericanos, afroamericanos, latinoamericanos, asianoamericanos y otros. Estas categorías pueden ser subdivididas aún más si nos basamos en otros factores etnolingüísticos, lo que nos lleva a percatarnos de que somos una nación de grupos singulares de personas, con historias diversas, de diferentes tierras, con distintas costumbres e inclusive idiomas particulares.

El fin de semana pasado, un grupo pequeño de miembros de nuestra iglesia decidió pasar una tarde con personas de grupos diferentes en nuestra ciudad. Fueron a restaurantes y mercados internacionales, centros comunitarios y universidades, donde conocieron a personas de Tailandia, Filipinas, Vietnam, Punyab, Guyarat, Colombia y El Salvador, y árabes de Palestina, del Jordán, de Yemen del Norte y de Marruecos, para nombrar solamente a algunos de los grupos lingüísticos que encontraron en unas pocas horas. Por cierto que esta gran diversidad de personas no puede ser definida solamente por el color de su piel, la textura del cabello o el color de los ojos.

Algunos podrían decir que al abandonar las categorías de negros y blancos al hablar sobre raza y racismo, estamos barriendo debajo de la alfombra siglos de historia y de opresión como si nunca hubieran sucedido. ¡De ninguna manera! En cambio, al basar nuestro diálogo en características etnolingüísticas significativas, estamos reconociendo esos siglos de historia y de opresión que sucedieron, combinados con una cantidad de otros factores que no pueden ser reducidos a la biología básica. Lo que es más, al eliminar por completo la raza y el racismo de esta discusión, estamos abriendo el camino para que nosotros, como una sola raza, llamemos al racismo por lo que es: un pecado nacido en un corazón lleno de orgullo y de prejuicios. Al hacer esto, estamos preparando el escenario para entender cómo el evangelio en forma única puede fomentar una inclusión poderosa en medio de una diversidad separatista.

LO QUE HACE POSIBLE EL EVANGELIO

Tan pronto como la Palabra de Dios nos presenta clanes, idiomas, tierras y naciones diferentes, inculpa a la gente por su orgullo egoísta y por sus prejuicios étnicos. Ese orgullo es evidente aun en la primera familia, cuando Caín, uno de los hijos de Adán y Eva, mata a su hermano Abel. En seguida después de eso, «El Señor vio la magnitud de la maldad humana en la tierra y que todo lo que la gente pensaba o imaginaba era siempre y totalmente malo» (Génesis 6:5). En los siguientes capítulos de la Biblia, la maldad provoca guerras entre las naciones y conflictos entre los clanes. Cuanto más se mezclan las diferentes personas, tanto más se maltratan los unos a los otros. Las páginas de la Biblia y de la historia de la humanidad están llenas de malvada afinidad por la animosidad étnica.

Estas mismas páginas revelan a Dios con un amor inefable por todos los grupos de personas. Después de que las naciones en Babel se rebelan contra Dios en Génesis 11, Dios llama a un grupo de personas para que sea de él en Génesis 12. Dios le promete a ese grupo israelita que los bendecirá, pero el propósito de su bendición va mucho más allá de ellos. Dios les dice: «Todas las familias de la tierra serán bendecidas por medio de ti» (Génesis 12:3). Esta promesa es reiterada una y otra vez en el Antiguo Testamento a medida que Dios declara su deseo de que todas las naciones reconozcan su grandeza y experimenten su gracia (vea Salmo 96).

Lo que es más, Dios le da leyes a su pueblo, los de etnia israelita, en lo referente a cómo deben tratar a los diversos grupos que los rodean[8]. Después de que los israelitas pasaron siglos de exilio en Egipto, Dios les ordena lo siguiente: «No maltrates ni oprimas a los extranjeros en ninguna forma. Recuerda que tú también fuiste extranjero en la tierra de Egipto» (Éxodo 22:21). En palabras que siguen a lo que ya hemos examinado en el capítulo referente a la justicia para el huérfano y la viuda, Dios declara que él «Les demuestra amor a los extranjeros que viven en medio de ti y les da ropa y alimentos» (Deuteronomio 10:18). En consecuencia, Dios llama a los suyos a que amen a los extranjeros. A través de los profetas, Dios acusa a su pueblo de extorsión y de robo, y les dice: «Hasta la gente común oprime a los pobres, les roba a los necesitados y priva de justicia a los extranjeros» (Ezequiel 22:29; vea también Jeremías 7:6; Zacarías 7:10).

La palabra hebrea para «extranjero» en estos pasajes puede ser traducida básicamente y entendida prácticamente como «inmigrante». Esos extranjeros que habían sido separados de sus familias y de sus tierras se encontraban en posiciones difíciles, en necesidad de ayuda de la gente entre la cual vivían. Como resultado, Dios los mira con compasión especial, y la Biblia a menudo agrupa al extranjero, o inmigrante, junto al huérfano y a la viuda. Las páginas del Antiguo Testamento presentan a Dios como «El Señor protege a los extranjeros» (Salmo 146:9).

Cuando Jesús viene a la tierra en el Nuevo Testamento, con rapidez se nos presenta como un inmigrante. Después de que él nace, la familia de Jesús huye de una peligrosa situación política en Belén y viaja a Egipto, donde viven durante años como extranjeros en una tierra extraña. Cuando Jesús regresa a Israel y desde el comienzo de su ministerio, sutilmente derriba el orgullo nacional de los de etnia israelita quienes esperaban un Mesías judío que derrocaría a Roma y reestablecería a Israel. Aunque el enfoque principal de Jesús está en «las ovejas perdidas del pueblo de Israel» (Mateo 15:24, NVI); sin embargo, él va más allá de los límites de la nacionalidad en los momentos críticos para amar, servir, enseñar, sanar y salvar a los cananeos y a los samaritanos, a los griegos y a los romanos[9]. Luego, Jesús sorprende a los sistemas preconcebidos de sus discípulos judíos no solamente muriendo en una cruz y resucitando de los muertos, sino también ordenándoles que proclamen el «perdón de pecados para todos los que se arrepientan» (Lucas 24:47). Jesús no vino solamente como Salvador y Señor de Israel; él vino como Salvador y Señor de todos.

Esta realización llegó a ser el fundamento del llamado a la unidad étnica cuando se estableció la iglesia. La división cultural entre judíos y gentiles (todos los que no son judíos) era muy pronunciada durante el primer siglo. Sin embargo, a medida que se desarrolla la historia de la iglesia, leemos cómo, para sorpresa de muchos judíos, los gentiles comenzaron a creer en Jesús. Al principio, los cristianos judíos no sabían cómo responder a eso. ¿Deberían aceptar a los cristianos gentiles? Si los aceptaban, ¿necesitaban imponerles las costumbres judías? Aunque finalmente los gentiles fueron aceptados en la iglesia, se sentían como creyentes de segunda clase.

En esa atmósfera, Pablo les habla a los creyentes gentiles diciéndoles:

En esos tiempos, ustedes vivían apartados de Cristo. No se les permitía ser ciudadanos de Israel, y no conocían las promesas del pacto que Dios había hecho con ellos. Ustedes vivían en este mundo sin Dios y sin esperanza, pero ahora han sido unidos a Cristo Jesús. Antes estaban muy lejos de Dios, pero ahora fueron acercados por medio de la sangre de Cristo. Pues Cristo mismo nos ha traído la paz. Él unió a judíos y a gentiles en un solo pueblo cuando, por medio de su cuerpo en la cruz, derribó el muro de hostilidad que nos separaba. EFESIOS 2:12-14

Luego los exhorta diciendo: «Ahora todos podemos tener acceso al Padre por medio del mismo Espíritu Santo gracias a lo que Cristo hizo por nosotros. Así que ahora ustedes, los gentiles, ya no son unos desconocidos ni extranjeros. Son ciudadanos junto con todo el pueblo santo de Dios. Son miembros de la familia de Dios» (Efesios 2:18-19).

Estas palabras describen bellamente el poder único del evangelio para reunir a gente de (y, también, dentro de) diferentes grupos étnicos. Tiene sentido, ¿no es verdad? Porque al principio, el pecado separó al hombre y a la mujer de Dios y también a los unos de los otros. Este pecado estuvo (y está) en la raíz del orgullo y del prejuicio étnico. Cuando Cristo fue a la cruz, él conquistó el pecado, abriendo el camino para librar a la gente de la esclavitud del pecado y para restaurarla con Dios. Al hacerlo, preparó el terreno para que todas las personas se reconcilien las unas con las otras. Los seguidores de Cristo tienen un «Padre» y pertenecen a una «familia» y a un «hogar» sin ningún «muro de hostilidad» basado en la diversidad étnica.

Esta fue entonces la gloriosa realidad expresada en aquella reunión del viernes santo en Sixteenth Street Baptist Church. Allí estaba yo, en un lugar lleno de personas diferentes, algunas de las cuales habían estado en ese edificio el día en que estalló la bomba. Cuando miraron mi rostro blanco, podrían haber visto la misma clase de persona que asesinó a aquellos niños. No obstante, por la gracia de Dios, no fue así. En cambio, vieron a un hermano en Cristo cuyo carácter, agradecidamente, no está atado a una historia atormentadora y cuya identidad, gracias a Dios, no está confinada a cierto color de piel. Este es el cuadro que hace posible el evangelio.

SOMOS UNO EN CRISTO

Sin embargo, no se equivoque. No se trata de que en aquella reunión de viernes santo los hombres y las mujeres que eran diferentes a mí necesitaban ignorar la historia de lo que las personas de mi grupo social les habían hecho o que tenían que pasar por alto las formas en que soy diferente a ellos. En su conocido discurso durante la famosa marcha a Washington, Martin Luther King Jr. se paró en la escalinata del Lincoln Memorial y gritó: «Tengo un sueño y es que mis cuatro hijos pequeños un día vivan en una nación en la cual no sean juzgados por el color de su piel sino por la entereza de su carácter»[10]. Desde aquel día, algunos en nuestra cultura han abogado por una sociedad ciega al color de la piel que pretenda que nuestras diferencias no existen.

Sin embargo, esto no es a lo que nos llama el evangelio. Porque el evangelio no niega las obvias diferencias étnicas, culturales e históricas que nos distinguen a los unos de los otros. El evangelio tampoco supone que estas diferencias son simplemente superficiales. En cambio, el evangelio comienza con un Dios que crea a todos los hombres y mujeres a su imagen y luego diversifica a la humanidad de acuerdo a clanes y tierras, como una reflexión creativa de su gracia y de su gloria en distintos grupos de personas. Al destacar la belleza de tal diversidad, el evangelio entonces va en contra de la errada ilusión cultural que dice que se abre el camino a la unidad al disminuir aquello que nos hace únicos. En cambio, el evangelio nos obliga a celebrar nuestras distinciones étnicas, a valorar nuestras diferencias culturales y a reconocer nuestra diversidad histórica, inclusive perdonando las formas en que dicha historia puede haber sido tremendamente dolorosa.

Yo he experimentado mucho gozo cuando me he unido en amistad y me he asociado en el ministerio con pastores y miembros de iglesias étnicamente diferentes a mí, específicamente con aquellos que por razones históricas pudieran albergar resentimientos contra mí. Hemos trabajado juntos cuando los tornados han destrozado algunas comunidades en nuestra ciudad. Hemos orado juntos cuando tragedias y crisis han azotado a nuestra nación. Hemos predicado juntos en iglesias, conferencias y eventos de la ciudad. Hemos trabajado juntos en esfuerzos específicos en favor de los pobres, de las viudas y de los huérfanos que nos rodean. En todo esto, yo he aprendido mucho acerca de mis hermanos y hermanas que son distintos a mí. Y cuanto más florecen estas amistades y se expanden nuestras asociaciones, tanto más le estoy agradecido a Dios de que no sean como yo.

En una escala mayor, recuerdo a Steve Saint parado al lado de Mincaye en un escenario donde juntos testificaron de la gracia de Dios en el evangelio. Mincaye, un hombre huaorani de las junglas del Ecuador, años atrás había asesinado a Nate, el padre de Steve, cuando Nate había tratado de compartir el evangelio con el pueblo de Mincaye. Ahora Mincaye es seguidor de Jesús y amigo de Steve. Ahora, tomados del brazo, uno usando ropa al estilo occidental y el otro usando la vestimenta de su tribu, uno hablando en inglés y el otro hablando en su lengua nativa, uno cuyo padre había sido asesinado y el otro responsable de haber matado con una lanza a ese padre, ellos juntos ahora demostraron el poder del evangelio para eliminar diferencias no como si no existieran, sino transcendiéndolas como uno en Cristo.

Esto es lo que quiere decir la Biblia cuando dice: «Ya no hay judío ni gentil, esclavo ni libre, hombre ni mujer, porque todos ustedes son uno en Cristo Jesús» (Gálatas 3:28). Algunas personas malinterpretan este versículo, así como también malinterpretan las palabras de Martin Luther King Jr., al decir que nuestras diferencias no tienen importancia. No obstante, sí importan. Nuestras peculiaridades son importantes. Tenemos mucho que aprender y mucho que celebrar sobre nuestras distinciones en cuanto a género, cultura y etnia.

Cuando pienso en algunas personas que han ejercido una influencia profunda en mi vida, estoy agradecido de que muchas de ellas son de diferentes grupos étnicos. Pienso en Jeffries, un amigo de Sudán del Sur, quien por primera vez me hizo ver el sufrimiento de la iglesia perseguida. Jeffries me ha mostrado una perspectiva totalmente nueva de lo que es el gozo en medio del sufrimiento y, a través de su deseo de compartir el evangelio con los que lo perseguían, me ha enseñado la forma de amar a los enemigos por sobre las líneas étnicas. Pienso en Fátima, una mujer del Medio Oriente quien es un ejemplo de la hospitalidad bíblica en su manera de recibirme a mí y a otras personas en su hogar. Como seguidora de Cristo en un país donde era ilegal que Fátima se hiciera cristiana, ella ha sido un modelo de lo que significa exaltar a Cristo con humildad, valentía y sabiduría en la cultura que la rodea. También pienso en Jian y Lin, un matrimonio del Asia a quienes conocí en una cena de un guiso con muchas especies, que consistía de un pollo entero (y era un pollo *entero*). Mientras he pasado tiempo con Jian y Lin, Dios ha usado sus vidas sencillas y su liderazgo sacrificial en la iglesia para mostrarme las esferas de ceguera cultural en mi vida y ministerio.

Podría seguir y seguir, nombrando a hombres y mujeres de diferentes grupos étnicos que han dejado marcas indelebles en mi vida. Cuando considero el impacto colectivo que todos ellos han tenido en mí, me doy cuenta de que me han moldeado no *a pesar de* nuestras diferencias, sino *debido a* nuestras diferencias. Todo esto finalmente señala la bondad de Dios en el evangelio, porque según Gálatas 3, en Cristo podemos experimentar la belleza del diseño de Dios para la diversidad de la humanidad.

EL EXTRANJERO EN NUESTRO MEDIO

El evangelio no solamente afecta las formas en que los norteamericanos de descendencia inglesa y los norteamericanos de descendencia africana se ven los unos a los otros en nuestra cultura o la forma en que tal vez veamos a gente de diferentes países, sino que el evangelio también afecta la forma en que los seguidores de Cristo ven a los hombres y a las mujeres inmigrantes que viven alrededor de nosotros en nuestro país. Una lectura rápida del Antiguo Testamento, combinada con una comprensión clara de la cruz de Cristo en el Nuevo Testamento, hace que cuestionemos el enfoque contemporáneo de muchos creyentes en nuestra cultura sobre el tema de la inmigración. Además de la ignorancia sobre este asunto en la esfera política, nuestra vida personal a menudo refleja muy poca preocupación por el extranjero en nuestro medio. Russell Moore escribe que la respuesta cristiana a nuestros vecinos inmigrantes ha sido parecida a decirles: «¡Oigan, chicos, salgan de mi jardín!»[11]. No obstante, si el Dios de la Biblia tiene compasión particular por el inmigrante, poniéndolo a él o a ella en la misma posición que tiene el huérfano y la viuda, y si la cruz de Cristo nos obliga a alcanzar a las personas de todas las divisiones étnicas, entonces, ¿cuánto más nosotros, como personas que le pertenecemos a Dios, deberíamos ayudar a los inmigrantes de otros países en nuestro medio?

Considere la historia de Sam y Lucas. Sam y Lucas viven en México en medio de una enorme pobreza y ninguno de los dos puede proveer para las necesidades básicas de su familia. Un día, un amigo les dice que ha encontrado una forma para que Sam y Lucas encuentren trabajo en Estados Unidos. Ellos pueden ganar dinero y enviarlo para el sustento de sus familias. Sam y Lucas no ven otra opción sino aceptar esa oferta. Cada uno le dice adiós a su esposa e hijos, y se van con su amigo.

Unas semanas después, se encuentran acostados en la parte de atrás de una vieja camioneta, totalmente cubiertos por una frazada mientras el vehículo da saltos por el camino. Finalmente, llegan a la entrada posterior de un restaurante popular, donde el orgulloso dueño sale a recibirlos. Después de hablar con el conductor en un idioma extranjero, el dueño le da dinero y luego abre la puerta de atrás de la camioneta. Les quita la frazada y les dice a Sam y a Lucas que salgan rápidamente.

Entran por la puerta de atrás del restaurante donde el hombre con rapidez les sirve una comida. Mientras comen, el hombre les habla a Sam y a Lucas de lo que será su trabajo: limpiar las mesas y lavar los platos. Después de que terminan de comer, el dueño los lleva en una camioneta a una casa deteriorada de dos niveles que compartirán con una cantidad de otros obreros como ellos. «Los recogeré a ustedes y a los demás a las diez de la mañana», les dice el dueño y se va. Sam y Lucas han llegado a su nuevo hogar.

Sam y Lucas ahora tienen una vida nueva. Todos los días son transportados de ida y de vuelta al lugar donde duermen y al restaurante donde trabajan. Es un restaurante muy conocido, que recibe toda clase de muy buenas críticas y que atrae a toda clase de gente diferente, personas como usted y como yo. Sin embargo, en medio de todas las multitudes que rodean a Sam y a Lucas, absolutamente nadie los conoce. Nadie los nota. Son indigentes; les envían a sus familias todo el dinero que pueden mientras que se vuelven al alcohol y a la prostitución para aliviar su soledad[12].

No es mi propósito aquí hacer un estereotipo de los trabajadores inmigrantes. Aunque esta historia es verdadera, es obvio que no significa que todos los obreros latinos que lavan platos en restaurantes tengan la misma historia. Tampoco es mi propósito simplificar demasiado la grave situación de los inmigrantes en nuestro país o el dilema que es proveer para ellos. Finalmente, mi meta aquí no es proponer respuestas políticas detalladas para la complicada situación legislativa que la inmigración ilegal le presenta a nuestro país.

Sin embargo, mi meta *es* mostrar que el mensaje del evangelio tiene implicaciones para el asunto de la inmigración y particularmente para los inmigrantes ilegales como Sam y Lucas. En medio de discusiones políticas necesarias y de desacuerdos personales inevitables, lo primero y lo más importante que nos recuerda el evangelio es que cuando hablamos de los inmigrantes (legales *o* ilegales), estamos hablando de hombres y de mujeres hechos a la imagen de Dios, que él quiere alcanzar por su gracia. Por lo tanto, los seguidores de Cristo deben ver a los inmigrantes no como problemas que deben ser resueltos, sino como a personas que deben ser amadas. En nuestra cultura el evangelio nos impulsa a oponernos a toda forma de opresión, explotación, intolerancia o mal trato de inmigrantes, independientemente de su estado legal. Estos son hombres y mujeres por los cuales murió Cristo y la dignidad de ellos no es mayor o menor que la nuestra.

De igual manera, las familias de ellos no son menos importantes que nuestras familias. Muchos inmigrantes ilegales, como Sam y Lucas, están en Estados Unidos por razones que entendemos, tales como huir de economías y situaciones políticas desastrosas en sus propios países mientras luchan por la sobrevivencia de sus propias familias. Otros han llegado a Estados Unidos hace muchos años y ahora han comenzado familias aquí. Pienso en Ricardo, un seguidor de Cristo y padre de cinco hijos, tres de los cuales son ciudadanos de Estados Unidos. Ricardo entró al país en forma ilegal hace más de veinte años, y durante los últimos veinte años ha trabajado para sostener a su familia mientras que sirve a su comunidad. Sin embargo, si Ricardo regresara ahora a su villa en México, él y su familia estarían expuestos a vivir en la más terrible pobreza. Su otra opción sería la de dejar aquí a sus tres hijos «legales» con un vecino[13]. Por cierto, tanto como el evangelio nos impulsa a respetar la dignidad personal de los inmigrantes sin tener en cuenta su estado legal, también nos exhorta a proteger la unión de las familias inmigrantes sin considerar su estado legal.

Es obvio que todo esto resulta complicado debido a una

obsoleta legislación inmigratoria estadounidense que no está sincronizada con el actual mercado laboral en nuestro país. Agregue a esto nuestra propia selectividad para hacer cumplir las leyes de inmigración y queda claro para todos nosotros, independientemente de nuestra afiliación política, que nuestro sistema necesita ser reformado. El evangelio incluso no guarda silencio aquí, porque, como hemos visto en el capítulo 3, la Biblia enseña claramente que el gobierno existe bajo Dios para establecer y hacer cumplir las leyes que benefician a la gente (vea Romanos 13:1-7). Tenemos una responsabilidad ante Dios como ciudadanos bajo un gobierno de trabajar juntos para establecer y hacer cumplir leyes justas sobre la inmigración. Entre otras cosas, tales leyes deberían asegurar nuestras fronteras, hacer responsables a los dueños de negocios en cuanto a sus prácticas para contratar empleados y dar los pasos esenciales para asegurar equidad a todos los ciudadanos que pagan impuestos en nuestro país. De igual manera, tenemos la responsabilidad ante Dios como ciudadanos bajo un gobierno de trabajar juntos para rebatir y remover leyes injustas que oprimen a los inmigrantes[14]. El no actuar en cuanto a estos asuntos sería optar por la injusticia, lo cual nos pondría en desincronización con el evangelio.

No presumo tener respuestas fáciles a ninguna de las cosas que he mencionado anteriormente, sino que estoy proponiendo que el evangelio requiere que los creyentes cavilen profundamente sobre ellas. Sin tener en cuenta nuestros puntos de vista personales o políticos, ninguno de nosotros puede escapar la realidad de que estamos hablando de nuestros vecinos y el mandamiento de Jesús acerca de nuestros vecinos es claro. Mientras los inmigrantes, legales e ilegales, vivan alrededor nuestro por designio soberano de Dios (vea Hechos 17:26-27), tenemos la obligación de amarlos como nos amamos a nosotros mismos (vea Lucas 10:25-37).

NO NOS QUEDEMOS EN EL BANQUILLO

Estoy pensando en un amigo mío que se llama Tyler, quien pastorea una iglesia en Arizona. En medio de un influjo masivo de inmigrantes a esa comunidad (muchos de los cuales son ilegales), y rodeado por incontables discusiones legislativas en su estado, Tyler y la iglesia que él pastorea han decidido involucrarse en este asunto con la perspectiva del evangelio y de servir a esas personas con la compasión del evangelio. Juntos han comenzado a proveer comida y ropa para los obreros inmigrantes a través de una variedad de ministerios diferentes. Estos ministerios abrieron el camino para desarrollar relaciones personales con hombres, mujeres y niños inmigrantes, abriendo las puertas para que los miembros de la iglesia no solamente los amen, sino que aprendan de esos trabajadores y de sus familias. Es obvio que esto ha involucrado más tiempo y recursos, pero en palabras de Tyler: «No tomó mucho tiempo para que nuestra gente comenzara a donar más que comida; comenzaron a donar sus vidas». Finalmente esto llevó a la construcción de un centro comunitario en un vecindario latino que ahora se llena todas las semanas con clases de inglés, programas para niños después del colegio, adiestramiento en ciertas especialidades y estudios bíblicos. Además, la iglesia que pastorea Tyler formó una asociación con una iglesia latina para implementar un centro que proteje a personas que en el pasado podrían ser abusadas por sus patrones o que hubieran trabajado sin recibir compensación.

El trabajo de esa iglesia entre los latinos luego hizo que la gente se fijara en los refugiados de Somalia y de Uzbequistán quienes viven en comunidades cercanas a ellos. Por consiguiente, cientos de miembros de la iglesia ahora sirven a estos refugiados, dándoles la bienvenida en el aeropuerto, sirviéndoles de tutores, enseñándoles diferentes técnicas para la vida y para los negocios, y organizando maneras de apoyar financieramente a restaurantes cuyos dueños son inmigrantes refugiados.

En cuanto a todo esto, Tyler dice: «Hemos disfrutado de cientos de oportunidades para participar en conversaciones sobre Jesús, [...] y hemos visto a Dios cambiar vidas». Aunque no ha sido fácil. Tyler comenta: «Nuestro trabajo ha recibido el apoyo de muchas personas, pero también ha encontrado críticas dentro y fuera de la iglesia. [...] Debido al apoyo que les damos a estas comunidades, hemos sido acusados de contribuir a la crisis y a los problemas económicos de nuestro sistema educacional y de nuestro sistema médico, inclusive de las violaciones y los asesinatos cometidos por inmigrantes indocumentados». Una de las cosas que yo más aprecio en Tyler es su disposición tanto para escuchar como para aprender de esas críticas. En sus propias palabras: «Nos hemos dado cuenta de que es importante hacer una pausa y escuchar las críticas de personas respetables con preocupaciones legítimas. En especial debemos escuchar a aquellos que nos presentan desafíos que se basan en que nuestro trabajo va en contra del bien común. Si su preocupación es válida, deberíamos responder y hacer los ajustes necesarios. Sin embargo, si están equivocados, deberíamos aclarar nuestras intenciones y continuar el trabajo al cual hemos sido llamados»[15].

Nadie puede esperar trabajar en un ministerio de esta clase en nuestra cultura y no experimentar enormes desafíos. Lo que más admiro en cuanto a Tyler y a su iglesia es la forma en que no tienen temor de salirse de lo que es rutinario, a un gran costo y enfrentando grandes críticas, para aplicar el evangelio a esta necesidad social tan apremiante en nuestros días. Es claro que los miembros de esta iglesia no son perfectos en su respuesta a la inmigración. Al mismo tiempo, enormes cantidades de hombres, mujeres y niños hechos a la imagen de Dios se sienten agradecidos de que los miembros de la iglesia de Tyler no sean pasivos.

UN PAÍS MEJOR

Al fin de cuentas, todos somos inmigrantes. No me estoy refiriendo simplemente a nuestros antepasados que tal vez han inmigrado a América hace muchos años. Me estoy refiriendo a la esencia de lo que significa ser creyente en Cristo. La Biblia llama a los creyentes en Cristo «extranjeros y peregrinos» que «anhelan una patria mejor», que están «buscando una nación», una «ciudad venidera» (1 Pedro 2:11; Hebreos 11:13-14, 16; 13:14). En otras palabras, los creyentes somos migrantes en esta tierra y cuanto más nos involucremos en la vida de los inmigrantes, tanto más entenderemos el evangelio.

Desafortunadamente, a través de la historia los creyentes no han entendido que el evangelio afecta la forma en que vemos y amamos a diferentes grupos étnicos. Mi esperanza y oración es que esto no sea lo que los historiadores escriban sobre la iglesia de nuestros días. El cuerpo de Cristo es una ciudadanía multicultural de un reino de otro mundo y eso altera la forma en que vivimos en este país tan cambiante. Por la bendita gracia de Dios en el evangelio, estamos obligados a ir contra el orgullo egoísta y los prejuicios étnicos tanto en nuestro corazón como en nuestra cultura. Porque después de todo, esta no es la cultura a la cual finalmente perteneceremos. En cambio, estamos esperando el día cuando «una enorme multitud de todo pueblo y toda nación, tribu y lengua» (Apocalipsis 7:9) estará como una sola raza redimida para dar gloria al Padre que no nos llama extranjeros o exiliados, sino hijos e hijas.

LOS PRIMEROS PASOS PARA IR CONTRA LA CULTURA

Ore

Pídale a Dios que:

- Les abra los ojos a todos los creyentes (incluyéndose a usted) para que vean su orgullo egoísta y prejuicios pecaminosos y que lo ayude a arrepentirse.
- Proteja y provea para los inmigrantes y sus familias, y pídale que ponga a creyentes en los caminos de ellos para que los ministren.
- Les dé a los líderes de Estados Unidos (y de otros gobiernos) sabiduría para tratar el asunto de la inmigración.

Participe

En oración, considere dar los siguientes pasos:

- Hable con los líderes de su iglesia acerca de trabajar en asociación con un ministerio de una iglesia cuyos miembros sean de un origen étnico diferente al de usted.
- Reciba en su hogar a un estudiante internacional o a alguien de un grupo étnico diferente y recuerde que la mayoría de esos individuos nunca ha tenido la oportunidad de entrar al hogar de una familia norteamericana.
- Comience un ministerio que ayude a los inmigrantes que pasan necesidad en la zona donde usted vive. Provea comida, un lugar donde vivir y ayuda para aprender el idioma. Lo que es más importante, comparta el evangelio con ellos.

Proclame

Considere las siguientes verdades de las Escrituras:

- Hechos 17:26: «De un solo hombre creó todas las naciones de toda la tierra. De antemano decidió cuándo se levantarían y cuándo caerían, y determinó los límites de cada una».

- Deuteronomio 10:19: «Así que tú también tienes que demostrar amor a los extranjeros porque tú mismo una vez fuiste extranjero en la tierra de Egipto».
- Gálatas 3:28: «Ya no hay judío ni gentil, esclavo ni libre, hombre ni mujer, porque todos ustedes son uno en Cristo Jesús».

Para más sugerencias (y más específicas) visite CounterCultureBook.com /Ethnicity.

CAPÍTULO 9

CRISTO EN LA PLAZA PÚBLICA: EL EVANGELIO Y LA LIBERTAD RELIGIOSA

Escalofriante.

Esa es la única palabra que me viene a la mente cuando recuerdo que estaba parado a unos noventa metros de soldados de Corea del Norte que me miraban fijamente mientras sostenían sus armas en ristre.

Yo estaba en la zona desmilitarizada (conocida como DMZ), que es un pequeño corredor de tierra que corta a la península coreana en dos, separando a Corea del Norte de Corea del Sur. Tiene aproximadamente unos 240 kilómetros de largo por unos 4 kilómetros de ancho, y sirve como una zona de protección entre esos dos países y los aliados que representan. Es irónico, pero es la frontera más altamente militarizada del mundo.

Yo estaba en lo que se llama la Zona de Seguridad Conjunta, la única parte de esa zona que permite que las fuerzas armadas del norte y del sur de Corea puedan estar frente a frente. Hace años, esa pequeña villa fue designada como el lugar en el cual estos dos países podían sostener negociaciones. En el centro de esa zona hay un pequeño edificio azul donde se llevan a cabo las reuniones internacionales. Entré al edificio y vi una mesa de conferencias que tenía una línea blanca en el medio. Durante las discusiones oficiales, los oficiales de Corea del Sur se sientan a un lado de esa línea mientras que los oficiales de Corea del Norte se sientan al otro lado.

Sin embargo, lo que me resultó más escalofriante no fue salir de ese edificio y ver a esos soldados norcoreanos que observaban fijamente cada uno de mis movimientos (así como a las otras personas que estaban conmigo). En cambio, lo que me resultó más estremecedor fue pensar en la condición de la gente, en especial de los creyentes, que viven detrás de esos soldados.

Corea del Norte tiene un récord infame en cuanto a los derechos humanos. Privación de comida, trabajo forzado, violencia sexual, torturas metódicas y ejecuciones públicas, todo eso caracteriza a este país comunista. En especial, este país es conocido por encarcelar a la gente de cualquier creencia en los campos de concentración llamados «kwan-li-so», donde algunas de estas personas son ejecutadas por sus creencias. Durante años, Corea del Norte ha ocupado el primer lugar del World Watch List (Lista de vigilancia mundial), que es una clasificación de cincuenta países donde los cristianos son más perseguidos en el mundo. Si un norcoreano es visto con una Biblia o se sospecha que tiene alguna clase de contacto con creyentes de Corea del Sur o de China, es posible que sea ejecutado. La policía de Corea del Norte ha sido adiestrada para viajar a China, hacerse pasar por refugiados e infiltrar las iglesias para descubrir contactos con la iglesia de Corea del Norte. Realizan reuniones falsas de oración para arrestar y asesinar a los creyentes norcoreanos.

No es necesario decirlo, pero la libertad religiosa no existe en Corea del Norte. Aunque tal vez su condición no sea tan severa, lo mismo puede decirse de hombres y mujeres en muchas otras naciones. La negación de esta libertad afecta a personas de diferente fe, pero los seguidores de Cristo constituyen el grupo religioso más perseguido del mundo. Según el Departamento de Estado de Estados Unidos, los creyentes en Cristo enfrentan hoy persecución de alguna clase en más de sesenta diferentes países del mundo[1].

Entonces, ¿qué nos dice el evangelio que debemos hacer en un mundo en el cual muchos de nuestros hermanos y hermanas están sufriendo por su fe en Cristo? ¿Nos pide este mismo evangelio que actuemos en favor de las personas de otra fe que sufren, ya sean judíos, musulmanes, hindúes, budistas, animistas o ateos? Cuanto más consideramos estas preguntas, más nos damos cuenta de que la libertad religiosa es un bien muy escaso en el mundo y que también es cada vez menos común en nuestra propia cultura.

LA PRIMERA LIBERTAD

Sin embargo, preguntas como estas nos llevan de vuelta al comienzo de la Biblia, donde Dios crea al hombre a su imagen con una capacidad única de conocerlo y con un deseo innato de buscarlo. En consecuencia, una de las libertades humanas fundamentales —quizás la libertad humana más fundamental—, es el privilegio que tiene cada persona de explorar la verdad acerca de lo divino y de vivir de acuerdo a sus convicciones. Es una parte esencial de la experiencia humana preguntar y responder a preguntas como las siguientes: *¿De dónde vine?*, *¿Por qué estoy aquí?* y *¿Cómo debo vivir mi vida?*, para luego actuar de acuerdo a esas conclusiones.

Es obvio que diferentes personas tomarán distintas decisiones en cuanto a qué creer, a quién van a adorar y cómo van a vivir. Esta es una elección que Dios le ha ofrecido a toda la gente, porque desde el principio Dios les ha dado a los hombres y a las mujeres la libertad de decidir si desean adorarlo a él. Adán y Eva no fueron obligados a tener fe ni fueron coaccionados a obedecer a Dios cuando vivieron con Dios en el Huerto del Edén. En cambio, parte de la humanidad de ellos fue la habilidad (y la oportunidad) de actuar de acuerdo a su propia voluntad, lo cual fue un privilegio que Dios les dio y que finalmente resultó en la decisión de ellos de desobedecer a Dios. No obstante, fue la decisión de *ellos*, porque en su soberanía divina, Dios no les quitó (y no nos quita) nuestra responsabilidad humana.

Esta realidad se hace aún más clara en el resto de la Biblia, especialmente en la vida y en el ministerio de Jesús. Nunca vemos que Jesús obliga a la gente a creer. En cambio, él enseña su doctrina, cuenta historias e invita a la gente a que lo acepte o lo rechace. En respuesta, la gente lo escucha, razona con él, discute con él, no se pone de acuerdo con él y a menudo lo abandona (finalmente a la cruz). En una ocasión Jesús reprende a sus discípulos por pedir un castigo del cielo sobre los samaritanos que lo habían rechazado (vea Lucas 9:51-56). Luego, en el capítulo siguiente, cuando él los envía, los alienta a que respeten la libertad de la gente de rechazarlos (vea Lucas 10:5-11). Vemos entonces que sin tener en cuenta la perspectiva de una persona sobre las doctrinas para elegir y decidir libremente, no hay duda de que el lenguaje de la Biblia indica la importancia de la libre elección y de la invitación personal. Al final de cuentas, el mensaje del evangelio es una invitación, no una coerción. Jesús dice en el último libro de las Escrituras: «¡Mira! Yo estoy a la puerta y llamo. Si oyes mi voz y abres la puerta, yo entraré y cenaremos juntos como amigos» (Apocalipsis 3:20).

Por esa razón, los que entienden y creen en el evangelio apoyan el libre ejercicio de la fe. Volviendo al siglo IV, escuchamos que Agustín, uno de los padres de la iglesia, dice que «cuando se aplica la fuerza, la voluntad no responde. Una persona puede entrar a la iglesia sin la voluntad de hacerlo, puede acercarse al altar sin querer hacerlo, puede recibir el sacramento sin desear hacerlo; pero nadie puede creer a menos que quiera hacerlo»[2]. En forma similar, volvamos al siglo XXI para escuchar a 4.000 líderes de iglesias de 198 países que se reunieron en Ciudad del Cabo, Sudáfrica para decir: «Luchemos a favor de la meta de la libertad religiosa para toda la gente. Esto requiere que aboguemos ante los gobiernos a favor de los cristianos *y* de personas de otras creencias que son perseguidas»[3].

Tal respeto por la libertad religiosa no está limitado a los cristianos. Una persona no necesita creer el evangelio para reconocer que la fe debe ser libre para ser genuina. Una creencia auténtica requiere una elección auténtica. La dignidad humana necesita un descubrimiento personal, es decir, la oportunidad de buscar la verdad sin amenazas, de elegir la fe sin que se le aplique la fuerza y de llegar a conclusiones sin ser coaccionada.

Es por esto que los fundadores de nuestro país llamaron a la fe un derecho humano fundamental, y por cierto que es el primer derecho humano en lo que nosotros conocemos como la Carta de Derechos. La Declaración de Independencia de nuestra nación comienza diciendo: «Sostenemos que estas verdades son evidentes en sí mismas: que todos los hombres son creados iguales, que son dotados por su Creador de ciertos derechos inalienables, entre los cuales están la vida, la libertad y la búsqueda de la felicidad». Continúa diciendo: «Para garantizar estos derechos se instituyen los gobiernos entre los hombres». En otras palabras, el propósito del gobierno es proteger los derechos de su pueblo, derechos que son innatos, obvios e inalienables según la razón.

Para asegurar la protección de estos derechos, los fundadores de nuestra nación redactaron la Carta de Derechos y el primero de estos derechos dice: «El Congreso no promulgará ninguna ley para establecer una religión o prohibir el ejercicio de religión alguna». Al colocar esto en primer lugar, nuestros fundadores reconocieron que la libertad religiosa es el fundamento para todas las otras libertades. Después de todo, si el gobierno puede coaccionar sus creencias o negarle la oportunidad de vivir según ellas, entonces, ¿hasta dónde no llegan sus poderes? ¿Qué es lo que le impediría dictarle lo que usted puede leer o escribir, lo que puede escuchar o decir, o cómo debe vivir? En efecto, concluyeron los fundadores, si Dios mismo no viola la libertad religiosa del hombre, entonces, de seguro que tampoco debería de hacerlo el gobierno.

Lo que nuestro gobierno llama ese «derecho» es comúnmente conocido como la «libertad de adorar», pero este título puede resultar confuso porque, a menudo, la forma en que se aplica en nuestra cultura —en forma innecesaria y que no ayuda—, limita el «libre ejercicio» de la religión a la esfera privada. Cuando la gente escucha el término «libertad de adorar», a menudo piensa en la libertad de que los hombres, las mujeres y los niños se puedan reunir en el edificio de una iglesia, una sinagoga, una mezquita u otro lugar para adorar en forma colectiva. Esta figura también se extiende al hogar, donde las familias tienen la libertad de orar (o de no orar) a la hora de las comidas, antes de acostarse y en otros momentos durante el día. No obstante, todo esto es privado, una libertad religiosa que se limita a lo que sucede cuando alguien está solo o en una reunión religiosa específica de la propia familia o de una familia de fe.

Lo que este título no reconoce es que aquellos que se reúnen para adorar en forma privada luego se dispersan para vivir sus creencias en la plaza pública. Cuando los hombres, las mujeres y los niños viven, estudian, trabajan y se divierten en todos los sectores de la sociedad, ellos realizan sus tareas y toman sus decisiones según sus consciencias y de acuerdo a sus convicciones. Esto es parte del «libre ejercicio» de la religión: la libertad de adorar no solamente en reuniones episódicas sino en su vida diaria. Es ese «libre ejercicio» el que con sutileza, pero en forma significativa, está siendo atacado hoy en la cultura norteamericana.

UNA ALARMA

Imagínese que usted es un seguidor de Cristo que cree lo que dice la Biblia. El deseo que lo impulsa es amar a Dios y lo que fluye de esto es que anhela amar a otros. Además, también es fotógrafo profesional. Un día, una mujer de su comunidad se pone en contacto con usted acerca de su acontecimiento próximo. Ella le dice: «Mi compañera y yo estamos celebrando nuestro compromiso la una con la otra en una ceremonia formal y quisiéramos que usted tome las fotos». De inmediato, usted comienza a pensar: *¿Qué le debo decir?* y al mismo tiempo comienza a atender a sus convicciones personales.

Por un lado, quiere servir a la comunidad en la que vive, incluyendo a toda la gente que forma parte de esa comunidad. Usted tiene un negocio que se basa en usar todos sus talentos para bendecir a la gente, como la mujer que le está formulando este pedido. No obstante, al mismo tiempo, su amor por otras personas viene de su amor por Dios y usted cree que Dios ha diseñado el matrimonio entre un hombre y una mujer para demostrar su carácter y así mostrar su evangelio al mundo. Por lo tanto, usted tiene problemas para justificar cómo puede participar en una celebración de algo que está convencido de que Dios condena. Usted no puede dejar de pensar en que su participación violaría su conciencia. Lo que es más importante, no puede evitar sentir en su corazón que esa participación deshonraría a Dios.

Cuando le habla a esta mujer, usted decide que no hará ese trabajo. Al hacerlo, se siente agradecido por el «libre ejercicio» de religión que le ha sido concedido en nuestro país, la «libertad de adorar» no solamente en privado sino también en público.

Ahora, imagine su sorpresa cuando le presentan una demanda por su decisión. E imagínese su siguiente sorpresa cuando se entera de que el gobierno en el cual usted se estaba apoyando para usar este «libre ejercicio» de religión le dice que la ley requiere que usted comprometa sus convicciones en tales circunstancias.

Este no fue un escenario imaginario para Elaine Huguenin, quien es socia de Elane Photography en Albuquerque, Nuevo México. Cuando Vanessa Willock le pidió a Elaine Huguenin que tomara las fotos de su ceremonia de compromiso con otra mujer, la fotógrafa con cortesía le dijo que ella no trabaja en ese tipo de ceremonias. Vanessa Willock, a pesar de haber encontrado otro fotógrafo más económico para su ceremonia, interpuso una demanda ante la Comisión de Derechos Civiles de Nuevo México, alegando que Elane Photography era culpable de discriminación. La corte decidió a favor de Vanessa Willock y se le ordenó a Elane Photography pagar una cantidad importante de dinero.

Este caso se hizo aún más importante cuando fue llevado ante la Corte Suprema de Nuevo México, la cual sostuvo la decisión en contra de Elane Photography. En un veredicto unánime, los jueces decidieron que «cuando Elane Photography rehusó fotografiar una ceremonia de compromiso entre personas del mismo sexo, violó la ley sobre los derechos humanos de Nuevo México, de la misma forma como si se hubiera negado a fotografiar una boda entre personas de razas diferentes»[4]. Además del defecto fundamental que notamos en cuanto a igualar la identidad étnica con la actividad sexual, el razonamiento manifiesto detrás del veredicto fue aterrador, por no decir más.

En una opinión coincidente con el veredicto de la corte, el juez Richard Bosson escribió que Elaine Huguenin y su esposo «están obligados por la ley a comprometer las creencias religiosas que inspiran sus vidas». Continuó diciendo que «ellos tienen la libertad de pensar, decir y creer lo que quieran; pueden orarle al Dios de su elección y seguir sus mandamientos en sus vidas personales donde quiera que eso los lleve. La constitución protege a la familia Huguenin en ese aspecto y mucho más». Sin embargo, la corte continuó diciendo: «En el mundo más pequeño y centralizado del mercado, del comercio y del alojamiento público, los Huguenins tienen que canalizar a su conducta, no sus creencias, para dejar espacio para otros norteamericanos que creen algo diferente». La corte dijo que este es «el precio de la ciudadanía en nuestro país»[5].

Cuando usted lee esto, se da cuenta de lo peligrosa que es la distinción entre lo que se supone que es la «libertad de adorar» en la vida privada de una persona y el «libre ejercicio» de la religión en la plaza pública. La Corte Suprema del estado de Nuevo México ha dicho que Elaine Huguenin tiene la libertad de exaltar a su Dios en la iglesia a la cual asiste, pero no tiene la libertad de expresar sus creencias en el negocio del cual es dueña. En otras palabras, ella tiene la libertad de practicar su fe en privado por un par de horas al principio de la semana (es decir, el domingo), pero es forzada a negar su fe en público por muchas horas el resto de la semana. Finalmente, como ciudadana dentro de su cultura, Elaine Huguenin ha sido obligada a violar su conciencia y a deshonrar a su Creador.

Elane Photography apeló ante la Corte Suprema de Estados Unidos, la cual rehusó escuchar su caso. Sin embargo, gracias a Dios, la Corte Suprema escuchó un caso similar en cuanto a Hobby Lobby y a Conestoga Wood en los cuales, por una decisión de 5 a 4, se dictaminó que los que dirigen corporaciones pequeñas tienen la libertad de aplicar sus convicciones religiosas en la forma en que dirigen sus corporaciones. (En este caso, la corte decretó que el gobierno no puede forzar a estas corporaciones a que violen sus creencias religiosas comprando medicamentos que ocasionen abortos)[6]. Sin duda que en los próximos años se considerarán casos similares. Cambios rápidos en la manera en que definimos, entendemos y aplicamos la libertad religiosa en nuestro clima actual hacen que casi cualquier libro que trata sobre casos específicos sea obsoleto de la noche a la mañana.

Sin embargo, ¿cuáles son los principios que rigen la forma en que procesamos circunstancias tales como las que enfrentó la compañía Elane Photography? Esta es una pregunta que no solamente deben formular los dueños de esa compañía, sino que debe indagar toda la gente de diferentes creencias en una cultura que con mucha rapidez está redefiniendo el «libre ejercicio» de la religión. Una revisión rápida de las tendencias culturales actuales indica una cantidad muy grande de posibles situaciones con las cuales nos podemos encontrar. Cada vez, hay mayor cantidad de profesiones que requieren una licencia del estado para poder operar (un incremento de casi cinco veces en los últimos sesenta años), y a menudo estas licencias incluyen condiciones en conflicto con las creencias religiosas tradicionales. Más y más, los dueños y los empleados, los médicos y los farmacéuticos, los maestros y los administradores, las compañías de seguro y los inversores, los ministros y los ministerios enfrentan mandatos gubernamentales que contradicen sus convicciones personales. Los esfuerzos continuos para reprimir la profesión pública y la aplicación de la fe afectan a las personas de fe en cuanto a la forma en que se les permite hablar, la ropa que pueden usar, cómo se les permite organizarse y qué se les permite hacer en las comunidades en las que viven.

Tan pronto como escribo esto, quiero decir que mi meta no

es ser una persona alarmista. No obstante, al reflexionar más profundamente, tal vez lo sea. Tal vez es necesario que suene una alarma para que todos nosotros, con seriedad, consideremos la forma de ir contra una cultura rápidamente cambiante en cuanto a la religión y que lo hagamos con una clara convicción del evangelio.

DIGNIDAD EN EL DESACUERDO

Una vez más, debemos recordar que no estamos hablando exclusivamente de la libertad de los creyentes en nuestra cultura. El mismo derecho de libertad religiosa que protege a los seguidores de Cristo debe proteger también a los seguidores de Moisés, de Mahoma, de Krishna y de Buda, así como también a los que creen que no hay un dios a quien seguir en primer lugar. Esta es una de las razones por la cual hace algunos años me uní a algunos líderes religiosos prominentes, incluyendo algunos con los cuales estoy totalmente en desacuerdo, para firmar un documento que expresa convicciones en cuanto a la libertad religiosa. El final de ese documento declara:

> Nosotros no […] vamos a aceptar ninguna regla que nos obligue a bendecir asociaciones sexuales inmorales, para tratarlas como matrimonios o el equivalente, o que nos impidan proclamar la verdad, tal como la sabemos, acerca de la moralidad y la inmoralidad, el matrimonio y la familia. En forma total y de buena gana le vamos a dar a César lo que es de César. Pero bajo ninguna circunstancia le vamos a dar a César lo que es de Dios[7].

La última frase hace referencia a la enseñanza de Jesús de que aunque tenemos ciertas obligaciones para con nuestro gobierno (en aquel caso, César), nuestra obligación fundamental es para con Dios (vea Marcos 12:13-17). Dios es el que ha puesto la libertad de conciencia en el corazón humano y esa libertad se aplica universalmente. Por esta razón, con alegría defiendo la libertad religiosa junto a personas que no creen en el mismo evangelio que yo. No creo que vaya a pasar la eternidad con esas personas en el cielo, pero estoy más que dispuesto a ir a la cárcel por ellas en la tierra[8].

El evangelio es el que me obliga a decir esto, porque el evangelio comienza con un Dios que les da a los hombres y a las mujeres la libertad de seguirlo a él o de negarlo si lo quieren hacer. Desafortunadamente, la historia cristiana está plagada de personas que pasaron por alto este monumental principio. La legalización del cristianismo que hizo Constantino en el siglo IV se convirtió en una coerción gubernamental para ser creyente en Cristo. Es trágico que la iglesia en los siglos siguientes contenga otros ejemplos de intentos vergonzosos para esparcir el cristianismo por medio de la fuerza o del poder militar. Aun hoy, se comienzan guerras y se libran batallas bajo la fachada de la religión cristiana. Sin embargo, la historia, la razón y las Escrituras se juntan para proclamar la realidad de que nada de eso fue o es correcto.

Es por esto que cierto nivel de separación entre la iglesia y el estado es esencial. La frase «separación entre la iglesia y el estado», aunque es muy debatida en cuanto a su aplicación específica, implica el papel único que estas dos instituciones tienen en la sociedad y en su relación interdependiente la una con la otra. La iglesia (lea: religión) existe como el campo donde los individuos buscan respuestas a las preguntas más profundas de la vida y aplican esas respuestas en forma consecuente a la manera en que viven. El estado (lea: gobierno) existe, a su vez, para permitir esa búsqueda, protegiendo a los hombres y a las mujeres cuando ponen en práctica este privilegio humano. El estado no existe para el establecimiento de la religión ni para la eliminación de la religión, sino que existe para defender la *libertad* de religión. En esta relación entre la iglesia y el estado, el gobierno fomenta un intercambio de ideas en que la exploración religiosa y su expresión sean posibles, donde los hombres y las mujeres de todas las clases de fe puedan razonar juntos en cuanto a cómo vivir mejor los unos al lado de los otros.

Sin embargo, si no tenemos cuidado, esa gran cantidad de ideas puede ser reducida sutilmente y la libertad religiosa puede, inevitablemente, ser limitada. Esto se hace cada vez más evidente en la cultura contemporánea, en donde la búsqueda de la verdad religiosa a menudo es suplantada por la idolatría de la supuesta tolerancia. El pecado mortal de nuestra cultura es ser considerado intolerante, pero lo que queremos decir por *intolerante* es, irónicamente, pues, intolerante. Permítame explicarlo.

Hoy en día, tan pronto como alguien dice que la actividad homosexual es algo malo o que es un pecado, de inmediato lo tildan de «intolerante». «Ofensivo», «prejuiciado» u «odioso», como hemos visto, pero por ahora vamos a usar la palabra «intolerante». Esta supuesta intolerancia a menudo se basa en que esa persona cree en la Biblia. Simplemente porque esa creencia es diferente a las creencias de otros, recibe el rótulo de «intolerancia».

No obstante, el rótulo es singularmente derrotista. ¿No está la persona que asigna el rótulo de «intolerancia» aplicando en realidad una intolerancia similar hacia la creencia de la otra persona? En el proceso de calificar a otra persona de «intolerante», con seguridad que la persona que confiere tal epíteto resulta precisamente intolerante. Esto es común en nuestra cultura. Es como si los norteamericanos estuviéramos cansados de la gente intolerante y ya no los fuéramos a tolerar más. Nos encontramos en la incómoda posición de ser intolerantes con la gente intolerante, lo que significa que ya no nos podemos tolerar a nosotros mismos.

Aparentemente, nuestro concepto de tolerancia está un poco distorsionado. Después de todo, la noción misma de tolerancia necesita desacuerdo. Piense en esto. Yo no lo tolero si usted cree exactamente lo que yo creo. Si usted cree que el béisbol es el deporte más fantástico jamás inventado, yo no lo tolero a usted. Estoy cien por ciento de acuerdo con usted, y con mucho gusto me voy a sentar a su lado detrás del *home plate*, comiéndome un perro caliente y disfrutando del juego con usted. Es solamente si usted cree que el béisbol es aburrido y que el fútbol es mucho más entretenido que me voy a encontrar teniendo que tolerarlo a usted. En ese caso, voy a estar en total desacuerdo con usted e invariablemente voy a informarlo sobre todas las razones por las cuales usted está equivocado. Sin embargo, al final, voy a estar dispuesto a sentarme con usted en las gradas mientras miramos a esos muchachos patear una pelota en un campo de juego.

La tolerancia implica desacuerdo. Yo tengo que estar en desacuerdo con usted para tolerarlo a usted. El ejemplo de la superioridad en los deportes es obviamente un ejemplo de poca profundidad, pero en las profundas preguntas religiosas acerca de la vida, vamos a experimentar desacuerdos similares, ¿no es verdad? Y cuando lleguemos a esos desacuerdos, no solamente sería sabio sino también provechoso no recurrir de inmediato a llamarnos intolerantes los unos a los otros (o prejuiciados u odiosos). En cambio, sería sabio y provechoso que con paciencia consideráramos de dónde viene cada uno y por qué hemos llegado a nuestras respectivas conclusiones. Basados en estas consideraciones, podemos entonces tener la libertad de contemplar la forma de tratarnos los unos a los otros con la mayor dignidad en vista de nuestras diferencias.

Además, la confusión en cuanto a la intolerancia también se

puede aclarar cuando nos damos cuenta de que la tolerancia se aplica a personas y a creencias en formas distintas. Por un lado, tolerar a la gente requiere que nos tratemos los unos a los otros como personas de igual valor, dándole honra al valor fundamental de la libertad de un ser humano de expresar su fe privada en foros públicos. Por otro lado, la tolerancia de ciertas creencias no requiere que aceptemos cada idea como igualmente válida, como si una creencia fuera verdadera, correcta o buena simplemente porque alguien la ha expresado. De esta forma, el que yo tolere los valores de una persona no quiere decir que tenga que aceptar los puntos de vista de esa persona.

Por ejemplo, tengo amigos musulmanes a quienes respeto profundamente; sin embargo, estoy en vehemente desacuerdo con ellos. Yo creo que Jesús es el Hijo de Dios; ellos no lo creen. Ellos creen que Mahoma fue un profeta enviado de Dios; yo estoy en desacuerdo con ellos. Yo creo que Jesús murió en la cruz y que resucitó de los muertos; ellos no lo creen. Ellos creen que van a ir al cielo cuando mueran; yo no estoy de acuerdo.

Estos son puntos muy importantes de desacuerdo y no deberían ser minimizados. La tendencia de nuestro enfoque relativista a las verdades religiosas es decir: «Bueno, mientras que alguien crea en algo, eso lo hace correcto». No obstante, esa manera de pensar simplemente no puede aplicarse a ninguno de los asuntos que he mencionado antes. Jesús es o no es el Hijo de Dios. Él no puede ser el Hijo de Dios y no ser el Hijo de Dios al mismo tiempo. En forma similar, Mahoma fue un profeta enviado por Dios o no lo fue. Jesús murió en la cruz y resucitó de los muertos o no lo hizo. Los musulmanes irán al cielo cuando mueran o no irán al cielo.

Estas son preguntas serias (yo diría preguntas *eternamente* serias), y el propósito de la libertad religiosa es proveer una atmósfera en la cual se puedan explorar estas preguntas. Tal atmósfera debe proveer la posibilidad de articular desacuerdos profundos acerca de ciertas creencias mientras que se continúa asignando valor y dignidad a las personas con las cuales estamos en desacuerdo. Esta es la atmosfera que cada vez está más comprometida en nuestra cultura hoy. Lamento la forma en que muchos creyentes expresan sus diferencias de credo sin el debido respeto por las personas sobre quienes son expresadas. De igual manera, lamento las muchas maneras en que se tilda a los creyentes de intolerantes, obtusos y anticuados cuando expresan creencias bíblicas que se han mantenido por siglos.

En ningún lugar están más claras estas realidades que en el debate actual sobre el matrimonio. Al pensar sobre lo que hablamos en el capítulo 6, nos damos cuenta de que mucha gente no está de acuerdo con lo que dijimos allí. Sin embargo, esto no quiere decir que los creyentes deben ver a los que quieren cambiar la definición del matrimonio como enemigos del cristianismo que están conspirando para apoderarse de la cultura. En cambio, son hombres y mujeres que buscan un camino que a ellos les parece correcto. Por consiguiente, hay formas maravillosas de expresar desacuerdo con ellos mientras que con claridad les mostramos nuestro amor y admiración.

Al mismo tiempo, vimos cómo la reciente decisión de la Corte Suprema acerca de la definición del matrimonio no solo rebaja «un aspecto del matrimonio que [no ha] sido puesto en tela de juicio durante la mayor parte de su existencia», sino que pareció afirmar en forma bastante sólida que la oposición al matrimonio entre personas del mismo sexo está basada en el odio que se les tiene a los homosexuales. De acuerdo a la opinión discrepante del Juez Scalia, los que apoyamos el matrimonio tradicional hemos sido llamados «intolerantes» y «enemigos de la raza humana». Esos partidarios fueron descritos como hombres y mujeres que «buscan "rebajar" e "imponer la desigualdad", "imponer […]

un estigma", negarle a la gente "dignidad similar", catalogar a los homosexuales como personas "sin valor" y "humillar" a sus hijos»[9]. Tales caracterizaciones no son solo peligrosamente inútil. Son falsas.

En todo esto, las ramificaciones para la libertad religiosa son muy grandes. Estos son asuntos importantes sobre los cuales se debe hablar, que van desde la fundación de la familia hasta la vida después de la muerte. Estos asuntos requieren la capacidad de formular preguntas y de explorar respuestas en una atmósfera de dignidad y respeto, discusiones vehementes y desacuerdos inevitables. Además, estos asuntos exigen la oportunidad para que cada uno de nosotros como ciudadanos ordenemos nuestras vidas de acuerdo a lo que creemos mientras consideramos cómo debemos escuchar, aprender y vivir los unos al lado de los otros, no a pesar de, sino a la luz de nuestras diferencias. Ninguna de estas cosas es simple en una cultura como la nuestra. Sin embargo, todo esto es de importancia crítica para una cultura como la nuestra.

UNA PERSPECTIVA GLOBAL

También para las culturas alrededor del mundo. Gran cantidad de hombres y de mujeres que tienen diferente clase de fe, incluyendo a muchos de nuestros hermanos y hermanas en Cristo, viven hoy sin la clase de libertad que estamos analizando. A millones de millones de personas en la actualidad se les ha negado la oportunidad de siquiera explorar la verdad que afectará sus vidas en la tierra y por toda la eternidad.

La coerción gubernamental es una de las restricciones más grandes en cuanto a la libertad religiosa en el mundo. Esto se hace más evidente en los países comunistas e islámicos, en donde se adopta una religión oficial (o ninguna religión), y se requiere que los ciudadanos se sometan a ciertas creencias. En esas situaciones, el estado y la iglesia (o lo que se opone a la iglesia) son básicamente sinónimos. Las enseñanzas religiosas (o no religiosas) se convierten en la ley del lugar, y los hombres y las mujeres son castigados (sino desterrados o ejecutados) por desobedecerlas.

La presión social sigue de cerca las regulaciones gubernamentales mientras que las familias, los amigos, los fanáticos religiosos, los líderes de la comunidad y los grupos criminales intimidan, amenazan, dañan o matan a hombres, mujeres y niños que profesan cierta fe. Esta presión es responsable de mucha de la persecución de los cristianos hoy en día. En forma desproporcionada, los rebeldes de Siria han perseguido a los creyentes sirios, abusando de ellos, violándolos, asesinándolos y cortándoles la cabeza. Durante un solo mes en el 2013, en Egipto treinta y ocho iglesias fueron destrozadas, otras veintitrés sufrieron vandalismo, cincuenta y ocho casas fueron quemadas, ochenta y cinco negocios fueron saqueados, siete creyentes fueron secuestrados y otros seis fueron asesinados. Al mes siguiente, ocurrió el peor ataque en la historia hacia los creyentes de Pakistán cuando algunos hombres suicidas hicieron explotar chalecos llenos de bombas que llevaban puestos afuera de la iglesia All Saints' en Peshawar, asesinando a ochenta y un miembros de esa iglesia e hiriendo a más de cien[10]. Todas estas historias representan la persecución de los cristianos efectuada por personas que no son parte de los gobiernos oficiales de esos países.

En general, un promedio de cien cristianos alrededor del mundo es asesinado cada mes por su fe en Cristo (y algunos estimados indican que este número es mucho más alto[11]). Literalmente, incontables personas son perseguidas sufriendo abuso, palizas, encarcelamiento, tortura, falta de comida, agua y albergue. Cada caso de opresión religiosa representa una historia de fe que ha sido probada por fuego y vicisitudes. Sin embargo, para mí estas no son simplemente historias escritas en una página.

Ellos son amigos míos. Le doy gracias a Dios por la forma en que han soportado el fuego con fidelidad.

Pienso en Bullen y en Andrew, amigos míos que viven en la parte central de África, quienes desde que nacieron han vivido en medio de guerras. Cuando era pequeño, Bullen se escondió en un rincón de su casa mientras que militantes musulmanes del norte secuestraron al resto de su familia. Ahora él tiene veinte años de edad y no tiene ni idea dónde viven su padre, su madre o sus hermanas, o si aún están vivos. Andrew, quien tiene la misma edad de Bullen, describió la forma en que helicópteros artillados volaban en picada haciendo que huyeran todos los de su villa. Andrew me dijo que cada uno de los niños tenía un hoyo en la tierra al cual corrían y donde se ocultaban cuando llegaban los ataques. En sus cortas vidas han visto iglesias bombardeadas y que las esposas de los creyentes eran violadas mientras que los hombres eran asesinados. Sin embargo, usted no se imaginaría nada de esto si viera a Bullen y a Andrew. Sus caras oscuras y delgadas se iluminan de sonrisas contagiosas cuando hablan de la fidelidad de Dios de preservarles la fe a pesar de lo que han visto. El dicho favorito de ellos es: «Dios es más grande».

Pienso en Ayan, una apreciada mujer que vive en el cuerno de África y que pertenece a un pueblo que está orgulloso de ser cien por ciento musulmán. El pertenecer a la tribu de Ayan es ser musulmán. Los miembros de esa tribu encuentran su identidad personal, su honor familiar, su estatus relacional y social exclusivamente en el islam. Por lo tanto, cuando Ayan conoció a una persona cristiana y comenzó a contemplar el cristianismo, supo que el costo de siquiera considerar la conversión era alto. «Si mi familia o la gente de mi villa hubiera descubierto que yo estaba contemplando hacerme cristiana, me hubieran cortado la garganta sin preguntas ni vacilaciones», me dijo ella. Al final, Ayan decidió que Cristo valía eso. Su fe en Cristo la obligó a huir de su familia y a aislarse de sus amigos. Ahora Ayan está usando su vida para esparcir el evangelio entre su pueblo, pero en otra región. «Yo amo a mi pueblo —dijo ella—, y quiero hacer todo lo posible para darles la oportunidad de ver quién es Jesús y lo mucho que él los ama».

Pienso en Fátima y en Yaseen en el Medio Oriente. Fátima es una mujer que mencioné en el capítulo anterior que llegó a su fe en Cristo cuando escuchó a un amigo de otro país hablarle del evangelio. Pero todas las personas de la familia de Fátima son musulmanas, y todos los días ella lucha para vivir su fe en una familia que la va a repudiar (o hacerle algo peor) tan pronto como se enteren. Yaseen es pastor en una comunidad cercana a donde vive Fátima. Cuando lo visité en su casa, él me contó la historia de que solamente un año antes, un grupo rebelde había bombardeado esa misma casa, con la intención de eliminar cualquier vestigio de cristiandad de su país. Por supuesto que Yaseen pudiera haber mudado a su familia de inmediato (y mucha gente sostendría que lo debería de haber hecho). Sin embargo, Yaseen permaneció allí y como resultado ha visto a más personas de su comunidad aceptar a Cristo (a un costo muy alto para ellos también).

Pienso en un grupo de alumnos de un seminario en el sureste de Asia a los cuales tuve la oportunidad de hablarles en su graduación. Por vivir en el país que tiene la población más grande de musulmanes del mundo, ellos enfrentan tanto presiones de parte del gobierno como persecución social en diferentes grados. Antes de graduarse de este seminario, se requiere que estos estudiantes planten una iglesia de por lo menos treinta creyentes bautizados en una comunidad musulmana. Cuando estos graduados caminaron a través de la plataforma para recibir sus diplomas, me sentí cautivado por la expresión de confianza, pero a la vez de humildad, en cada uno de esos rostros. Cada uno de ellos había cumplido el requisito de plantar una iglesia. La parte más solemne del día fue un momento de silencio por dos de sus compañeros que habían muerto a manos de perseguidores musulmanes.

Pienso en Jian y en Lin, un matrimonio del este del Asia que mencioné antes. Jian y Lin dirigen una red de iglesias que se reúne en casas en el este del Asia, y adiestran a pastores y a creyentes en localidades clandestinas donde, si los encuentran, el gobierno del estado podría quitarles sus tierras, sus trabajos, sus familias e inclusive sus vidas. Lin es profesora de una universidad en un lugar donde predicar el evangelio es ilegal. Ella se reúne secretamente con alumnos de la universidad para hablarles de lo que dice Cristo, aunque podría perder su sustento por hacerlo. Jian es doctor y dejó su próspera clínica médica para proveer cuidado médico en villas muy pobres, lo cual usa como plataforma para llevar a cabo reuniones secretas de iglesia en casa. Yo he viajado con Jian a diferentes partes de su país y he pasado tiempo con otros líderes que realizan reuniones de iglesia en sus casas. Cada vez que íbamos a una reunión, me recordaba que si nos pescaban, de inmediato yo sería deportado a mi cómoda casa en Estados Unidos. Jian, sin embargo, sería detenido y confinado a una prisión en su país, y podría costarle la vida. Sin embargo, él continúa adelante, amando y guiando a esas iglesias a pesar del constante riesgo.

Pienso en Sahil en el sur de Asia. Él y su esposa, ambos, crecieron en hogares musulmanes. Ella aceptó a Cristo antes que él y presentó su esposo a Cristo. Tan pronto como sus familias supieron que se habían convertido en cristianos, Sahil y su esposa se vieron obligados a huir de su comunidad. En los siguientes años, crecieron en Cristo y en su deseo de ver a sus familias llegar a Cristo. En forma lenta, renovaron el contacto con los miembros de sus familias. En forma lenta, los miembros de sus familias empezaron a responder. Finalmente ellos les dieron la bienvenida para que Sahil y su esposa regresaran a su comunidad. Aparentemente, todo parecía marchar bien, hasta que un día Sahil dejó a su esposa en la casa de sus padres para una comida familiar, mientras que él fue para pasar tiempo con su propia familia. Su esposa se sentó a la mesa con su familia y comenzó a comer y beber. En unos pocos momentos estaba muerta. Sus propios padres la habían envenenado. Cuando conocí a Sahil, me encontré con un hombre que había perdido a su esposa pero no había perdido su fe. Ahora él trabaja plantando iglesias en su país.

Pienso en Norbu y Sunita, una pareja que vivía en una villa del Tibet. Cuando escucharon el evangelio por primera vez, eso fue seguido con rapidez por una amenaza de los líderes de su aldea. «Si se convierten en cristianos —les dijeron—, ya no van a poder sacar agua del grifo de nuestra villa». Esa fue obviamente una amenaza severa, porque el grifo es literalmente una fuente de vida para los que viven en esa comunidad. Sin embargo, Norbu y Sunita continuaron contemplando su conversión, lo que llevó a estos mismos líderes de la villa a aumentar la intimidación. «Si ustedes se hacen cristianos —les dijeron—, esta comunidad no los protegerá». A pesar de esas amenazas, Norbu y Sunita llegaron a la conclusión de que Cristo es Señor y se convirtieron en sus seguidores. Dos semanas después, Norbu y Sunita estaban muertos. La palabra oficial fue que murieron por la avalancha de rocas que los sorprendió. Sin embargo, la verdad no oficial fue que Norbu y Sunita murieron apedreados.

Cuando pienso en mis amigos, la fe que se describe en Hebreos 11 me viene a la mente de inmediato. Estos amigos me recuerdan a aquellos que «fueron muertos a golpes, pues para alcanzar una mejor resurrección no aceptaron que los pusieran en libertad. Otros sufrieron la prueba de burlas y azotes, e incluso de cadenas y cárceles. Fueron apedreados, aserrados por la mitad, asesinados a filo de espada. Anduvieron fugitivos de aquí para allá, cubiertos de pieles de oveja y de cabra, pasando necesidades, afligidos y maltratados. ¡El mundo no merecía gente así! Anduvieron sin rumbo por desiertos y montañas, por cuevas y cavernas» (Hebreos 11:35-38, NVI).

PROCLAMANDO A CRISTO

Estas historias no son sorprendentes cuando usted considera las palabras de Cristo en los evangelios. «Dios bendice a los que son perseguidos por hacer lo correcto, porque el reino del cielo les pertenece», les dijo Jesús a sus discípulos. «Dios los bendice a ustedes cuando la gente les hace burla y los persigue y miente acerca de ustedes y dice toda clase de cosas malas en su contra porque son mis seguidores. ¡Alégrense! ¡Estén contentos, porque les espera una gran recompensa en el cielo! Y recuerden que a los antiguos profetas los persiguieron de la misma manera» (Mateo 5:10-12). Más tarde, en una ocasión, cuando envió a esos discípulos «como ovejas en medio de lobos», les prometió que serían perseguidos. «Miren, los envío como ovejas en medio de lobos. Por lo tanto, sean astutos como serpientes e inofensivos como palomas. Tengan cuidado, porque los entregarán a los tribunales y los azotarán con látigos en las sinagogas. Serán sometidos a juicio delante de gobernantes y reyes por ser mis seguidores; pero esa será una oportunidad para que les hablen a los gobernantes y a otros incrédulos acerca de mí». Él concluye: «Todas las naciones los odiarán a ustedes por ser mis seguidores, pero todo el que se mantenga firme hasta el fin será salvo» (Mateo 10:16-18, 22). Inclusive una lectura rápida de versículos similares en el evangelio nos revela que cuanto más nos parezcamos a Jesús en este mundo, tanto más vamos a experimentar lo que él experimentó. Al igual que fue costoso para él ir contra la cultura, será costoso para nosotros hacer lo mismo.

Piense en por qué suceden persecuciones como éstas. No es porque los creyentes en otras naciones tengan una fe secreta que guarden para sí mismos. Mientras un creyente o una creyente no hable de su fe en Cristo y nunca le diga nada a nadie sobre Cristo, sino que ore y practique su fe privadamente, ese creyente enfrentará mucho menos el riesgo de ser perseguido. Es solamente cuando un creyente habla en público, compartiendo su fe en la plaza pública y proclamando a Cristo, que inevitablemente ocurrirá la persecución. Para decirlo de otra forma, mientras nuestros hermanos y hermanas alrededor del mundo se queden callados y se acomoden a la cultura que los rodea, pueden evitar el sufrimiento. Es solamente cuando ellos se ponen de pie y van con el evangelio de Jesucristo contra la cultura que los rodea que van a experimentar sufrimiento.

Así que este es el dilema que enfrentan los creyentes alrededor del mundo cuando están rodeados de presión, por parte del gobierno y de la sociedad, en contra de su fe. Por una parte, si no hablan, pueden estar a salvo. No obstante, saben que si hacen eso, violarán su consciencia y desobedecerán los mandatos que Cristo les ha dado de compartir su gracia y la verdad del evangelio con la gente que los rodea. Sin embargo, si hablan y si ponen en práctica su fe en la plaza pública, por cierto que les llegará persecución. Alabo a Dios por las mujeres y por los hombres cristianos alrededor del mundo que han decidido proclamar a Cristo con sus labios y con sus vidas, y como resultado de eso, mientras usted lee este libro, están experimentando presión, sufriendo en una prisión y están siendo perseguidos.

Rodeados por esta realidad global e impulsados por nuestro amor por Dios, debemos actuar. Debemos orar y trabajar a favor de nuestros hermanos y hermanas que están siendo perseguidos alrededor del mundo. Cuando una parte del cuerpo sufre, entonces todo el cuerpo sufre (vea 1 Corintios 12). En un país de libertad religiosa, nosotros tenemos la responsabilidad bíblica de ponernos de pie y de hablar en favor de ellos.

Lo que es más, en un país donde aún nuestra propia libertad religiosa está siendo cada vez más limitada, nuestros hermanos y hermanas que sufren nos llaman a no dejar que el costo de seguir a Cristo en nuestra cultura silencie nuestra fe. Que no nos sentemos y que no nos acomodemos a nuestra cultura en relativa comodidad mientras que ellos se ponen de pie y van en contra de su cultura a un costo muy grande. Que nos demos cuenta de que el cristianismo privatizado no es cristianismo en realidad, porque es prácticamente imposible conocer a Cristo y no proclamarlo, creer en su Palabra cuando la leemos en nuestro hogar o en nuestra iglesia y no obedecerla en nuestras comunidades y en nuestras ciudades. Que recordemos también que estamos rodeados de una gran nube de testigos que han ido antes que nosotros y que mientras nuestra ciudadanía le pertenece al gobierno, nuestras almas le pertenecen a Dios.

LOS PRIMEROS PASOS PARA IR CONTRA LA CULTURA

Ore
Pídale a Dios que:
- Prepare a creyentes en nuestra cultura para que respondan con valentía y humildad a la creciente oposición cultural y gubernamental.
- Obre en las vidas de los que gobiernan nuestro país y en el mundo para que haya más libertad para vivir y hablar según la verdad del evangelio.
- Fortalezca a los creyentes perseguidos alrededor del mundo para que perseveren en su fe y que puedan continuar testificando de Cristo, sin tener en cuenta las consecuencias.

Participe

En oración, considere dar los siguientes pasos:

- Use la libertad religiosa que tiene para compartir el evangelio con una persona esta semana. Luego propóngase la meta de hacer lo mismo en las semanas siguientes.
- Apoye y/o involúcrese en un ministerio que trabaje a favor de los creyentes que viven en lugares donde son perseguidos.
- Considere la forma en que usted o alguien que conoce se pueda involucrar en el asunto de la libertad religiosa, ya sea legal o políticamente.

Proclame

Considere las siguientes verdades de las Escrituras:

- Mateo 5:11-12: «Dios los bendice a ustedes cuando la gente les hace burla y los persigue y miente acerca de ustedes y dice toda clase de cosas malas en su contra porque son mis seguidores. ¡Alégrense! ¡Estén contentos, porque les espera una gran recompensa en el cielo! Y recuerden que a los antiguos profetas los persiguieron de la misma manera».
- Proverbios 21:1: «El corazón del rey es como un arroyo dirigido por el SEÑOR, quien lo guía por donde él quiere».
- 1 Pedro 2:23: «No respondía cuando lo insultaban ni amenazaba con vengarse cuando sufría. Dejaba su causa en manos de Dios, quien siempre juzga con justicia».

Para más sugerencias (y más específicas), visite CounterCultureBook.com /ReligiousLiberty.

CAPÍTULO 10

LA NECESIDAD MÁS URGENTE: EL EVANGELIO Y LOS NO ALCANZADOS

Al llegar al final de este libro, mi corazón está destrozado.

En las páginas anteriores, he buscado compartir cargas profundas que pesan mucho en mi corazón. No creo estar solo en cuanto a estas cargas, porque conozco a muchos seguidores de Cristo que tienen las mismas pasiones en cuanto a las mismas realidades. La opresión de los pobres, el aborto de niños, el descuido de los huérfanos y de las viudas, el tráfico de esclavos, la decadencia de los matrimonios, la confusión sobre la sexualidad, la necesidad de igualdad étnica y la importancia de la libertad religiosa, son asuntos monumentales en nuestra vida, nuestras familias, nuestras iglesias y nuestra cultura. Mi esperanza es que si usted no haya sentido una carga por estos temas antes de leer este libro, que la sienta ahora.

Sin embargo, no quiero que estas cargas en mi corazón terminen con las palabras finales en una página. Quiero que estas realidades transformen la forma en que vivo. No quiero unirme a la cantidad de hombres, mujeres, pastores y pronosticadores que se contentan con retorcerse las manos en preocupación piadosa sobre la grave situación en que se encuentra nuestra cultura mientras guardan silencio y hacen poco o nada al respecto. Tampoco quiero aplicar el evangelio en forma inconsecuente, guardando silencio sobre aquellos temas que nos pueden traer consecuencias más costosas cuando hablamos sobre ellos. Finalmente, no quiero desperdiciar las oportunidades que Dios me ha dado de vivir el evangelio que me ha salvado en la cultura en la que Dios me ha puesto.

Pienso que usted tampoco quiere desperdiciar su vida en esta cultura.

Así que siento la obligación de formularle y de formularme tres preguntas al llegar al final de este libro. Estas preguntas se basan en un relato bíblico corto sobre tres hombres que un día se encontraron cara a cara con Jesús en un camino de su comunidad. Esta es la historia:

Mientras caminaban, alguien le dijo a Jesús:

—Te seguiré a cualquier lugar que vayas.

Jesús le respondió:

—Los zorros tienen cuevas donde vivir y los pájaros tienen nidos, pero el Hijo del Hombre no tiene ni siquiera un lugar donde recostar la cabeza.

Dijo a otro:

—Ven, sígueme.

El hombre aceptó, pero le dijo:

—Señor, deja que primero regrese a casa y entierre a mi padre.

Jesús le dijo:

—¡Deja que los muertos espirituales entierren a sus

propios muertos! Tu deber es ir y predicar acerca del reino de Dios.

Otro dijo:

—Sí, Señor, te seguiré, pero primero deja que me despida de mi familia.

Jesús le dijo:

—El que pone la mano en el arado y luego mira atrás no es apto para el reino de Dios. LUCAS 9:57-62

Estos tres hombres eran posibles seguidores de Jesús, pero por lo que vemos en este pasaje, las palabras de Jesús hicieron que no lo siguieran. La razón por la que este pasaje me vino a la mente se debe a que en esencia esta es la decisión que usted y yo debemos considerar en este momento en nuestra cultura. ¿Vamos a seguir a Jesús? No que: ¿vamos a inclinar la cabeza, decir una oración, leer la Biblia, ir a la iglesia, dar el diezmo mientras seguimos viviendo el resto de nuestra vida igual que antes? Sino que la pregunta es: ¿vamos a seguir a Jesús con toda nuestra vida, sin importar adónde nos guíe él, cuánto esa tarea vaya contra la cultura o qué nos pueda costar a nosotros, a nuestras familias y a nuestras iglesias?

Para responder a la pregunta central, siento que debo formular las siguientes tres preguntas: ¿Vamos a elegir la comodidad en lugar de la cruz? ¿Nos vamos a conformar como estamos, o nos vamos a sacrificar por una misión? Finalmente, ¿estará marcada nuestra vida por una mente indecisa o por un corazón que no está dividido?

¿VAMOS A ELEGIR LA COMODIDAD EN LUGAR DE LA CRUZ?

El primer hombre en la historia le dice a Jesús con entusiasmo: «Te seguiré a cualquier lugar que vayas». De otros pasajes bíblicos sabemos que este hombre era un maestro de la ley y era la costumbre que hombres como él se unieran a otro maestro para promover su propia posición en la sociedad. A estas alturas, Jesús era ya bastante popular con la gente que lo rodeaba, así que él parecía un buen candidato para la promoción cultural de este hombre.

Jesús le responde: «El Hijo del Hombre no tiene ni siquiera un lugar donde recostar la cabeza». En otras palabras, si este hombre decide seguir a Jesús, puede esperar vivir sin un techo sobre su cabeza. Cristo deja muy claro que el cristianismo no es un camino para más comodidades, para un estado social más alto o para más tranquilidad en este mundo. El sendero por el que Jesús camina no está allanado por el progreso personal. En lugar de eso, comienza con la exigencia de negarse a sí mismo. En este mismo capítulo, un poco antes Jesús les dice claramente a otros discípulos: «Si alguno de ustedes quiere ser mi seguidor, tiene que abandonar su manera egoísta de vivir, tomar su cruz cada día y seguirme» (Lucas 9:23). Queda claro que un requisito para seguir a Jesús es elegir la cruz por encima de la comodidad.

Por lo tanto, estoy convencido de que esta es una necesidad para todos los creyentes (y los que están pensando en ser creyentes) en nuestra cultura hoy. Ya han pasado los días cuando estar en la iglesia el día domingo era socialmente beneficioso. Ya han pasado los días cuando era aceptado públicamente seguir a Cristo cada otro día de la semana. Estamos en los días en que aceptar lo que dice el evangelio, creer lo que en realidad dice la Biblia y ponerlo en práctica implicará arriesgar la reputación, sacrificar nuestro nivel social, estar en desacuerdo con nuestros familiares y amigos más cercanos, arriesgar nuestra seguridad económica y nuestra estabilidad terrenal, regalar todo lo que poseemos, dejar atrás los elogios del mundo y (dependiendo de dónde y cómo lo guíe Dios), perder la vida.

Piense en esto. No es posible amar a los pobres y vivir en la opulencia. No es posible cuidar del huérfano y de la viuda sin hacer cambios radicales en cómo vive su familia. No es posible confesar las convicciones del evangelio en cuanto al matrimonio y a la sexualidad sin ser criticado. No es posible profesar la verdad del evangelio y seguir siendo popular con todo el mundo.

Jesús prometió lo siguiente cuando dijo: «"El esclavo no es superior a su amo". Ya que me persiguieron a mí, también a ustedes los perseguirán» (Juan 15:20). Cuando usted se pregunta cómo le respondió el mundo a Jesús, la respuesta a la que llega es a una cruz cruel y sangrienta. Por lo tanto, sería una completa tontería pensar que los seguidores de Cristo en este mundo vayan a tener un destino diferente. Por supuesto que la mayor parte de los creyentes del mundo no va a morir crucificada y quiero dejar claro que ningún creyente debería buscar ser perseguido. No estamos buscando una lucha cultural, pero sí anticipamos que cuanto más fundamentemos nuestra vida, nuestra familia y nuestras iglesias en la Palabra de Dios, tanto más nos distanciaremos de la cultura en la que vivimos y tanto más difícil nos resultará la vida en el mundo.

Lo que esto representa para nuestras iglesias todavía está por verse, pero estoy convencido de lo siguiente: cuanto más serias sean nuestras iglesias en tratar de llevar el evangelio a nuestra cultura, tanto más necesitaremos ser fieles a las verdades bíblicas y aún más tendremos que dejar de lado nuestras preferencias personales en forma sacrificial. En cuanto a las verdades bíblicas, los miembros de las iglesias y sus pastores están rodeados diariamente de tentaciones que encandilan para ceder a las corrientes de la opinión cultural que cambia constantemente. Frecuentemente escuchamos que líderes «cristianos» abandonan las verdades bíblicas que trascienden el tiempo, diciendo que lo hacen en nombre del amor hacia su prójimo y por tolerancia a la cultura. Pero, ¿cómo pueden decir que lo hacen por amor cuando les mienten a los vecinos, tergiversando la verdad para que encaje en sus gustos (y en los nuestros), para finalmente llevarlos a ellos (y a nosotros) más lejos de Dios? ¿Acaso no vemos que la verdadera tolerancia no enmascara la verdad sino que la amplía, mostrándonos cómo debemos amarnos y servirnos los unos a los otros en vista de nuestras diferencias? Quiera Dios concedernos la gracia para no erguirnos orgullosamente en juicio de su Palabra mientras que gradualmente nos rendimos ante la cultura de este mundo.

Lo que es más, quiera Dios que estas verdades bíblicas tomen el lugar que les corresponde por encima de nuestras preferencias personales. Cuando observamos a nuestras iglesias hoy, ¿se ven como grupos de personas que se reúnen para entregar sus vidas a la propagación del evangelio entre los grupos no alcanzados, las comunidades empobrecidas, los huérfanos abandonados, las viudas solitarias, los bebés agonizantes, las personas esclavas del tráfico sexual, y nuestros hermanos y hermanas que sufren alrededor del mundo? Es triste decirlo, pero creo que no es esa la impresión que damos. En cambio, pasamos la mayor parte del tiempo como espectadores en reuniones que están diseñadas para suplir nuestras comodidades. Aun en lo referente a lo que damos en la iglesia, gastamos la mayor parte de nuestro dinero en los lugares donde nos reunimos, en personas profesionales para que nos ministren y en programas que nos agradan y que les gustan a nuestros hijos. ¿Qué es lo que estamos haciendo en el mundo? O para decirlo mejor, ¿qué es lo que estamos haciendo con la Palabra de Dios? Hemos llenado nuestras iglesias, aún aquellas que creen lo que dice la Biblia, de muchas cosas que no son bíblicas. No puedo dejar de preguntarme qué podría suceder si dejamos de lado nuestras preferencias personales, abandonamos nuestras tradiciones que no están incluidas en la Biblia (y que en algunos casos van contra la Biblia), abandonamos nuestras comodidades culturales y nos organizamos solamente y en forma sacrificial en lo que dice la Palabra de Dios y en la misión del evangelio.

¿Vamos a elegir la comodidad o vamos a elegir la cruz?

Esto nos lleva a la segunda pregunta.

¿VAMOS A CONFORMARNOS COMO ESTAMOS O VAMOS A SACRIFICARNOS POR UNA MISIÓN?

Jesús inicia la conversación con el segundo hombre en Lucas 9. «Ven, sígueme», le dice.

El hombre le responde: «Señor, deja que primero regrese a casa y entierre a mi padre». Todo lo que quiere hacer es enterrar a su papá, algo que no solamente quiere hacer sino que se espera que haga. Sería vergonzoso no ofrecerle un funeral apropiado a su padre.

Sin embargo, la respuesta de Jesús es lacónica y directa: «¡Deja que los muertos espirituales entierren a sus propios muertos! Tu deber es ir y predicar acerca del reino de Dios».

No me puedo ni imaginar lo que fue escuchar esas palabras. Recuerdo con toda claridad el día en que recibí la inesperada llamada telefónica de mi hermano diciéndome que mi papá, mi mejor amigo del mundo, había muerto de forma repentina de un ataque al corazón. En medio del intenso dolor de ese momento y de la indescriptible tristeza que me embargó en los días siguientes, no me puedo imaginar escuchar esas palabras de Jesús: «Ni siquiera vayas al funeral de tu papá. Hay cosas más importantes que hacer».

¿Qué significa esto?

El punto principal de Jesús no es que esté mal ir a un funeral, sino que el reino de Dios no estará en segundo lugar en lo referente a una persona o alguna cosa. Para este hombre en Lucas 9, significaba que debía abandonar de inmediato una misión urgente. Aún más importante que honrar a los muertos era proclamar el reino de Dios a los que se están muriendo. Ahora, dos mil años más tarde, estoy convencido de que una urgencia similar, si no mayor, es la que nos rodea.

A través de todo este libro hemos considerado necesidades físicas descomunales en el mundo. Sin embargo, cuando nos fijamos en estas necesidades, si no tenemos cuidado, corremos el riesgo de pasar por alto la necesidad más urgente de las personas. Esa necesidad no es tener agua, comida, familia, libertad, seguridad o igualdad. Tan urgentes como son todas estas cosas para los hombres, las mujeres y los niños en todo el mundo, son excedidas en urgencia por una necesidad mucho más grande.

Esa necesidad —la más urgente—, es que reciban el evangelio.

Es por esto que Jesús, cuando habló con el segundo hombre, le dijo exactamente lo que les diría a sus discípulos antes de dejar la tierra. Jesús le dijo a ese hombre: «Tu deber es ir y *predicar* acerca del reino de Dios», y luego les dijo a sus discípulos que «este mensaje se *proclamaría* con la autoridad de su nombre a todas las naciones: [...] "Hay perdón de pecados para todos los que se arrepientan"» (Lucas 9:60; 24:47, énfasis mío).

Este llamado a la proclamación es curioso. Jesús, más que cualquier persona, sabía de la profundidad de las necesidades físicas de las personas. Él había pasado tiempo con personas enfermas, se sentó al lado de las que se estaban muriendo y sirvió a los pobres. Cuando vió a esas multitudes, la Biblia nos dice «les tuvo compasión», usando palabras en el lenguaje original del Nuevo Testamento que describen un profundo anhelo físico de sanar a la gente de «toda clase de enfermedades y dolencias» (Mateo

9:35-36). Sin embargo, sus últimas palabras a sus discípulos fueron iguales a las primeras palabras que le dijo a este hombre: conociendo perfectamente el sufrimiento del mundo y por encima de todo lo demás, Jesús los estaba llamando a predicar.

¿Se da cuenta? Jesús sabía que aunque las necesidades terrenales de esa gente eran grandes, su necesidad espiritual era aún mayor. Cuando le trajeron a un paralítico en una camilla, Jesús le dijo: «Hijo mío, tus pecados son perdonados» (Marcos 2:5). Él usó esa oportunidad para enseñarles a un hombre paralítico y a la gente que lo rodeaba que su prioridad máxima no era aliviar el sufrimiento, a pesar de lo importante y necesario que era eso. En cambio, su prioridad máxima en el mundo era cortar la raíz de todo sufrimiento: el pecado.

Esta es nuestra necesidad más grande y es la necesidad más grande del mundo. Esencialmente, todas las personas han pecado contra Dios y están separadas de él. Por lo tanto, lo que está en juego es la vida de cada uno de nosotros, no solamente en la tierra sino también en la eternidad. En la balanza están el cielo y el infierno. Dios ha abierto un camino para que todo el mundo pueda reconciliarse con él a través de la vida, la muerte y la resurrección de Cristo. Todos los que lo reciban experimentarán vida eterna, pero todos los que lo rechacen sufrirán tormento eterno. Este es el mensaje del evangelio y es lo que más necesita escuchar la gente.

Cristo no es insensible en cuanto a las necesidades terrenales, pero su pasión más grande está en las necesidades eternas. La razón por la cual él vino fue para reconciliar a la gente con Dios. Él no vino solamente para darles a los pobres agua para sus cuerpos, sino para darles el agua viva para sus almas. Él vino no solamente para darles una familia a los huérfanos y a las viudas, sino para reclutarlos en una familia eterna. Él no vino solamente para darles libertad de la esclavitud sexual a las niñas, sino para librarlas a ellas (y a los que las abusan) de la esclavitud al pecado.

Él no vino solamente para hacer posible la igualdad en la tierra, sino para hacer posible la vida eterna en el cielo.

Debido a que el evangelio es la necesidad más apremiante en la vida de las personas, el evangelio nos dice cuál es el propósito fundamental de nuestra vida. A nosotros, los que conocemos el evangelio, se nos ha dado el don más grande del mundo. Tenemos la Buena Noticia de un Dios glorioso que ha venido para librar a los hombres, a las mujeres y a los niños de todo pecado y sufrimiento para siempre. Por lo tanto, no podemos —y no *debemos*— permanecer en silencio en cuanto al evangelio, porque la posesión del evangelio requiere la proclamación del evangelio.

Esta es la falacia más grande del ministerio social en la iglesia que ha dejado de proclamar el mensaje de Cristo. Si todo lo que hacemos es suplir las necesidades físicas de la gente, pero pasamos por alto sus necesidades espirituales, erramos en cuanto al punto principal. Sin embargo, muy a menudo nos conformamos con esto y lo hacemos porque es más fácil y nos cuesta menos. Es mucho más fácil dar un vaso de agua a una persona sedienta y luego alejarnos, que dar ese mismo vaso de agua y quedarnos para compartir acerca del agua viva que solamente viene a través de Cristo. Pero quiero decirlo de nuevo, como creyentes no tenemos la elección de desconectarnos de estas dos cosas. Debemos proclamar el evangelio mientras proveemos para el bienestar de otras personas. Se nos ordena predicar mientras servimos. Con los labios testificamos lo que afirmamos con nuestra vida.

Quiero aclarar esto, darle un vaso de agua a un pobre no depende de que esa persona haga una confesión de su fe en Cristo. Amar a nuestro vecino como nos amamos a nosotros no limita el dar de esta forma. En cambio, dar un vaso de agua al pobre va acompañado de compartir la Buena Noticia del evangelio. El verdadero amor por nuestro prójimo requiere nada menos que eso. Nos preocupamos mucho por el sufrimiento que existe en la tierra, pero lo que más nos preocupa es el sufrimiento eterno[1].

Además, en la bendita providencia de Dios, cuando nos preocupamos por el sufrimiento eterno es cuando somos más eficaces para aliviar el sufrimiento en la tierra. Después de más de una década de investigación sobre el efecto de los misioneros en la salud de las naciones, el sociólogo Robert Woodberry llegó a la conclusión de que «el trabajo de los misioneros [...] resulta ser el mayor factor para asegurar la salud de las naciones»[2]. En forma específica, Woodberry comparó el trabajo de «conversión de los misioneros protestantes» con el del «clérigo protestante financiado por el estado» y el de «los misioneros católicos antes de la década de 1960». Woodberry observó que «las zonas en las cuales los misioneros protestantes tuvieron una presencia significativa en el pasado, en promedio están hoy más desarrolladas económicamente y tienen en comparación mejor salud, mortalidad infantil más baja, menos corrupción, nivel más alto de alfabetización, mejor educación académica (especialmente entre las mujeres), mayor membresía en asociaciones no gubernamentales». En palabras de Woodberry, estas conclusiones le cayeron a él como una «bomba atómica»[3].

Sin embargo, las observaciones de Woodberry no nos sorprenden cuando consideramos lo que vemos en las Escrituras. Porque la manera de conseguir una transformación social y cultural no es enfocándose en la transformación social y cultural, sino entregando nuestra vida a la proclamación del evangelio, compartiendo con otras personas la Buena Noticia de todo lo que Dios ha hecho en Cristo y haciéndoles un llamado para que lo sigan. El fruto de esa salvación será la inevitable transformación de vidas, de familias, de comunidades y aun de naciones.

La misión central de la iglesia en el mundo es entonces proclamar el evangelio al mundo, y existe mucho trabajo por hacer no solamente en nuestra cultura sino entre la gente alrededor del mundo. En el capítulo 8 notamos que los eruditos en antropología han identificado más de once mil grupos diferentes de personas en el mundo. Mientras tanto, Jesús nos ha llamado a proclamar el evangelio a cada grupo. «Vayan y hagan discípulos de todas las naciones», nos dice en la gran comisión, y la palabra «naciones» allí es *ethne*, o grupos etnolingüísticos. Esta comisión no es un mandamiento general para hacer discípulos entre tanta gente como sea posible. Este es en cambio, un mandamiento específico para hacer discípulos en cada uno de los grupos de personas en el mundo.

Tal vez usted se pregunte cómo nos va en cuanto a obedecer el mandamiento de Cristo. Los eruditos en el campo misionero han intentado identificar cuántos de estos once mil grupos de personas han sido alcanzados con el evangelio. Un grupo de personas es clasificado como «no alcanzado» si menos del dos por ciento de su población está compuesta de cristianos que confiesan el evangelio y creen en la Biblia. En términos prácticos, para que un grupo sea «no alcanzado» significa que no solamente las personas en ese grupo no creen el evangelio, sino que debido a que no hay una iglesia entre ellas, no hay cristianos entre ellas, y en muchos casos no hay nadie que esté tratando de llevarles el evangelio, la mayoría morirá sin siquiera haberlo escuchado. Así que, ¿cuántos grupos de personas todavía no han sido alcanzados? Más de seis mil, para una población de por lo menos dos mil millones de personas[4].

He conocido a mucha gente que todavía no ha sido alcanzada alrededor del mundo. Durante días he caminado a través de villas en el Asia donde me he detenido para preguntarles a las familias qué saben acerca de Jesús, solamente para que me respondieran: «Nunca he escuchado acerca de él». He conversado con hombres en ciudades del Medio Oriente que habían escuchado sobre

Jesús, pero nadie les había dicho jamás la verdad sobre quién es él o qué hizo él. Hasta esa conversación conmigo, nunca antes habían conocido a una persona cristiana o visto una Biblia. En los desiertos de África me he sentado a conversar con individuos que nunca habían escuchado el evangelio y que tampoco querían escucharlo. Viven en grupos de personas que están completamente cerrados a otras creencias y a todos los que tratan de compartirlas con ellos.

Es por esto que me siento obligado a preguntar: ¿Nos vamos a conformar con el mantenimiento, o vamos a sacrificarnos para las misiones? Jesucristo nos ha dado órdenes de marcha y son claras. Proclamen el evangelio, la Buena Noticia del gran amor de Dios por nosotros en Cristo, a todos los grupos de personas del planeta. Así que, ¿cómo es posible que dos mil años después todavía haya seis mil grupos de personas que están clasificados como grupos que no han sido alcanzados?

Una de las razones principales que lo ha hecho posible es que nos hemos conformado con el mantenimiento en la iglesia. Nos hemos estancado en un *status quo* en el cual nos sentimos contentos con sentarnos sin hacer nada mientras, literalmente, miles de millones de personas mueren sin haber escuchado jamás el evangelio. Sin duda que *esta* es la injusticia social más grande del mundo, mucho más grande que todos los otros asuntos que hemos considerado. Sé que esta es una declaración audaz, pero la hago sin reserva alguna. Más de dos mil millones de personas viven hoy en el mundo como pecadores ante Dios, destinados para el infierno y en necesidad desesperada de un Salvador, y nadie les ha dicho que Dios los ama y que ha provisto un camino para su salvación.

Estuve parado a la rivera del río Bagmati en el sur de Asia donde todos los días se realizan funerales en los cuales los cuerpos son quemados. Es costumbre de estas personas hindúes que al morir familiares o amistades, sus cuerpos sean transportados al río dentro de las primeras veinticuatro horas, donde los colocan sobre piras funerarias y les prenden fuego. Ellos creen que al hacer esto están ayudando a su amigo o familiar en el ciclo de la reencarnación. Cuando vi esta escena, me sentí sobrecogido por el silencio, porque mientras observaba cómo las llamas envolvían esos cadáveres sabía, basado en las Escrituras, que estaba siendo testigo en ese momento de una reflexión física de una realidad eterna. Se me cayeron las lágrimas cuando me di cuenta de que la mayor parte de la gente, si no todos, que estaba observando ser quemada había muerto sin haber escuchado jamás la Buena Noticia de cómo podrían haber vivido para siempre con Dios.

¿Cuándo se le hará intolerable a la iglesia el concepto de grupos no alcanzados? ¿Qué nos hará despertar a la escasez del evangelio entre grupos de personas alrededor del mundo? ¿Qué se requerirá para que nuestro corazón se conmueva por los hombres y mujeres cuyas almas están yendo directamente a la condenación sin haber escuchado nunca acerca de la salvación? Esto es inconcebible para personas que afirman creer en el evangelio. Ya que si este evangelio es verdadero y si nuestro Dios es digno de la alabanza de todas las personas del mundo, entonces debemos usar nuestras vidas y movilizar a nuestras iglesias para predicar acerca del amor de Cristo a los grupos de personas no alcanzadas alrededor del mundo. Jesús no nos ha dado una comisión para que la consideremos; él nos ha dado una comisión para obedecerla.

Este mandamiento involucra sacrificio de nuestra parte. Si tenemos tanto acceso al evangelio en nuestra cultura y existe tanta escasez del evangelio en otras culturas, entonces de seguro que Dios está guiando a muchos de nosotros (tal vez a la mayoría de nosotros) a ir a esas culturas. Si Dios nos llama a quedarnos en esta cultura, entonces de seguro que nos está guiando a vivir en forma simple y a dar en forma sacrificial para que tantas personas como sea posible puedan ir.

Ya sea que nos quedemos o que vayamos, no tenemos otra elección que ir contra la cultura. Si nos quedamos, entonces debemos reconocer que el sacrificar placeres, vender posesiones y arreglar nuestra vida de manera que podamos hacer llegar el evangelio a los grupos de personas no alcanzadas en el mundo, de forma inevitable nos llevará a ir contra una cultura que constantemente nos llama a buscar más placeres, obtener más posesiones y vivir nuestra vida alrededor de las cosas que nos traerán más comodidad en el mundo. Lo que es más, si vamos, debemos darnos cuenta de que esos grupos no han sido alcanzados por una razón: son difíciles de alcanzar, son peligrosos y el costo de presentarles el evangelio será muy alto. Sin embargo, el evangelio nos impulsa a ir contra la cultura sin tener en cuenta el costo, a arriesgar nuestra vida, nuestra familia, nuestro futuro, nuestros planes y todas nuestras posesiones para obtener una recompensa: predicar la mejor noticia para suplir la necesidad más grande de todas las personas.

Esto nos lleva a la última pregunta que me siento obligado a formular.

¿ESTARÁ NUESTRA VIDA MARCADA POR UNA MENTE INDECISA O POR UN CORAZÓN RESUELTO?

El último hombre en el evangelio de Lucas capítulo 9 se dirige a Jesús y le dice: «Sí, Señor, te seguiré, pero primero deja que me despida de mi familia» (Lucas 9:61). Parece ser un pedido simple. El hombre quiere ir a despedirse de su familia y de sus amigos. No obstante, parece también que Jesús sabe que tan pronto como este hombre regrese a su familia, el atractivo para quedarse iba a ser muy fuerte, así que le dice al hombre: «El que pone la mano en el arado y luego mira atrás no es apto para el reino de Dios». En otras palabras: «Mantén tu atención y tu afecto totalmente en mí y en el camino al cual yo te he llamado».

He visto escenas similares entre la gente de hoy en día. He visto a alumnos de universidades, jóvenes solteros y matrimonios jóvenes que sienten el llamado de Dios en sus vidas para ir a grupos no alcanzados, y luego los he visto ir a sus padres y madres (algunos son creyentes y otros no lo son), que los han persuadido a desobedecer. «¿No es eso muy peligroso? —les preguntan sus padres—. ¿Cómo vas a encontrar un cónyuge? ¿No es peligroso para tu esposa? ¿Qué me dices en cuanto a tus hijos? ¿En realidad los quieres criar en ese lugar? ¿En realidad quieres que nuestros nietos no nos conozcan?». Es irónico, pero este escenario a veces se trastoca cuando las parejas de personas jubiladas consideran ir al campo misionero. Entonces son sus hijos los que les preguntan: «¿Están seguros de que esto es sabio a la edad de ustedes y en esta etapa de sus vidas?».

No es algo raro que la atracción del amor por la familia lleve a vivir una vida sin fe. Tal vez sean los hermanos que les aconsejan a sus hermanas que se hagan un aborto para escapar de una situación difícil. *De seguro que Dios perdonará en esta circunstancia,* piensan. O tal vez sea una madre o un padre la o el que alienta a sus hijos en las decisiones sexuales que toman sin considerar lo que dicen las Escrituras. *De seguro que está bien lo que está haciendo mi hijo,* piensan. Para esas situaciones, las palabras de Jesús son breves, pero nos hacen pensar. «He venido a poner a un hombre contra su padre, a una hija contra su madre y a una nuera contra su suegra. ¡Sus enemigos estarán dentro de su propia casa! Si amas a tu padre o a tu madre más que a mí, no eres digno de ser mío; si amas a tu hijo o a tu hija más que a mí, no eres digno de ser mío» (Mateo 10:35-37). El seguir a Jesús no solamente abarca la entrega total y sacrificial de nuestra vida; requiere el amor total de nuestro corazón.

Sin embargo, veo en las situaciones que he descrito, como también en mi propia vida espiritual, una tendencia sutil y a la vez peligrosa hacia la indecisión. Cuando se trata del llamado de Dios, tengo la tendencia a vacilar. Antes de hacer algo, quiero la confirmación total de que lo que estoy haciendo es lo correcto. Quiero investigar todas las opciones y escuchar todas las opiniones. Esto no es algo malo en sí mismo, pero quiero ser sabio, y si no tengo cuidado, puedo dejar que lentamente la indecisión se convierta en inacción. Con facilidad puedo permitir que me paralicen las presiones que ejerce la gente en mi entorno y que me dominen las dudas. Antes de darme cuenta, la obediencia pospuesta se convierte en desobediencia.

Sin embargo, esto no debe ser así. Si estoy caminando a la orilla de un lago y veo a un niño que se está ahogando, no me detengo para preguntarme qué debo hacer. Ni tampoco me quedo allí orando sobre qué acción debo tomar. Hago algo. De inmediato y sin vacilación alguna, salto al lago y salvo al niño que se está ahogando.

Esta analogía no es perfecta, pero considere las realidades que hemos estado tratando en estas páginas. En estos momentos, millones de hombres, mujeres y niños se están muriendo por falta de comida y de agua. Cantidades de bebés han sido abortados hoy y muchos más van a ser abortados mañana. Los orfanatos, las casas de acogida temporal, las calles de las ciudades y los barrios bajos están llenos de niños y de niñas que necesitan una mamá y un papá. En este momento, un sinnúmero de viudas están en sus hogares sin familiares o amistades que las ayuden, en lugar del esposo al que amaban pero que ya ha muerto. Mientras lee estas palabras, miles de jovencitas se encuentran en la esquina de una calle o en burdeles esperando que un cliente las viole. Al mismo tiempo, muchos hombres y mujeres están siendo oprimidos debido a la clase étnica a la que pertenecen, y nuestros hermanos y hermanas alrededor del mundo están siendo perseguidos por su fe. Finalmente, mientras contemplamos este evangelio, más de dos mil millones de personas en el mundo nunca lo han escuchado. Están esperando escuchar la Buena Noticia de que el amor de Dios en Cristo puede satisfacerlos en la tierra y salvarlos por toda la eternidad.

Mi propósito al poner todas estas realidades ante nosotros no es causar que su peso nos aplaste. Por cierto que Dios por sí solo puede acarrear todas estas cargas globales. Solamente él tiene la capacidad emocional de percibir totalmente el mundo en el que vivimos. No obstante, Dios nos ama tanto que no permitirá que vivamos en indiferencia o sin hacer nada. Con seguridad que él quiere que actuemos por lo menos en las formas que hemos explorado al final de cada capítulo de este libro: *orando, participando* con él y *proclamando* su Palabra en el mundo que nos rodea.

Asegurémonos de comenzar con la oración. Esto es prácticamente lo más simple y tiene el potencial de ser lo más significativo que podemos hacer a la luz de la injusticia social. En realidad estas batallas son de Dios (vea 1 Samuel 17:47) y su voluntad es que participemos con él para lograr sus propósitos por medio de la oración. Así que, a la luz de las instrucciones de Cristo para nosotros, pidamos que el reino de Dios venga y que se haga su voluntad (vea Mateo 6:9-10). Entonces, siguiendo el ejemplo de los que han ido antes de nosotros, oremos que el juicio de Dios y su misericordia se manifiesten en medio de estas tremendas necesidades (vea Salmos 7, 10, 17, 18), con la confianza de que ninguna de nuestras oraciones es en vano (vea Lucas 11:1-13). Para ayudarlo a orar de la mejor manera, además de las sugerencias de oración al final de cada capítulo, junto a otras personas he trabajado en un sitio en Internet en inglés sobre cada uno de los asuntos que se trata en este libro: CounterCultureBook.com. Mi esperanza es que, en primer lugar y en el más importante, este sitio en Internet aliente a los hombres y a las mujeres que lo visitan a caer de rodillas ante Dios a la luz de la realidad de las necesidades globales.

Que nuestras oraciones nos lleven a participar con Dios en el mundo que nos rodea. Una de las formas principales de esta participación puede ser dando dinero. Ante la histórica afluencia que Dios nos ha concedido en este país, debemos considerar formas de usar nuestra riqueza cuando lo adoramos. El Nuevo Testamento le da prioridad a que demos dinero a nuestra iglesia local y a través de ella (vea 1 Corintios 16:1-4), así que ese es el primer lugar donde debemos empezar. Que Dios nos ayude en nuestras iglesias a organizar la forma en que invertimos el dinero para esparcir el evangelio en un mundo que tiene urgentes necesidades espirituales y físicas. Es obvio que debemos dar con sabiduría cuando se trata de las necesidades específicas que hemos mencionado en este libro. El sitio Internet CounterCultureBook. com también contiene *links* para que pueda informarse sobre algunos ministerios en los cuales usted y su iglesia local podrían participar. Le aseguro que no me estoy beneficiando financieramente por señalar a estas organizaciones, y hasta todo lo recaudado por este libro servirá para esparcir el evangelio a través de ministerios como estos. Mi meta es simplemente proveerle el primer paso a medida que usted considera cómo puede dar en forma generosa, sacrificada, sensata y con alegría en nuestra cultura.

Mientras oramos y damos, confío en que Dios nos guíe para ir. Uso «ir» aquí en forma general para referirme a las muchas otras acciones que Dios nos puede inspirar a tomar. A la luz de los seis mil grupos de individuos que no han sido alcanzados con el evangelio, confío en que Dios guíe a muchos de nosotros para ir a ellos, a que nos mudemos con nuestras familias para vivir entre ellos y compartir el evangelio con ellos. Confío en que Dios guiará a otras personas para trabajar entre los pobres en nuestras ciudades y alrededor del mundo; para adoptar a niños que necesiten un padre y una madre; para comenzar o para participar en ministerios que ayuden a las viudas, a las madres solteras o a los inmigrantes; para trabajar contra el aborto; para luchar contra la esclavitud; para representar el evangelio mediante el matrimonio bíblico; para luchar por la unidad étnica; para servir a la iglesia que está siendo perseguida; para luchar a favor de la libertad religiosa; y así sucesivamente. La creatividad de Dios se ve muy claramente en la forma en que llama a diferentes seguidores de Cristo para usar su tiempo, sus talentos y sus tesoros de maneras distintas para los propósitos de su reino. Como mencioné en el primer capítulo, no podemos o debemos darle igual atención a cada uno de estos asuntos, porque la soberanía de Dios nos pone en posiciones únicas, con privilegios y oportunidades singulares para ejercer influencia en la cultura que nos rodea. Por esa razón, el sitio Internet CounterCultureBook.com también incluye algunas ideas para que considere las maneras específicas en que Dios lo puede llamar para cumplir lo que dice su Palabra.

Sin embargo, lo que debe ser lo mismo para cada uno de nosotros es orar, dar e ir según Dios nos guíe y, en la medida que hacemos estas cosas, debemos proclamar el evangelio con convicción, compasión y valor. Como espero que hayamos visto, una vez que reconocemos que el evangelio es el asunto central en todas las culturas, tenemos que darnos cuenta de que este evangelio nos obliga a confrontar los asuntos sociales apremiantes que existen en nuestra cultura. En el centro de esta confrontación, le debemos dar prioridad a la proclamación del evangelio, porque es lo único que tiene el poder de no solamente cambiar culturas en esta tierra sino de transformar vidas para la eternidad.

Así que no guardemos silencio en cuanto a este evangelio. No dejemos que el temor en nuestra cultura amordace nuestra fe en Cristo. No permitamos que la indecisión gobierne nuestra vida. No dejemos que la demora caracterice nuestros días. No tenemos que preguntarnos cuál es la voluntad de Dios, porque él ya la ha expresado claramente. Dios quiere que su pueblo provea para los pobres, aprecie el valor de los niños que aún no han nacido, cuide de los huérfanos y de las viudas, rescate a los que están en esclavitud, defienda la institución del matrimonio, luche contra la inmoralidad sexual en todas las esferas de la vida, ame a sus vecinos como se ama a sí mismo sin tener en cuenta las diferencias étnicas, que practique su fe sin considerar riesgos y que proclame el evangelio a todas las naciones. De todas estas cosas estamos seguros.

Así que ore a Dios, participe con Dios y proclame el evangelio. Haga todo esto no por un cierto sentido de culpa que le dice que debe actuar, sino hágalo porque tiene un alto sentido de la gracia que lo hace querer actuar. Haga todas estas cosas porque sabe que una vez usted estuvo perdido en su pecado, fue esclavo de Satanás, estuvo apartado de Dios y solo en el mundo. Sin embargo, Dios bajó su mano llena de gracia, tocó su corazón lleno de pecado y por medio del sacrificio de su único Hijo en una cruz manchada de sangre, él lo levantó a usted a una nueva vida por su amor indescriptible. Usted no tiene nada que temer y nada que perder porque ha sido envuelto en las riquezas de Cristo y es él quien le da esa seguridad.

Ore a Dios, participe con Dios y proclame el evangelio no bajo la ilusión utópica de que usted o yo, o todos juntos, podemos quitar el dolor y el sufrimiento del mundo. Esa responsabilidad le pertenece al Cristo resucitado y él lo hará cuando vuelva. No obstante, hasta ese día haga con todo el corazón lo que él le pide que haga. Alguna gente dirá que estos problemas son complejos y que una persona, una familia o una iglesia en realidad no pueden hacer mucha diferencia. En muchos aspectos esto es cierto y cada uno de estos asuntos es extremadamente complicado. Sin embargo, no subestime lo que Dios hará en y a través de una persona, una familia o una iglesia para esparcir su evangelio para su gloria en nuestra cultura. Así que haga estas cosas con la firme convicción de que Dios lo ha puesto a usted en esta cultura y en este momento por una razón. Él lo ha llamado a usted hacia sí mismo, lo ha salvado por medio de su Hijo, lo ha llenado con su Espíritu, lo ha capturado con su amor y lo está impulsando, por su Palabra, para que vaya en contra de nuestra cultura a proclamar su reino, sin preocuparse por lo que le costará, porque usted tiene la confianza de que Dios mismo es su gran recompensa.

LOS PRIMEROS PASOS PARA IR CONTRA LA CULTURA

Ore

Pídale a Dios que:
- Le dé a usted valor para proclamar el evangelio a la gente en su entorno y alrededor del mundo que no conocen a Cristo.
- Envíe obreros a otras culturas y que abra la puerta para que muchos grupos de personas que no conocen a Jesús puedan ser alcanzadas con el evangelio (ya sea con misioneros cuyos gastos son totalmente provistos, visas de negocios, etcétera).
- Les dé a muchas iglesias y a muchos creyentes la carga de involucrase en orar, dar e ir con el propósito de llevar el evangelio a los grupos no alcanzados.

Participe

En oración, considere dar los siguientes pasos:

- Dé ofrendas sacrificiales a través de su iglesia local, para que los misioneros y los esfuerzos para esparcir el evangelio puedan ser financiados.
- Haga planes para ir en un viaje misionero de corto plazo y pídale a Dios que le aclare cuál debería ser el papel de usted en cuanto a obedecer la gran comisión.
- Participe financieramente para ayudar a una agencia misionera, a un equipo de traductores o en cualquier otro esfuerzo que lleve el evangelio a grupos no alcanzados.

Proclame

Considere las siguientes verdades de las Escrituras:

- Mateo 6:9-10: «Padre nuestro que estás en el cielo, que sea siempre santo tu nombre. Que tu reino venga pronto. Que se cumpla tu voluntad en la tierra como se cumple en el cielo».
- Mateo 9:37-38: «A sus discípulos [Jesús] les dijo: "La cosecha es grande, pero los obreros son pocos. Así que oren al Señor que está a cargo de la cosecha; pídanle que envíe más obreros a sus campos"».
- Lucas 9:57-62: «Mientras caminaban, alguien le dijo a Jesús: —Te seguiré a cualquier lugar que vayas. Jesús le respondió: —Los zorros tienen cuevas donde vivir y los pájaros tienen nidos, pero el Hijo del Hombre no tiene ni siquiera un lugar donde recostar la cabeza. Dijo a otro: —Ven, sígueme. El hombre aceptó, pero le dijo: —Señor, deja que primero regrese a casa y entierre a mi padre. Jesús le dijo: —¡Deja que los muertos espirituales entierren a sus propios muertos! Tu deber es ir y predicar acerca del reino de Dios. Otro dijo: —Sí, Señor, te seguiré, pero

primero deja que me despida de mi familia. Jesús le dijo:
—El que pone la mano en el arado y luego mira atrás no
es apto para el reino de Dios».

Para más sugerencias (y más específicas) visite CounterCultureBook.com
/Unreached.

RECONOCIMIENTOS

Cuando considero la medida de gracia que ha sido necesaria para hacer que este libro fuera una realidad, estoy muy agradecido a Dios por muchas personas.

Estoy muy agradecido a Dios por todo el equipo de Tyndale y en especial por Ron Beers, Lisa Jackson y Jonathan Schindler, cuyo aliento, paciencia y consejos, y su confianza en mí, van mucho más allá de lo que yo merezco.

Le doy gracias a Dios por Sealy Yates, porque sin su trabajo incansable y su firme amistad yo hubiera estado perdido en este proceso.

Estoy agradecido a Dios por Mark Liederbach, quien con mucha amabilidad leyó este manuscrito y me ofreció consejo muy valioso, que no solamente le dio forma y consistencia a este libro, sino que también me ministró profundamente.

Estoy muy agradecido a Dios por el equipo que trabajó en *Radical*. Por la sabiduría de David Burnette en el proceso de revisar el manuscrito, por la atención de Angelia Stewart en cuanto a los detalles, por el servicio fiel de Cory Varden y por todos los que forman parte de este equipo.

Estoy agradecido a Dios por los presbíteros, el personal y los miembros de La Iglesia en Brook Hills. Dios usó sus oraciones por mí y el apoyo que me dieron para poder terminar de escribir este libro. La fe de ellos en la Palabra de Dios y su dedicación a darle gloria a Dios entre las naciones es un testimonio de la gracia de Dios en estos hermanos y hermanas a quienes amo en el Señor aquí en Birmingham.

Estoy agradecido a Dios por los miles de misioneros con la Junta de Misiones Internacionales quienes viven en el frente de batalla de los grupos de personas no alcanzadas alrededor del mundo (y por los miles, es mi oración, que se unirán a ellos en un futuro cercano). Me siento humilde y honrado de servir al lado de ellos mientras estamos usando nuestras vidas para esparcir el evangelio entre las naciones.

Le doy gracias a Dios por mi familia. Para decirlo simplemente, no hubiera podido escribir este libro sin los sacrificios que hicieron ellos motivados por su amor a Dios, amor por mí y amor por los hombres y las mujeres que leen lo que he escrito aquí. Me siento a la mesa todas las noches totalmente maravillado cuando miro el rostro de Heather, mi bella esposa y mi mejor amiga, y luego veo los rostros de mis cuatro hijos, Caleb, Joshua, Mara Ruth e Isaiah. Soy el hombre más bendecido del mundo.

Sin embargo, por sobre todas las cosas, estoy agradecido a Dios por su evangelio. Me estremezco cuando pienso en dónde estaría yo si no fuera por su gracia y la verdad revelada en Jesucristo. Mi oración específica es que su gracia por mí tenga gran efecto para su gloria (Juan 3:30).

NOTAS

CAPÍTULO 1—LA OFENSA MÁS GRANDE: EL EVANGELIO Y LA CULTURA

1. Para un excelente artículo sobre este tema, lea lo que ha escrito Dan Phillips: «The Most Offensive Verse in the Bible», *PyroManiacs* (blog), 26 de febrero del 2013, http://teampyro.blogspot.com/2013/02/the-most-offensive-verse-in-bible.html.

2. Michael Ruse, «Evolutionary Theory and Christian Ethics» en *The Darwinian Paradigm* (London: Routledge, 1989), 261–268.

3. Richard Dawkins, *River Out of Eden* (New York: Basic Books, 1995), 133.

4. En esta sección y en la que sigue, debo agradecerle a John Stott por su presentación del evangelio en *Why I Am a Christian* (Downers Grove, IL: InterVarsity Press, 2003).

5. Stott, *Why I Am a Christian*, 76.

6. Vea Stott, *Why I Am a Christian*, 74–76.

7. Ibid., 35.

8. Ibid., 42–43.

9. Ibid., 55. Para información más completa, vea el libro de John Stott titulado *The Cross of Christ* (Downers Grove, IL: InterVarsity Press, 2006), 89–93.

10. Vea Stott, *Why I Am a Christian*, 49–51.

11. Tim Keller, «The Importance of Hell», The Redeemer Reports, Redeemer Presbyterian Church, agosto del 2009, www.redeemer.com/redeemer-report /article/the_importance_of_hell.

12. Elizabeth Rundle Charles, *Chronicles of the Schönberg-Cotta Family* (New York: M. W. Dodd, 1864), 321.

13. Francis Schaeffer, *A Christian View of the Church*, volumen 4 de *The Complete Works of Francis Schaeffer: A Christian Worldview* (Wheaton, IL: Crossway, 1982), 316–317, 401.

14. Schaeffer, *A Christian View of the Church*, 410.

CAPÍTULO 2—DONDE CHOCAN LOS RICOS Y LOS POBRES: EL EVANGELIO Y LA POBREZA

1. Steve Corbett y Brian Fikkert, *When Helping Hurts: How to Alleviate Poverty without Hurting the Poor ... and Yourself* (Chicago: Moody, 2009), 41.

2. «Health Facts», Compassion.com, información obtenida el 5 de mayo de 2014, www.compassion.com/poverty/health.htm.

3. Estos puntos han sido tomados de un estudio extensivo sobre setenta y cinco pasajes de la Biblia que llevé a cabo en nuestra iglesia en lo referente al evangelio y las posesiones. Para recursos en audio, videos y publicaciones sobre este

ensayo, así como también recomendaciones adicionales para un estudio más profundo, visite www.radical.net/media/schurch/series_list/?id=69.

4. Timothy Keller, *Every Good Endeavor: Connecting Your Work to God's Work* (New York: Dutton, 2012), 59.

5. Lester DeKoster, *Work: The Meaning of Your Life: A Christian Perspective* (Grand Rapids, MI: Christian's Library Press, 1982), 3–4, 6.

6. Ibid., 2–3.

7. C.S. Lewis, *Mere Christianity* (New York: Simon and Schuster, 1980), 82.

8. «Water Sanitation and Health», World Health Organization, información obtenida el 4 de mayo, 2014, www.who.int/water_sanitation_health/mdg1/en/.

CAPÍTULO 3—EL HOLOCAUSTO MODERNO: EL EVANGELIO Y EL ABORTO

1. «Worldwide Abortion Statistics», Abort73.com, www.abort73.com/abortion_facts/worldwide_abortion_statistics/.

2. Vea el ensayo de Denny Burk en su blog titulado «Why Aren't We Calling It the "Royal Fetus"?», 5 de diciembre del 2012, www.dennyburk.com/why-arent-we-calling-it-the-royal-fetus/.

3. En esta sección tengo una deuda de gratitud con un libro que escribió Gregory Koukl titulado *Precious Unborn Human Persons* (Signal Hill, CA: Stand to Reason Press, 1999), especialmente al capítulo 1, que genera las bases sobre mi manera de pensar.

4. Koukl, *Precious Unborn Human Persons*, 7.

5. Ibid. La excepción obvia y única en esta instancia es cuando la vida de una madre está en peligro inminente, en cuyo caso una o dos vidas podrían perderse y se debe tomar una determinación para salvar la vida de la madre. Los argumentos en esta sección siguen lo escrito por Koukl en *Precious Unborn Human Persons*, 8–12.

6. Ibid., 26–27.

7. Susan Donaldson James, «Down Syndrome Births Are Down in U.S.», *ABC News*, 2 de noviembre del 2009, http://abcnews.go.com/Health/w_ParentingResource/down-syndrome-births-drop-us-women-abort/story?id=8960803.

8. Koukl, *Precious Unborn Human Persons*, 9.

9. Randy Alcorn, *Pro-Life Answers to Pro-Choice Arguments* (Colorado Springs: Multnomah Books, 2000), 293.

10. «Forced Abortion Statistics», All Girls Allowed, sitio visitado el 20 de mayo del 2014, www.allgirlsallowed.org/forced-abortion-statistics.

CAPÍTULO 4—LA SOLEDAD EN LAS FAMILIAS: EL EVANGELIO Y LOS HUÉRFANOS Y LAS VIUDAS

1. «On Understanding Orphan Statistics», Christian Alliance for Orphans, sitio visitado el 20 de mayo del 2014, www.christianallianceforophans.org/orphanstats/.

2. Para ejemplos específicos del uso de la palabra *visitar* (venir, redimir) en las Escrituras, vea Génesis 50:24-25; Salmos 8:4; 106:4; Lucas 1:68, 78; 7:16; Hechos 7:23; 15:14, 36 en la versión RVR60.
3. «Report: Over 115 Million Widows Worldwide Live in Poverty», *USA Today*, 23 de junio del 2010, http://usatoday30.usatoday.com/news/health/2010-06-23 -un-widows-poverty_N.htm?csp=34news.
4. Kirsten Andersen, «The Number of U.S. Children Living in Single-Parent Homes Has Nearly Doubled in 50 Years: Census Data», LifeSiteNews.com, 4 de enero, 2013, www.lifesitenews.com/news/the-number-of-children-living -in-single-parent-homes-has-nearly-doubled-in/; J. A. Martin, B. E. Hamilton, J. K. Osterman, et al., «Births: Final Data for 2012», *National Vital Statistics Reports* 62, no. 9 (2013), www.cdc.gov/nchs/fastats/births.htm.
5. John Evans, «Hearts in Hands Ministers to Hospice Patients», *The Alabama Baptist*, 28 de abril, 2011, www.thealabamabaptist.org/print-edition-article -detail.php?id_art=18942&pricat_art=4.

CAPÍTULO 5—UNA GUERRA CONTRA LAS MUJERES: EL EVANGELIO Y LA ESCLAVITUD SEXUAL

1. Joe Carter, «9 Things You Should Know About Human Trafficking» (blog), The Gospel Coalition, 8 de agosto del 2013, http://thegospelcoalition.org/blogs /tgc/2013/08/09/9-things-you-should-know-about-human-trafficking/.
2. «End It», http://enditmovement.com/; «The Facts», The A21 Campaign, www .thea21campaign.org/content/the-facts/gjekag.
3. «Trafficking and Slavery Fact Sheet», Free the Slaves, www.freetheslaves.net /document.doc?id=34 and «Human Trafficking», Polaris, www.polarisproject .org/human-trafficking/overview.
4. «The I-20 Story» (video), The Well House, http://the-wellhouse.org/i-20-story/.
5. La transcripción del documento Gettysburg Address puede encontrarla en www .ourdocuments.gov/doc.php?flash=true&doc=36&page=transcript.
6. Walter Bauer, W. F. Arndt, F. W. Gingrich, and F. W. Danker, *A Greek-English Lexicon of the New Testament and Other Early Christian Literature*, 3rd ed., ed. Frederick William Danker (Chicago: The University of Chicago Press, 2000), 76.
7. Para una perspectiva general de la Biblia y la esclavitud, vea mi capítulo titulado «What About Slavery, Paul?» en el libro *Exalting Jesus in 1 and 2 Timothy and Titus* (Nashville: B&H Publishing Group, 2013).
8. Frederick Douglass, *Narrative of the Life of Frederick Douglass* (Boston: Dover Publications, 1995), 3–4.
9. "Staggering Statistics", MindArmor Training Tools, www.mind-armor.com /staggering-statistics.
10. «Forced Sex Acts between a Trafficked Woman or Child and a "John" Are Often Filmed and Photographed», Pornography + Sex Trafficking, http://stoptrafficking demand.com/forced-acts-recorded.

11. U.S. Dept. of State, Trafficking Victims Protection Act (TVPA) 2000, Bureau for International Narcotics and Law Enforcement Affairs (2001) (promulgado). Impreso, Sec 102 (2).

12. «Performers Are Sometimes Forced or Coerced During the Production of Mainstream Pornography», Pornography + Sex Trafficking, http://stop traffickingdemand.com/trafficking-within-the-industry; «Forced Sex Acts».

13. Donna M. Hughes, «The Demand for Victims of Sex Trafficking», Women's Studies Program, University of Rhode Island, junio del 2005, www.uri.edu/ artsci/wms/hughes/demand_for_victims.pdf., p.26. (Citado en http://modern dayslaveryblog.wordpress.com/2011/03/29/the-link-between-pornography-and -human-trafficking/).

14. Melissa Farley, «Renting an Organ for Ten Minutes: What Tricks Tell Us about Prostitution, Pornography, and Trafficking», en *Pornography: Driving the Demand in International Sex Trafficking*, editores:. David E. Guinn y Julie DiCaro (Captive Daughters Media, 2007), 145.

15. Ana Stutler, «The Connections Between Pornography and Sex Trafficking», *Help Others Restore Integrity* (blog), Covenant Eyes, 7 de septiembre del 2011, www .covenanteyes.com/2011/09/07/the-connections-between-pornography-and-sex -trafficking/.

16. «Online Porn Addiction Turns Our Kids into Victims and Predators», *Sydney Sun-Herald*, 14 de agosto del 2005, http://www.smh.com.au/news/miranda -devine/online-porn-addiction-turns-our-kids-into-victims-and-predators/2005 /08/13/1123353539758.html.

17. Angelu Lu, «Connecting the Dots between Sex Trafficking and Pornography», *World*, 10 de junio del 2013, www.worldmag.com/2013/06/connecting_the _dots_between_sex_trafficking_and_pornography.

18. Paul Olaf Chelsen, «An Examination of Internet Pornography Usage Among Male Students at Evangelical Christian Colleges» (PhD diss., Loyola University, 2011), http://ecommons.luc.edu/luc_diss/150/.

19. Murray J. Harris, *Slave of Christ: A New Testament Metaphor for Total Devotion to Christ* (Downers Grove, IL: InterVarsity Press, 1999), 68.

CAPÍTULO 6—UN MISTERIO PROFUNDO: EL EVANGELIO Y EL MATRIMONIO

1. *United States v. Windsor*, 570 U.S. (2013), www.supremecourt.gov/opinions /12pdf/12-307_6j37.pdf.

2. Hope Yen, «Census: Divorces Decline in United States», *Huffington Post,* 18 de mayo del 2011, www.huffingtonpost.com/2011/05/18/census-divorces-decline -i_n_863639.html.

3. Linda Carroll, «CDC: Only Half of First Marriages Last 20 Years», *NBC News*, 22 de marzo del 2012, http://vitals.nbcnews.com/_news/2012/03/21/10799069 -cdc-only-half-of-first-marriages-last-20-years.

4. Mark Regnerus, «The Case for Early Marriage», *Christianity Today*, 31 de julio del 2009, www.christianitytoday.com/ct/2009/august/16.22.html?paging=off.

5. «Interview: Why Rob Bell Supports Gay Marriage», Odyssey Networks, https://www.youtube.com/watch?v=-qoiDaW6BnE.
6. Para más información sobre la trayectoria de Don y Gwen, vea Don Brobst, *Thirteen Months* (Bloomington, IN: Westbow Press, 2011).
7. Vea Glenn T. Stanton, «FactChecker: Divorce Rate among Christians», *The Gospel Coalition* (blog), 25 de septiembre del 2012, http://thegospelcoalition.org/blogs/tgc/2012/09/25/factchecker-divorce-rate-among-christians/#_ftn1.
8. Francis A. Schaeffer, *The Complete Works of Francis A. Schaeffer: A Christian Worldview*, vol. 4, *A Christian View of the Church* (Wheaton, IL: Crossway, 1982), 391–398.
9. Regnerus, «The Case for Early Marriage».
10. Russell Moore me ha alentado muchísimo en cuanto a las realidades que he expresado. Para más información, vea lo que escribió Russell D. Moore: «How Should Same-Sex Marriage Change the Church's Witness?» *Moore to the Point* (blog), 26 de junio del 2013, www.russellmoore.com/2013/06/26/how-should-same-sex-marriage-change-the-church-witness/ y "«Same-Sex Marriage and the Future», *Moore to the Point* (blog), 15 de abril del 2014, www.russellmoore.com/2014/04/15/same-sex-marriage-and-the-future/.

CAPÍTULO 7—COMPRADO POR UN PRECIO: EL EVANGELIO Y LA MORALIDAD SEXUAL

1. Vea, por ejemplo, Efesios 4:28 y Colosenses 3:9.
2. Para más información sobre la ley de Dios, vea *An Introduction to Biblical Ethics* por David W. Jones (Nashville: B&H Academic, 2013).
3. Para una breve y a la vez excelente fuente de información sobre los fundamentos bíblicos expresados aquí y sus implicaciones prácticas, vea *Is God Anti-Gay?* por Sam Allberry, (Purcellville, VA: The Good Book Company, 2013).
4. Para una excelente exposición sobre esto, vea el capítulo 8 titulado: «Saints and Sexual Immorality» en *The Hole in Our Holiness* por Kevin DeYoung (Wheaton, IL: Crossway, 2014), 107–122.
5. Vea «Our Cheating Hearts», por Robert Wright, revista *Time*, 15 de agosto de 1994, 44.
6. Para dejar claro, el término que Pablo usa en 1 Corintios 6 y en 1 Timoteo 1 coincide con el término «homosexualidad» en Levítico 18:22 en la versión Septuaginta (que es la traducción griega del Antiguo Testamento).
7. «Report of the Committee to Study Homosexuality to the General Council on Ministries of the United Methodist Church», por William M. Kent, (Dayton, OH: General Council on Ministries, 24 de agosto de 1991).
8. *Theology without Apology* por Gary David Comstock (Cleveland, OH: Pilgrim Press, 1993), 43.
9. «Homosexuality & the Church: Scripture & Experience», por Luke Timothy Johson, *Commonweal*, 11 de junio del 2007, www.commonwealmagazine.org/homosexuality-church-1.

10. *True Sexual Morality: Recovering Biblical Standards for a Culture in Crisis* por Daniel R. Heimbach (Wheaton, IL: Crossway, 2004), 33–34.

11. *Commentary on St. Paul's Epistle to the Galatians*, capítulo 3, versículo 13, por Martin Luther.

12. «My Train Wreck Conversion», por Rosaria Champagne Butterfield en *Christianity Today*, 7 de febrero del 2013, www.christianitytoday.com/ct/2013/january-february /my-train-wreck-conversion.html.

13. Ibid.

14. Ibid.

15. Ibid.

CAPÍTULO 8—UNIDAD EN LA DIVERSIDAD: EL EVANGELIO Y EL ORIGEN ÉTNICO

1. Martin Luther King Jr., «Letter from Birmingham City Jail», *The King Center* (archivo Internet), 16 de abril del 1963, sitio visitado el 10 de mayo del 2014, www.thekingcenter.org/archive/document/letter-birmingham-city-jail.

2. Ibid.

3. Ibid.

4. Me convencí en forma particular de esto por un sermón de Thabiti Anyabwile titulado «Bearing the Image». Ese sermón fue publicado en el libro de Mark Dever, J. Ligon Duncan III, R. Albert Mohler Jr., y C. J. Mahaney, titulado *Proclaiming a Cross-Centered Theology* (Wheaton, IL: Crossway, 2009), 59–80. Muchas de las convicciones que se comparten más abajo están basadas en conversaciones subsiguientes con Anyabwile sobre este tema. Vea también el blog de Thabiti Anyabwile, «Black or What?: Where Does "Blackness" and "Whiteness" Come From?» *Erace Ourselves* (blog), 8 de septiembre del 2013, www.eraceourselves.com/mexico/ y «Three Pragmatic Reasons for Rejecting the Idea of Race as Biology», *Erace Ourselves* (blog), 20 de enero del 2014, www .eraceourselves.com/three-pragmatic-reasons-for-rejecting-the-idea-of-race-as -biology/.

5. Anyabwile, «Bearing the Image», 64.

6. Vea PeopleGroups, www.peoplegroups.org/understand/123.aspx; www.people groups.org. Vea también «Joshua Project», http://joshuaproject.net/help /definitions, y http://joshuaproject.net/global_statistics.

7. Para más información sobre esto, vea PeopleGroups, www.peoplegroups.org.

8. Esto no debe confundirse con el juicio santo de Dios en algunas naciones por sus pecados. Las páginas del Antiguo Testamento revelan la realidad, del castigo divino debido a la inmoralidad y a la idolatría a través de varios grupos étnicos. Para más información sobre la santidad, la justicia y la bondad de Dios aun en esto, vea *Is God a Moral Monster?*, por Paul Copan (Grand Rapids: Baker, 2011).

9. Vea, por ejemplo, Mateo 8:5-13, 28-34; 15:21-28; Lucas 17:12-19; Juan 4:5-42; 12:20-28.

10. Martin Luther King Jr., «I Have a Dream …», *Archivos Nacionales*, www.archives
.gov/press/exhibits/dream-speech.pdf.

11. Russell D. Moore, «Immigration and the Gospel», *Moore to the Point* (blog), 17
de junio del 2011, www.russellmoore.com/2011/06/17/immigration-and-the
-gospel/. En forma similar a la que Thabiti Anyabwile ha impactado la forma en
que entiendo el racismo, Russell Moore ha ejercido gran influencia en la forma en
que comprendo la inmigración.

12. Michael Linton, «Illegal Immigration and Our Corruption», *First Things,* 13 de
julio del 2007, www.firstthings.com/*web-exclusives/2007/07/illegal-immigration
-and-our-co.*

13. Vea «The Gospel and Immigration», por Matthew Soerens y Daniel Darling, *The
Gospel Coalition* (blog), 1 de mayo del 2012, http://thegospelcoalition.org/blogs
/tgc/2012/05/01/the-gospel-and-immigration/ y también lo que escribieron
Soerens y Darling en «Immigration Policy and Ministry», The Gospel Coalition,
8 de mayo del 2012, http://thegospelcoalition.org/blogs/tgc/2012/05/08/
immigration-policy-and-ministry/.

14. Mucho de lo anterior coincide con los principios descritos por Evangelical
Immigration Table así como también por una resolución adoptada por la
Convención Bautista del Sur, de la cual formo parte. Para más información
sobre esta resolución, vea «On Immigration and the Gospel», *Southern Baptist
Convention*, www.sbc.net/resolutions/1213. Para más información sobre la
organización Evangelical Immigration Table, que está formada por una amplia
coalición de organizaciones evangélicas y líderes que son partidarios de reforma
en cuanto a la inmigración para que esté en línea con los valores bíblicos, vea
http://evangelicalimmigrationtable.com/.

15. Para más información sobre Tyler Johnson y la iglesia Redemption Church, vea
«One Church's Journey on Immigration», por Tyler Johnson y Jim Mullins, *The
Gospel Coalition* (blog), 31 de octubre del 2012, http://thegospelcoalition.org
/blogs/tgc/2012/10/31/one-churchs-journey-on-immigration/.

CAPÍTULO 9—CRISTO EN LA PLAZA PÚBLICA: EL EVANGELIO Y LA LIBERTAD RELIGIOSA

1. «About Christian Persecution», Open Doors USA, www.opendoorsusa.org
/persecution/about-persecution.

2. Saint Augustine, *Tractates on the Gospel of John 11-27*, traducción de John W.
Rettig, en *The Fathers of the Church*, vol. 79 (Pittsboro, NC: The Catholic
University of America Press, 1988), 261.

3. «The Cape Town Commitment», *The Lausanne Movement*, www.lausanne.org
/en/documents/ctcommitment.html, IIC.6.

4. *Elane Photography v. Willock*, Corte Suprema del Estado de Nuevo México,
22 de agosto del 2013, www.nmcompcomm.us/nmcases/nmsc/slips/SC33,687
.pdf.

5. Ibid.

6. Puede leer la opinión de la Corte en: http://www.supremecourt.gov/opinions /13pdf/13-354_olp1.pdf.

7. «Manhattan Declaration», 20 de noviembre del 2009, http://manhattan declaration.org/man_dec_resources/Manhattan_Declaration_full_text.pdf.

8. Sobre esto, me uno a Albert Mohler en «Strengthen the Things that Remain: Human Dignity, Human Rights, and Human Flourishing in a Dangerous Age— An Address at Brigham Young University», 25 de febrero del 2014, AlbertMohler. com, www.albertmohler.com/2014/02/25/strengthen-the-things-that-remain-human-dignity-human-rights-and-human-flourishing-in-a-dangerous-age-an-address-at-brigham-young-university/.

9. Antonin Scalia, «Let the People Decide: From the dissenting opinion by Justice Antonin Scalia in *U.S. v. Windsor*», *Weekly Standard* 18, no. 41 (8 de julio del 2013), www.weeklystandard.com/keyword/Scalia-Dissent.

10. Joe Carter, «9 Things You Should Know About Persecution of Christians in 2013», The Gospel Coalition, http://thegospelcoalition.org/blogs/tgc/2013 /10/29/9-things-you-should-know-about-persecution-of-christians-in-2013/.

11. «2014 Quick Facts», Open Doors, 5 de febrero del 2014, www.opendoorsusa .org/about-us/quick-facts.

CAPÍTULO 10— LA NECESIDAD MÁS URGENTE: EL EVANGELIO Y LOS NO ALCANZADOS

1. El discurso de John Piper en la conferencia Lausanne Conference on World Evangelization en el 2010 nos desafió a ministrar tanto en las necesidades terrenales como en las eternas. Vea «Making Known the Manifold Wisdom of God Through Prison and Prayer», por John Piper, Desiring God, 19 de octubre del 2010, www.desiringgod.org/conference-messages/making-known-the -manifold-wisdom-of-god-through-prison-and-prayer.

2. Andrea Palpant Dilley, «The Surprising Discovery about Those Colonialist, Proselytizing Missionaries», *Christianity Today* 58, no. 1 (enero–febrero del 2014): 36.

3. Ibid., 38–40.

4. Vea www.peoplegroups.org and www.joshuaproject.net.

ACERCA DEL AUTOR

David Platt es presidente de la Junta Directiva de Misiones de la Convención Bautista del Sur en Estados Unidos. Es autor de los éxitos del *New York Times* titulados *Follow Me (Sígueme)* y *Radical*. David ha viajado extensamente alrededor del mundo, enseñando la Biblia y adiestrando a líderes de iglesias. Como una persona que siempre continúa aprendiendo, tiene dos títulos universitarios y tres títulos de estudios avanzados. David y su esposa, Heather, tienen cuatro hijos: Caleb, Joshua, Mara Ruth y Isaiah.

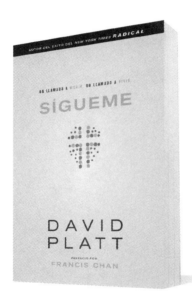